KB273214

한국경영학회가 선정한

뉴 비즈니스 패러다임

매일경제신문사

인사말

2026년 한국경영학회 창립 70주년을 맞아, 기존의 경영학 이론과 차별화되는 새로운 비즈니스 이론을 담은 《한국경영학회가 선정한 뉴 비즈니스 패러다임》을 발간하게 된 것을 기쁘게 생각합니다.

19세기 말 미국에서 전기·석유·대량 생산 시스템을 기반으로 한, 이른바 제2차 산업혁명이 시작된 이후, 경영학은 과학적 접근과 행동과학적 접근이라는 두 축을 중심으로 발전하며 기업과 국가 경제 발전에 중요한 이론적 틀을 제공해왔습니다. 우리나라 역시 1955년 고려대학교에 최초로 경영학과가 신설되고, 1956년 한국경영학회가 창립된 이후 대부분의 대학이 경영대학 또는 경영학과를 설치함으로써 경영학 교육과 기업인 양성에 중추적 역할을 담당해 왔습니다.

이후 인터넷을 기반으로 한 디지털 경제의 확산과 대규모 데이터 분석이 주도하는 제3·제4차 산업혁명을 거치면서, 경영학은 특정 이론의 완결성보다 실제 기업 문제 해결에 집중하는 학제적(Inter-disciplinary, Multi-disciplinary) 학문으로 변화하였습니다. 1980~1990년대의 탈근대주의(Post-modernism) 흐름은 행동과학적 이론들을 사회학·철학·심리학 등 인간과 사회에 관한 보다 심층적인 탐구로 이끌었습니다. 제조업 기반에서 출발한 경영학은 서비스 산업의 급격한 성장과 함께 생활형 서비스뿐 아니라 R&D·소프트웨어·금융·제도와 규제 등 생산형 서비스까지 포괄하게 되면서 경제학, 법학, 정보기술 등 다양한 분야의 이론과 방법론이 빠르게 유입되었습니다.

오늘날 경영학이 직면한 가장 중요한 과제는 고유 영역을 고수하는 데 있지 않습니다. 변화하는 시대가 제기하는 경영의 새로운 문제는 무엇이며, 이에 대한 바람직한 해결 방안이 무엇인지에 대한 고민과 탐구가 더욱 절실합니다. 한국경영학회가 창립 70주년을 맞아 새로운 시대가 요구하는 경영학 이론을 발굴·정제·소개하는 역할을 수행하고자 본 저서를 기획한 이유도 여기에 있습니다.

새로운 경영학의 방향을 모색하기 위해서는 변화된 경영환경에 대한 통찰과 미래 비전에 대한 영감이 필요합니다. 이에 학회는 '다양성 시대의 경영학(Management in Diversity)'이라는 시대적 메시지에 주목하여, 전통적 4M(기술(Machine: Technology), 이해관계자(Man: Stakeholder), 시장(Market: Customer), 금융(Money: Financing))의 다양화를 기반으로 한 새로운 이론적 틀을 제시하고자 합니다. 기술은 더 이상 특정 조직에 머무르지 않으며, 인력의 근무 방식은 유연해지고, 기업 지배구조의 구성은 다양해졌습니다. 고객의 영향력이 커지면서 기업의 신속하고도 정확한 대응이 중요해졌고, 유동성 확대는 금융기관의 역할을 더 강화하고 있습니다.

본 책자는 이 중 경제학적 분석이 더욱 심층적으로 요구되는 금융 영역을 제외하고, 기술·이해관계자·시장이라는 세 가지 축을 중심으로 새 시대에 필요한 경영학 이론들을 소개하고자 합니다. 대한민국 경영

학계를 대표하는 학회로서, 새로운 비즈니스 패러다임을 탐색하는 첫 걸음을 내디딘다는 사명감으로 집필한 본 저서가 기업 경영과 경영학 연구에 귀중한 영감을 제공하기를 기대합니다.

2026년 2월
한국경영학회 회장 양희동
(이화여자대학교 경영대학 교수)

서문

우선 《한국경영학회가 선정한 뉴 비즈니스 패러다임: 다양성 시대의 경영학》의 총괄 편집장이자 대표 저자로서 본 서의 서문을 쓰게 되어 영광으로 생각합니다. 한국경영학회는 명실공히 국내 최대의 경영학 학술단체이자 여러 경영학 분과 학회들의 상위 조직이라고 할 수 있는데, 이러한 한국경영학회의 창립 70주년 시기에 맞추어 출간될 이 프로젝트를 제가 맡는다는 것이 적지 않은 부담이었던 것도 사실이었습니다.

이 프로젝트는 단순히 학술논문들을 엮어 출간하는 학술 북챕터가 되어서도 안 되고, 그렇다고 마음 맞는 공저자끼리 공동집필하는 특별 단행본이나 특정 주제에 대해 여러 학자의 견해를 모아 출간하는 스페셜 이슈 같은 간행물이 아니라, 현시대에 기업인들이 꼭 알고 있어야 할 소위 따끈따끈하고, 새로운 시각과 관점을 부여할 수 있는 다양한 비즈니스 주제들을 엄선해야 한다는 요구사항이 있었기 때문이었습니다. 더욱이 우리나라 경영학의 총본산 역할을 수행하는 한국경영학회라는 조직이 전달하는 메시지의 책임감과 무게감을 고려하지 않을 수 없었습니다.

그래서, 보통 공동집필 서적의 경우 친분 있는 공저자들을 먼저 섭

외하고, 담당 콘텐츠와 챕터를 분배하는 것이 관례이지만, 이 프로젝트는 완전히 다른 방식의 접근을 취해야 했습니다. 즉, 저자들을 전혀 고려하지 않은 채 이 책에 담길 10개의 좋은 비즈니스 패러다임을 먼저 선정하는 것이었습니다.

이를 위해 100여 일에 걸쳐 다양한 국내외의 학술저널뿐 아니라, 신문기사와 매거진의 아티클, 최근 발행된 경영경제 서적 등의 문헌 연구를 수행하였고, 15개의 후보 주제를 선정하였습니다. 최종 주제 선정을 위해 검토된 기준으로는 다양성, 참신성, 활용 가능성, 시급성, 그리고 파급효과였습니다.

다양성은 본 책의 기본적인 편집 방향으로써 가급적 경영학의 다양한 분야에 걸쳐 기술하자는 취지입니다. 본 책에 담긴 10개의 비즈니스 패러다임은 각기 다른 경영학 영역의 주제들입니다. 참신성은 구태를 답습하지 않고, 경영인들에게 새로운 시각을 제공하기 위한 목적에서 중요시 되었습니다. 가령, 문화력이나 우주 비즈니스는 기존 경영학에서는 거의 다루어지지 않았던 새로운 개념이고, 영업 중심으로 운영되었던 기업간의 거래 생태계 속에서 가치사슬 기반의 마케팅 전략은 기업이 향후 새로운 성장동력으로 검토하기에 충분한 이슈라고 보여집니다. 아울러, 좋은 비즈니스 패러다임이란 이론에 그치기보다, 기업에서 직접 활용될 수 있어야 하기에 활용가능성이라는 기준도 고려되었습니다. 경영 현장의 곳곳에 혁신을 일으켜주는 로보틱스나 인공지능 기술, 그리고 고객 중심경영의 새로운 기준을 제시할 고객제표는 이론이 아니라, 기업이 직접 도입하고, 활용할 수 있는 경영전략이 될 것입니다. 시급성은 더 이상 미룰 수 없는 시대적 요구사항을 다루기 위해 검토되었습니다. 가령, 미국과 중국을 중심으로 확산되고 있는 신보호무역주의와 같은 새로운 글로벌 정세와 경제 질서나 기업의 지배구조, 특히 최근 뜨거운 감자로 떠오르고 있는 주주행동주의, 그리고, 더 이상 논쟁이 아닌 실질적인 금융혁신을 촉발하고 있는 스테이블코인 등의 블록체인 기술 등은 거의 모든 기업이 고려해야 할 시급한 이슈가 되고 있습니다. 마지막으로 파급효과는 단기적인 성과보다는 중장기적인 측면에서 기업의 지속가능성을 도모할 수 있는 요건을 논의하기 위해 고려되었습니다. 시대적 요구사항으로 모두가 귀 기울였던 ESG 경영의 한계를 극복하기 위해 새로운 국면을 맞이하고 있는 ESG 2.0은 이러한 점에서 빼놓을 수 없는 주제일 것이며, 앞서 언급한 주주행동주의나 문화력, 그리고 고객제표와 같은 전략적 선택은 중장기적인 파급효과를 준다는 점에서 궤를 같이 합니다.

이러한 선정 기준을 통해 최종 10개의 뉴 비즈니스 패러다임 주제가 선정되었고, 각 주제 영역별 적임 집필진을 초빙하기 위해 학회임원이나 출판사 임직원, 경영경제 매체의 편집인이나 기자 등 다양한 이해관계자들의 제안과 협의를 통해 필자를 포함해 총 10명의 집필진을 구성하였습니다. 집필진 초빙의 원칙은 단순하지만 엄정했습니다. 단순히 글을 잘 쓰는 저자이기보다 이 책의 취지에 걸맞게 각 주제에 대해 책임감 있는 논의를 이끌 수 있도록 각 분야를 이끌어온 영향력 있는 전문가 중 한 명이어야 한다는 것이었습니다. 그러다 보니 의도치 않게 각 학술 분야의 전·현직 단체장들께서 많이 참여하게 되었고, 실제

집필 과정에서 다양한 사유로 집필진 교체도 생겼습니다.

최종적으로 선정된 10개의 뉴 비즈니스 패러다임은 시장, 기술, 이해관계자라는 새로운 비즈니스 환경 속에서 급변하는 핵심 요소에 맞춰 정렬되었고, 이에 《한국경영학회가 선정한 뉴 비즈니스 패러다임: 다양성 시대의 경영학》은 시장 다양성과 경영학, 기술 다양성과 경영학, 그리고 이해관계자 다양성과 경영학이라는 세 개의 독립된 파트로 재구성되었습니다.

한국경영학회의 뉴 비즈니스 패러다임 프로젝트는 지금까지 학술연구를 중심으로 전개되었던 한국경영학회의 출간 사업이 학자나 연구자뿐만 아니라 기업 경영의 일선에서 뛰는 임직원들이 참고하고, 활용할 수 있도록 실무적이고, 전략적인 경영학을 제공하기 시작했다는 점에서 큰 의의가 있습니다. 그래서, 이 책은 한 번의 단행본으로 끝나기보다 2~3년의 일정한 주기로 완전히 새로운 주제를 선정하여 출간하고자 합니다. 현재 기업이 필요로 하는 지식이 가장 중요한 경영학이기에 적시에 적절한 주제들을 담은 뉴 비즈니스 패러다임은 기업인들과 실무진들, 그리고 경영학을 연구하는 많은 연구자의 필독서가 될 수 있을 것이라 기대합니다.

이번 프로젝트의 최초 기획자이자 이 프로젝트가 끝까지 완료될 수 있도록 물심양면으로 후원해주신 한국경영학회 학회장 이화여대 양희동 교수님께 감사드립니다. 더욱이 객관적인 집필진 구성을 위해 본인 참여를 거절해 오시다가 필자의 집요한 요청으로 원고 청탁을 수락해

주신 점에 대해서도 감사와 송구함을 느낍니다. 아울러, 본 서의 집필 진으로 참여해주시고, 바쁘신 와중에도 소중한 원고를 완료해주신 나머지 여덟 분의 공저자 교수님들께도 감사의 말씀을 올립니다.

2026년 2월
대표저자 김형수
(한성대학교 산업경영공학부 교수)

차례

PART I

시장 다양성과 경영학

재무제표를 넘어
고객제표로

고객 중심 경영혁신의 새로운 기준

김형수

　100년 이상 지속된 경영평가 체계인 재무제표에 대한 권위와 위상은 여전하다. 그러나, 고객이 모든 경영학 분야의 중심 테마가 되어버린 현재의 고객 중심 경영시대에서 재무제표가 과연 기업의 진실을 얘기해줄 수 있는지 학계와 업계에서는 지속적인 의구심을 제기해 오고 있다. 재무제표의 기술적, 전략적 한계와 고객 중심 경영시대에 걸맞은 새로운 기업 경영평가 시스템에 대한 니즈를 체감해 온 필자는 이에 고객제표를 제안하고자 한다. 고객제표는 한마디로 재무제표의 고객 버전이라고 할 수 있다. 고객제표는 고객을 기업의 실질 자산으로 간주한다. 기업의 모든 경영활동을 최종적인 재무성과 이전에 고객의 수, 고객의 손익, 고객의 흐름, 고객의 변동으로 포착한다는 점에 착안하여, 고객상태표, 고객손익계산서, 고객흐름표, 그리고 고객변동표로 구성한다.

　본 서에서는 우선 재무제표가 갖는 4가지 주요 함정을 통해 왜 재무제표만으로는 구체적인 고객경영 통찰력을 얻을 수 없는지 설명하고, 이를 해결할 방안으로써 4가지 고객제표에 대한 개념과 원리, 기능을 소개한다. 이어서 고객제표 기업 사례들을 통해 얻어진 주요 고객경영 메시지와 전략적 제언을 기술하고자 한다. 고객제표는 재무제표의 대체재가 아니라 보완재이다. 재무제표상에 나타난 최종 결과에 대해 부족한 논리와 원인을 도출하고, 재무제표로 얻을 수 없는 구체적인 전략적 통찰력을 확보하기 위해 사용하는 것이다. 따라서 고객제표는 재무제표와 연계하여 동일한 분석주기와 보고체계를 갖추는 것을 권장한다.

——— 1. 고객제표의 태동

| 엇갈린 두 회사의 운명 |

여기 유사한 품목의 소비재 제조업 두 회사가 있다. 동일한 카테고리의 제품이지만 제품라인이 겹치지는 않아 직접적인 경쟁 관계는 아니다. 재무제표 관점에서 보면 두 회사 중 C사는 2018년 기준 연매출 2,200억 원, 영업이익률은 6.5% 수준이고, F사는 연매출 2,500억 원과 영업이익률은 5.8% 수준으로 큰 차이를 보이지 않았다. 부채비율이나 유보율 등 다른 재무지표 역시 눈에 띄는 차이가 발견되지는 않았다.

그러나, 2023년 결산 기준으로 보면 두 회사의 상황은 사뭇 달라졌다. C사는 연매출 4,000억 원과 영업이익률 8.1%를 달성했고, F사 역시 연매출 2,800억 원으로 조금 높아졌지만, 영업이익률은 4.3%로 오히려 악화했다. 2018년부터 2023년까지의 재무제표를 보면 두 회사 모두 팬데믹과 엔데믹을 거치면서 매출액과 당기순이익의 등락이 발생했고, 2023년에는 다른 대부분의 소비재 부문 기업들처럼 전년 대비(YoY) 10% 이상의 성장률을 기록했다. 그러나, 최근 4년간 변동 폭 관점에서 보면 C사의 경우 변동량이 10% 내외로 꾸준히 상승하는 패턴이었지만, F사의 변동 폭은 20%를 넘나들었다. 지금 생각하면 당연했던 2020년과 2021년의 팬데믹으로 인한 역성장의 한파는 C기업에게 가벼운 재채기 수준이었다면, F기업에게는 독감 수준의 혹독한 과정을 거치게 했다. 무슨 일이 있었던 것일까?

공식적으로 발표된 재무제표상으로는 이러한 현상을 보여줄 뿐, 어떤 근거나 원인을 찾을 수 없고 관련 문헌이나 공시 자료 등에서도 단서가 될 만한 특별한 이슈는 발견할 수 없다. 다행스러운 것은 두 회사 모두 필자가 몇 년 전에 그리고 최근에 프로젝트와 자문을 통해 지속적인 관계를 유지해 왔기 때문에 연구에 필요한 몇 가지 주요 고객분석 지표를 확보할 수 있었는데 의외로 단순한 지표 하나가 눈에 들어왔다. 그것은 바로 식별 고객의 매출 비율이다(사실 C사는 이미 식별 고객의 매출 비율을 관리하고 있었고, F사는 그렇지 않았기 때문에 여러 차례 필자와 커뮤니케이션 하면서 해당 지표를 추출하는 과정을 거쳤다).

C사는 2018년에 이미 전체 매출액 중 식별 고객에 의한 매출 비율이 40%를 약간 웃도는 수준이었고, F사는 2018년 기준 20%도 채 안 되는 수준이었다. '식별 고객(Identified Customer)'이란 식별할 수 있는, 즉 구매 시 본인의 개인정보를 제공함으로써 구매자가 누구인지 알 수 있는 고객을 의미하며 추후 논의할 자본고객의 전제조건에 해당한다. 우리가 매장에서 상품이나 서비스 구매 시 반드시 개인정보를 제공해야 하거나, 멤버십 정보를 제공하고 포인트를 적립한다면 우리는 그 회사의 식별 고객에 해당한다. 반대로 기업이 고객정보를 획득할 수 있는 어

떤 방법도 마련되어 있지 않거나, 멤버십을 운영해도 구매 시 포인트를 적립하지 않은 채 결제만 하고 나간다면 식별되지 않은, 이른바 '비식별 고객(Unidentified Customer)'이 된다. 물론 결국 식별 고객화를 위한 고객 전략을 두 회사가 어떻게 전개했느냐가 더 중요한 사안이 될 것이다. C사는 2016년부터 자사 몰 운영을 통해 부지런히 소비자들을 자사 고객화하였고 F사는 여전히 대형 온라인 쇼핑몰과 오프라인 유통채널에 의존하는, 이른바 납품 위주의 영업을 고수하고 있었다.

그러나 필자가 본서를 통해 강조하고 싶은 것은 CRM이나 멤버십 같은 고객 전략이 아니다. 매출액이나 영업이익률같이 재무제표상에서 유사해 보이는 외적 성과지표로는 보이지 않는 결정 요인이 분명히 존재하고, 그러한 요인을 모니터링할 수 있는 지표들을 재무제표와 함께 활용했다면 F사는 사전에 충분히 위험 시그널을 인지할 수 있었을 것이고, 그렇다면 조금 더 빨리 대비할 수 있지 않았을까 하는 의문이다. 측정하지 않으면 관리할 수 없고, 관리하지 않으면 어떤 노력도 수반되지 않는다. 투자자의 입장에서도 마찬가지다. 동일한 매출액이라도 식별 고객의 매출 비율이 월등히 높은 기업과 그렇지 않은 기업 간의 차이를 알 수 있다면 그 기업들에 대한 투자의사 결정은 어떻게 달라질 것인가?

| 재무제표로 볼 수 없는 것 |

누구나 알다시피 재무제표는 기업의 재무 상태와 경영성과를 평가하여 보여주는 대표적인 기업 경영 보고서이다. 재무제표는 내부적으로 기업 경영활동의 결과를 재무적인 관점에서 집계한다는 점에서 경영평가 수단으로, 외부적으로는 기업의 이러한 상태를 이해관계자들에게 공시한다는 점에서 기업 가치 평가의 수단으로도 활용된다. 그러나 재무제표가 현대 경영환경에서 절대적인 기업평가 시스템으로 위상을 지키는 데 한계가 있다는 주장은 끊임없이 제기되어 왔다. 세계적인 경영 저널인 〈하버드 비즈니스 리뷰(Harvard Business Review)〉의 2016년 7월호 아티클 "Where Financial Reporting Still Falls Short"에서 Sherman과 Young은 재무제표를 둘러싼 전략적·정치적·제도적 한계점을 지적하며, 이제 재무제표는 기업에 대한 진실을 말하지 않는다고 단언하기도 했다.

사실 재무제표는 분명 가시적인 데이터로 우리에게 여러 가지 정보를 제공해 주지만, 이 가시적인 정보들은 매우 제한적이다. 재무제표를 통해 알 수 있는 정보는 빙산의 일각처럼 수면 위로 떠 있는 부분만을 볼 수 있으며, 수면 아래에 가라앉아 있는 정보는 쉽게 보이지 않고, 수면 위의 빙산보다 더욱 거대하다.

재무제표의 근본적인 한계는 재무제표가 제시하는 정보가 현재의 경영환경 관점에서 보았을 때 지나치게 요약되어 있다는 점에 있다. 그리고, 이러한 재무제표의 한계는 전략적 해석과 고찰을 방해하는 결과의 함정, 평균의 함정, 외형의 함정, 그리고 집계의 함정을 일으킨다.

우선 '결과의 함정(Result Trap)'이란 산출된 정보가 최종 결과만을 보여줄 뿐 그 과정이나 원인에 대해 알 수 없게 만드는 위험이다. 재무제표에서 제공되는 대부분의 정보는 모두 특정 기간의 결과에 해당하는 정보이기 때문에 결과의 함정을 피할 수 없다. 가령, 재무제표에서 가장 중요한 정보라고 할 수 있는 매출 총액은 전기에 비해 무엇 때문에 매출이 증가하고, 감소했는지에 대한 통찰력을 재무제표에서는 얻을 수 없다. 사실 가격변동 요인을 제외하면 기업의 매출 증감은 고객의 상태를 통해 쉽게 설명할 수 있다. 고객이 늘어나거나 고객의 구매액이 늘어나면 매출은 늘어나고, 고객이 줄거나 고객의 구매액이 줄어들면 기업의 매출도 감소한다. 즉, 재무제표는 기업의 매출액 현황을 보여주지만, 그것은 최종 결과일 뿐이며 그 결과를 잉태하는 주요 단초는 보여주지 못하는 한계를 갖고 있다.

'평균의 함정(Average Trap)'은 수치의 분포적 특성을 고려하지 못하고, 단 하나의 대푯값으로 전체를 설명하려는 편리함 혹은 안일함 때문에 발생한다. 평균이라는 편리한 방식으로 산출된 값은 사실 존재하지도 않는 대상에 대한 허황된 숫자에 지나지 않을 가능성이 크다. 가령, 손익계산서에서 보고하는 영업이익(률) 정보는 전체 고객에 대한 영업이익(률) 평균이지만, 실제로 그런 영업이익(률)을 보이는 고객은 존재하지 않거나 미미할 수 있다. 업종에 따라 다르지만, 일반 고객과 우수고객의 수익률 차이는 적게는 50~60%, 많게는 10배 이상의 차이가 난다는 것이 많은 실증을 통해 밝혀졌으며, 기업은 이에 대한 전략적 고찰이 요구됨에도 불구하고 손익계산서상의 전사 영업이익(률)은 그 실마리를 제공해 주지 못한다. 즉, 재무제표에서 보여주는 수익성 평가지표인 영업이익률은 이질적인 수익성을 나타내는 고객들의 평균적인 수치일 뿐이기 때문에 기업의 수익성을 과대 혹은 과소평가할 우려가 존재한다는 것이다.

한편, 요약된 재무제표의 정보는 외형적으로는 양호해 보이지만, 그 안에 내재하고 있는 문제 영역을 인지하지 못하게 하는 '외형의 함정(Appearance Trap)'을 발생시키기도 한다. 가령, 기업의 현금흐름 상태를 평가하는 현금흐름표에서는 기업의 영업이나 재무활동, 그리고 투자 활동에 의한 현금흐름을 요약해주는데, 그중 가장 중요한 현금흐름 요소라고 할 수 있는 영업에 의한 현금 흐름의 정보는 현금 창출의 원천별 세부 현황을 제공하지 않기 때문에 특정 영역의 현금흐름 이슈를 간파하지 못할 수 있다. 만약 요약된 영업 현금흐름 정보를 영업 채널 유형에 따라 고객흐름과 이에 의한 현금흐름으로 구분할 수 있다면, 단순히 전년 대비 증감 수준을 평가하는 것을 넘어 영업활동에 문제가 발생하는 영역을 파악하고 개선할 수 있을 것이다. 영업에 의한 현금흐름은 사실 고객흐름에 의한 결과이기 때문이다.

마지막으로 재무제표의 데이터는 주로 하나의 수치로 합쳐진 정보이기 때문에 합산된 결과가 나타나기 전까지 변화의 과정을 무시하는 '집계의 함정(Aggregation Trap)'을 내포하기도 한다. 물론 모든 재무정보에 대해 변동의 원인을 파악해야 하는 것은 아니지만 재무제표의 자본변동표에서 제시하는 이익잉여금의 경우, 고객의 변동으로 인한 차등적인 수익성 변화를 추적하는 것은 유의미하다. 최종적으로 집계된 매출액 증감은 실제 기업의 수익성과 모순된 형태를 보이는 경우도 많기 때문이다. 실제로 국내 한 리테일 기업의 경우 2024년 매출액이 전년 대비 3.3%나 증가했음에도 불구하고, 자본변동표 내의 이익잉여금은 오히려 9.4% 감소한 상황을 재무제표로는 설명할 수 없었다. 전체 고객에 대한 1년간 구매력 변동현황을 살펴보니 높은 수익성을 보이는 우수고객그룹의 고객이탈이 심각했고, 수익성은 낮지만 롱테일(Long tail) 합산으로 외형적 매출 수준을 크게 만드는 신규고객그룹은 오히려 늘어난 것이 원인이었다. 어느 업종이나 우수고객그룹이 일반고객그룹에 비해, 고객당 객단가뿐만 아니라 단위 매출액 당 실제 수익성도 높다는 점, 그리고 이러한 특징은 리테일 업종에서 더욱 두드러지게 나타난다는 점을 고려하면 이 회사가 취해야 할 전략적 방향성은 명확하다.

요약하자면, 재무제표가 여전히 필수적인 기업평가 도구라는 점에 대해서 누구도 부인할 수 없지만 그것만으로는 부족한 시대다. 태생적으로 재무제표가 갖고 있는 한계로 인해 4가지 서로 다른 함정을 일으킬 수 있기 때문이다. 결과의 함정에 빠지면 원인을 알지 못해 문제점을 찾지 못하는 우를 범하게 되고, 평균의 함정에 빠지면 실존하지 않는 수치에 집중해 자만이나 낙담에 빠지는 우를 범하게 된다. 외형의 함정에 빠지면 실패를 은폐하게 되어 비효율을 낳는 우를 범하게 되고, 집계의 함정에 빠지면 세부 구성요소의 변화를 감지하지 못해 정교한 개선 방향을 찾지 못하는 우를 범하게 된다. 재무제표를 보완해 줄 수 있는 경영평가 도구가 필요한 이유이다.

| 고객이 자산이다? |

기업이 늘 강조하고 있는 표현이다. 사실 우리 소비자로서는 지겹도록 들어온 식상한 표현이지만, 한편으로는 고마운 말이기도 하다. 우리 소비자를 자산으로 생각한다는 것은 우리를 소중하게 생각하고 소비자를 모든 경영활동의 핵심 요소로 간주한다는 것일 텐데, 소비자 관점에서 듣기 싫은 이야기는 아니지 않은가?

그런데, 이 멋진 말에는 한 번쯤 생각해 봐야 할 것이 있다. '기업에게 고객은 진짜 자산일까'라는 점이다. 고객이 기업의 진짜 자산이라면 현금이나 부동산, 주식과 채권과 같은 실물 자산처럼 고객을 관리할 수 있어야 한다. 만약 기업이 말하는 고객이라는 자산이 실제 자산이 아니라 막연히 소중한 그 무엇을 의미하는 개념적 수준의 자산이라면 '고객이 자산이다'라는 표현은 단지 캐치프레이즈에 지나지 않거나, 기껏해야 고객 중심적 경영 철학을 강조하는 막연한 지향점에 지나지 않을 것이다.

그렇다면 고객을 실제 자산처럼 관리한다는 것은 어떤 의미일까? 바로 실물 자산의 세 가지 특징을 그대로 고객에게 적용한다는 뜻이 된다. 실물 자산의 세 가지 특징이란 **①재무적 가치로 평가할 수 있다는 점, ②자산 항목마다 모두 가치가 다르다는 점,** 그리고 **③현재가치보다 미래가치가 더 중요하다는 점**이다. 이러한 실물 자산의 특징이 고객에게 적용된다면 이제 '고객이 자산이다'라는 표현이 소비자들에게 무조건 달가운 소식만은 아니겠지만, 기업에는 기업 경영에 대한 근본적인 사고방식의 차이를 가져온다. 고객을 실제 자산으로 간주하지 않는 기업은 기업의 주요 자산이 여전히 재무제표상에서 관리되는 전통적 자산에 국한되어있기 때문에 매출액의 증감이 기업의 가장 중요한 이슈가 될 수밖에 없다. 그러나, 고객을 실물 자산처럼 관리하는 기업은 고객이야말로 기업의 가장 중요한 자산이기 때문에 매출의 증감보다는 고객의 증감을 더 의미 있는 시그널로 본다. 이들에게는 고객 자체가 자산이고, 기업의 매출은 고객에 의해 파생되는 것이기 때문에 매출의 증대나 감소는 자산 가치의 일시적 증가나 감소에 해당하는 것이고, 고객의 감소는 자산 자체를 잃어버리는 것과 같기 때문이다.

고객을 자산으로 관리해야 하는 시대라는 점을 이제는 누구도 부인하지 않지만, 대부분의 기업들에게 고객을 자산으로 관리하고 평가할 수 있는 명확한 기준이 없기에 실체를 파악하기 어렵고, 측정하고 관리하기도 어렵다. 그래서, 재무제표의 기술적 한계를 보완하고, 이와 더불어 기업 경영의 성과를 고객이라는 차원으로 재해석할 수 있는 표준화된 방법론을 모색하기 위해 고객제표와 같은 고객 중심의 경영평가 시스템이 필요하다.

고객제표는 한마디로 표현하자면 '재무제표의 고객 버전'이다. 재무제표의 고객 버전이라는 표현은 단순히 고객제표의 명칭을 재무제표에서 빌린 것 이상의 의미가 있다. 고객이 기업의 주요 자산이라는 개념을 실체화하기 위해서는 재무적 관점의 자산 관리에 있어서 오랫동안 검증되어 온 재무제표의 방법론은 존중되어야 한다는 것이다.

즉, 자산의 가치평가는 기본적으로 자산의 구성을 파악하고(재무상태표), 수입과 지출의 현황을 이해하며(손익계산서), 자산의 흐름과 변동상황을 추적하는(현금흐름표 및 자본변동표) 기능이 필요하다는 재무제표의 관점에 동의한다. 그래서 고객제표가 재무제표의 고객 버전이라는 의

미는 고객제표가 갖는 구성요소를 통해 더욱 명확하게 드러난다. 재무제표가 재무상태표, 손익계산서, 현금흐름표, 그리고 자본변동표 등 4가지 주요 하위 제표로 구성된 것처럼 고객제표 역시 유사하게 고객상태표, 고객손익계산서, 고객흐름표, 그리고 고객변동표 등의 4가지 주요 하위 제표로 구성된다.

| 고객제표 개요 |

고객제표라는 이름이 재무제표에서 유래한 것이므로 이 두 가지 경영관리 시스템의 정의를 비교해보면 고객제표의 개념을 쉽게 이해할 수 있다.

재무제표 = 재무 중심의 경영성과 및 기업가치 평가 시스템

고객제표 = 고객 중심의 경영성과 및 기업가치 평가 시스템

그리고 재무제표에서 재무적 관점의 자산을 4가지 하위 재무제표에 의해 평가하는 것처럼, 고객제표는 고객 역시 기업의 실제 자산이라는 인식하에 4가지 하위 고객제표에 의해 평가한다. 고객제표의 4가지 하위 제표는 고객상태표, 고객손익계산서, 고객흐름표, 그리고 고객변동표 등의 4가지 주요 하위 제표로 구성된다.

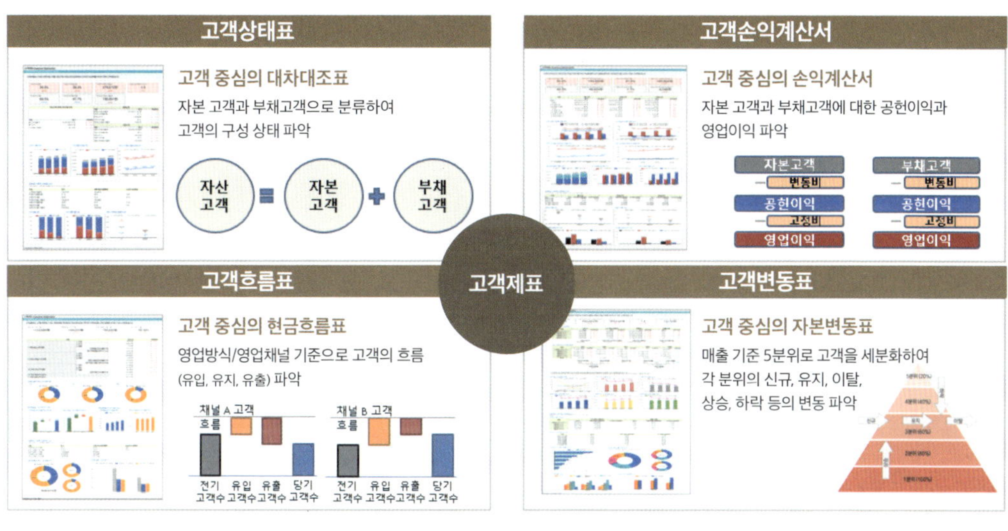

표 1-1 | 고객제표의 구성요소

재무제표의 재무상태표에서 자산의 현황을 자본과 부채로 관리하듯 고객제표의 고객상태표는 총고객을 의미하는 자산고객을 자본고객과 부채고객으로 관리한다. 재무제표의 손익계산서가 총매출액에 대한 매출원가와 판매관리비를 통해 영업이익을 산정하듯 고객제표의 고객 손익계산서는 자본고객과 부채고객에 대한 변동비와 고정비를 고려하여 고객 유형별 공헌이익과 고객 영업이익을 산정한다. 재무제표의 현금흐름표가 자산의 핵심이라고 할 수 있는 현금의 흐름을 현금 창출 방식에 따라 평가하듯, 고객제표의 고객흐름표는 자산고객의 핵심인 자본고객의 흐름을 고객 창출 방식에 따라 평가한다. 그리고 재무제표의 자본변동표가 전기 대비 당기의 자본변동상황을 변동항목에 따라 분석하듯 고객제표의 고객변동표는 전기 대비 당기의 고객변동상황을 등급별 변동형태에 따라 분석한다. 즉, 재무제표의 4가지 하위 제표의 기능과 역할을 이해한다면 고객제표의 4가지 하위 제표 역시 쉽게 이해할 수 있다. 재무제표와 고객제표의 구성요소별 역할을 비교해 보면 다음과 같다.

표 1-2 | 재무제표와 고객제표의 구성요소와 역할

재무제표 Financial Statements		고객제표 Customer Statements	
구성요소	역할	구성요소	역할
재무상태표 Balance Sheet	현재 기업이 보유하고 있는 재무상태를 자산, 부채, 자본의 관점에서 요약.	고객상태표 Customer Balance Sheet	현재 기업이 보유하고 있는 고객상태를 자산고객, 부채고객, 자본고객의 관점으로 요약.
손익계산서 Income Statement	일정 기간 기업의 경영성과를 수익과 비용 관점에서 요약.	고객손익계산서 Customer Income Statement	영업활동에 의한 재무적 경영성과를 고객유형별 공헌이익과 고객 영업이익으로 설명.
현금흐름표 Statement of Cash Flows	일정 기간 기업의 현금흐름을 영업활동, 재무활동, 투자활동 등으로 요약.	고객흐름표 Statement of Customer Flows	일정 기간 기업의 고객흐름을 영업방식이나 영업채널 유입 및 유출로 평가.
자본변동표 Statement of Changes in Equity	일정 기간 기업의 경영에 따른 자본금의 변동 내역을 요약.	고객변동표 Statement of Changes in Customer	일정 기간 고객 그룹별 획득, 유지, 상승, 하락, 이탈 추이로 고객의 변동 내역을 요약.

고객제표는 2024년 4월 〈동아 비즈니스리뷰(DBR)〉 고객제표 특집호를 통해 세상에 처음 공개되었고, 그 후 많은 저널과 언론 기사, 그리고 기업 및 대학 강연 등을 통해 고객제표의 개념이 빠르게 전파되었다. 2024년 고객제표 공개 이후 1년여간 고객제표 시범사업과 본사업을 통해 17개 업종의 28개 기업이 고객제표 프로젝트에 참여하였으며, 이 중 4개 기업은 분기별 재무제표 발행 시기에 맞춰 분기

별 고객제표를 발행하고 있다. 또한, 세계 최대의 경영학 컨퍼런스인 AOM(Academy of Management)의 2025년 행사가 덴마크 코펜하겐에서 개최되었는데, 영광스럽게도 고객제표가 초대되어 한국 발표 세션에서 첫 번째 강연 주제로 진행되었으며, 이어서 국내 한 대기업의 고객제표 사례도 소개되었다.

—— 2. 고객제표의 구성과 역할

각 고객제표의 구성과 역할은 각 고객제표에 상응하는 재무제표와 비교하면서 설명할 것이기 때문에 고객제표와 재무제표와의 상호 관계를 이해하는 것이 필요하다. 재무제표의 각 구성요소 간에 상호 유기적인 연결이 가능한 것처럼 고객제표의 각 구성요소 간에도 서로 직·간접적인 연결이 존재한다. 또한, 고객제표는 재무제표가 제공하는 정보

표 1-3 | 고객제표와 재무제표간의 상호연관성

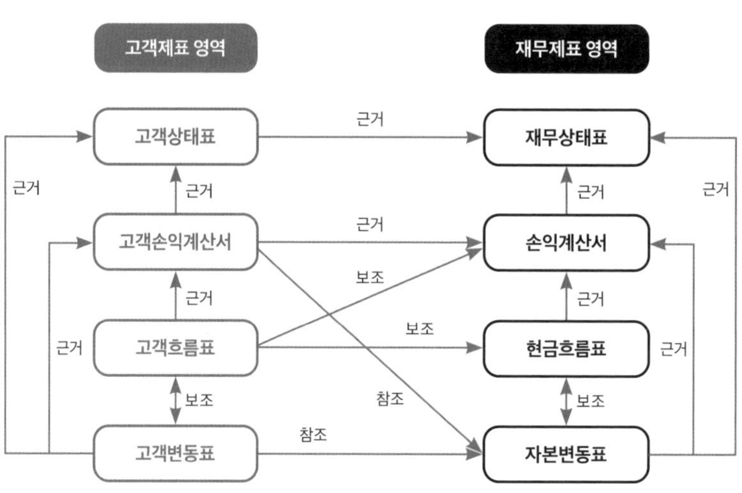

에 대해 근거나 보조, 또는 참조의 역할을 제공함으로써[1] 재무제표를 더욱 잘 이해할 수 있고, 재무제표가 보여주는 결론적인 성과에 대한 개선 방향이나 이를 위해 필요한 전략적인 통찰을 제시할 수 있다.

| 고객상태표, 고객 구성 상태가 기업의 상태를 말해준다 |

필자는 앞서 '고객은 자산'이라는 평범한 논리에 대해 사뭇 다른 관점의 해석을 내놓았다. 이제 그것이 고객제표에 어떻게 구현되는지 볼 차례이다. 첫 번째 고객제표이자 재무제표의 재무상태표에 해당하는 고객상태표가 그것을 보여주고 있다. 고객상태표(Customer Balance Sheet)는 기업의 경영성과를 기업이 보유한 고객의 구성 상태로 평가함으로써 재무상태표가 보여주는 최종 매출액에 대한 자세한 설명과 근거를 제시해 주는 고객 중심의 대차대조표이다. 재무제표의 재무상태표에서 기업의 경영상태를 차변의 자산과 대변의 자본 및 부채로 평가하는 것처럼 고객상태표는 기업의 경영상태를 차변의 총고객(자산고객)과 대변의 자본고객 및 부채고객으로 평가한다. 재무상태표에서 '자산=자본+부채'의 공식이 성립하는 것처럼 고객상태표에서는 '자산고객=자본고객+부채고객'의 공식이 성립한다. 즉, 고객상태표는 기업이 보유한 총고객을 자본고객과 부채고객으로 분류하여 고객의 구성

---

1 여기에서 근거(evidence)는 특정 평가지표의 현황을 직접적으로 설명하거나 강한 증거의 역할을, 보조 (assistance)는 특정 평가지표의 현황을 간접적으로 설명하거나 부분적인 증거의 역할을, 그리고 참조 (reference)는 특정 평가지표의 현황을 이해하는 데 도움을 줄 수 있는 참고적인 역할을 의미한다.

건전성을 파악하고, 각 고객 유형을 통한 매출 실적을 요약해 주는 고
객제표이다.

고객상태표의 ①핵심지표 섹션에서는 자본고객과 부채고객에 대하
여 각각 고객 수의 비율과 매출 비율, 그리고 1인당 평균 매출액, 그리
고 자본고객의 매출 기여 지수 등의 분석 결과가 스코어카드로 제시된
다. ②보고서 상세 영역에서는 ①핵심지표 섹션에서 표기된 핵심지표
들을 포함하여 각 고객유형별 고객 수, 고객 수의 비율, 매출액, 매출
액의 비율, 그리고 1인 평균 매출액 결과가 정리되어 있다. ③시계열
변동현황 영역에서는 각 고객유형별 고객 수의 변동, 매출액의 변동,
그리고 1인 평균 매출액의 변동상황이 그래프로 제시되고, ④업종 내
비교 섹션에서는 고객상태표의 모든 평가지표에 대한 동종업계 및 상
위산업 평균과 함께 제시되어 있다. 다만 매출액 관련 평가지표의 경
우 동종 업종이 아니면 비교의 의미가 없어, 상위 산업 평균 수치가 제
공되지는 않는다.

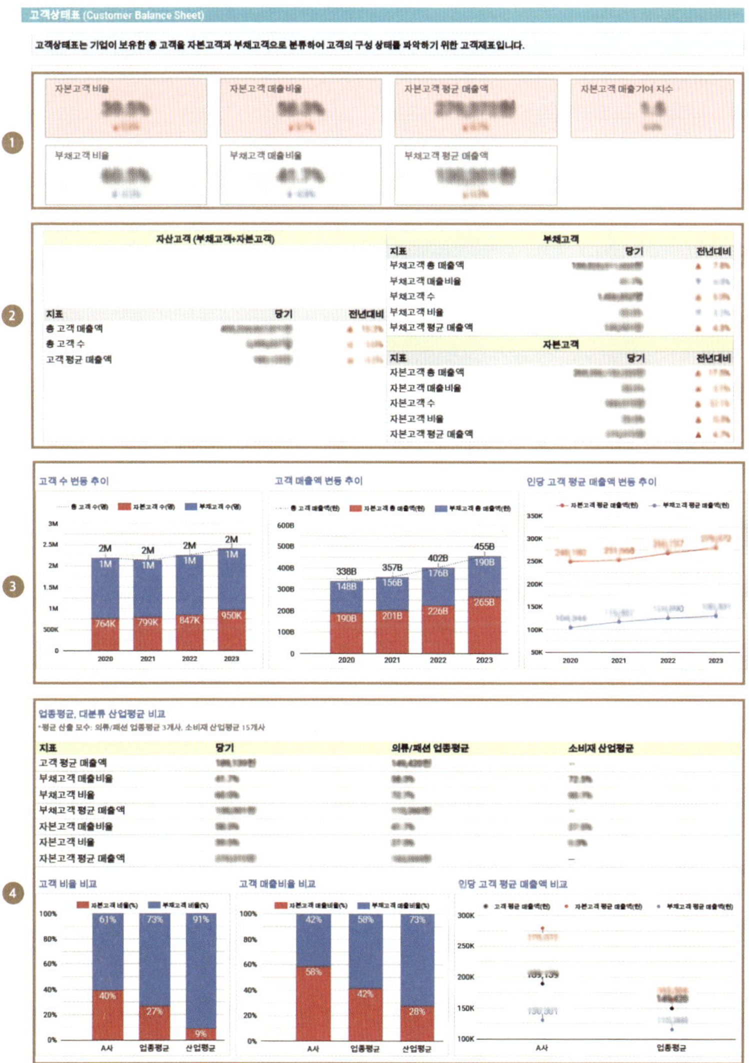
고객상태표 (Customer Balance Sheet)
고객상태표는 기업이 보유한 총 고객을 자본고객과 부채고객으로 분류하여 고객의 구성 상태를 파악하기 위한 고객제표입니다.
자본고객 비율
자본고객 매출비율
자본고객 평균 매출액
자본고객 매출기여 지수
부채고객 비율
부채고객 매출비율
부채고객 평균 매출액
자산고객 (부채고객+자본고객)
지표
총 고객 매출액
총 고객 수
고객 평균 매출액
당기
전년대비
부채고객
지표
부채고객 총 매출액
부채고객 매출비율
부채고객 수
부채고객 비율
부채고객 평균 매출액
당기
전년대비
자본고객
지표
자본고객 총 매출액
자본고객 매출비율
자본고객 수
자본고객 비율
자본고객 평균 매출액
당기
전년대비
고객 수 변동 추이
총 고객 수(명)
자본고객 수(명)
부채고객 수(명)
3M
2.5M
2M
1.5M
1M
500K
0
2M
2M
2M
2M
1M
1M
1M
1M
764K
799K
847K
950K
2020
2021
2022
2023
고객 매출액 변동 추이
총 고객 총 매출액(천)
자본고객 총 매출액(천)
부채고객 총 매출액(천)
600B
500B
400B
300B
200B
100B
0
338B
357B
402B
455B
148B
156B
176B
190B
190B
201B
226B
265B
2020
2021
2022
2023
인당 고객 평균 매출액 변동 추이
자본고객 평균 매출액(천)
부채고객 평균 매출액(천)
350K
300K
250K
200K
150K
100K
50K
2020
2021
2022
2023
업종평균, 대분류 산업평균 비교
*평균 산출 모수: 의류/패션 업종평균 3개사, 소비재 산업평균 15개사
지표
고객 평균 매출액
부채고객 매출비율
부채고객 비율
부채고객 평균 매출액
자본고객 매출비율
자본고객 비율
자본고객 평균 매출액
당기
의류/패션 업종평균
소비재 산업평균
고객 비율 비교
자본고객 비율(%)
부채고객 비율(%)
100%
80%
60%
40%
20%
0%
61%
73%
91%
40%
27%
9%
A사
업종평균
산업평균
고객 매출비율 비교
자본고객 매출비율(%)
부채고객 매출비율(%)
100%
80%
60%
40%
20%
0%
42%
58%
73%
58%
42%
28%
A사
업종평균
산업평균
인당 고객 평균 매출액 비교
고객 평균 매출액(천)
자본고객 평균 매출액(천)
부채고객 평균 매출액(천)
300K
250K
200K
150K
100K
169,139
146,420
A사
업종평균

고객상태표에서는 고객제표의 핵심개념에 해당하는 자산고객, 자본고객, 부채고객에 대한 평가지표들이 제시되어 있기 때문에 각 용어에 대한 개념 설명이 필요할 것 같다. 우선 자산고객은 기업의 총자산에 해당하는 총고객을 의미하는 것이므로, 그 개념을 수용하기에 어렵지 않다. 그리고 재무상태표에서 자산을 자본과 부채로 구분하는 것에도 이미 익숙하다. 그러나 고객상태표에서 자산고객을 자본고객과 부채고객으로 분류한다는 것이 다소 생소하거나 이상하게 느끼는 독자가 많을 것이다. 재무상태표에서 전체 자산을 자기 자본과 타인의 자본, 즉 부채로 구분하는 것이 당연하다면 고객을 기업의 자산으로 인식하는 관점에서 전체 고객(총고객)을 진짜 우리 기업의 고객(자본고객)이냐, 아니면 타사의 고객을 잠시 빌려온 것이냐(부채고객)로 구분하는 것도 당연한 논리가 되어야 한다.

따라서 자본고객이란, 기업에게 자본의 성격을 갖는 고객을 의미한다. 자본고객은 자산고객을 구성하는 한 요소이므로 재무상태표에서 그렇듯 고객상태표의 대변(Credit)을 통해 관리한다. 자본고객의 의미를 현실적인 상황으로 설명하자면 특정 상품이나 서비스 영역에 있어서 타사나 경쟁사가 아닌 진짜 우리 회사의 고객이라고 할 수 있다. 만약 어떤 고객이 진짜 우리 기업의 고객이라면 종종 타사나 경쟁사의 상품을 구매할 수도 있지만, 궁극적으로는 우리 회사의 상품을 더 자주 구매하는 고객일 것이다. 그래서 이러한 고객은 그렇지 않은 고객에 비해 사업 실적의 안정성과 성장성을 동시에 높여줄 수 있는 자본적 성격의 고객이 된다.

부채고객은 기업에게 부채의 성격을 갖는 고객이다. 재무제표상에서 나중에 현금의 유출이 발생할 어떤 의무가 현재 회사의 수익 창출에 이바지하고 있더라도 이를 지금의 부채로 인식해야 하듯, 고객제표상에서 나중에 경쟁사로의 이탈 가능성이 높은 고객은 현재 자사의 수익 창출에 기여하고 있더라도 이를 지금의 부채로 인식해야 한다는 논리가 적용되는 것이다. 그리고 자본고객과 마찬가지로 부채고객 역시 자산고객을 구성하는 한 요소이므로 고객상태표의 대변에서 부채고객에 관련된 평가지표를 관리한다. 부채고객의 의미를 현실적인 상황으로 설명하자면 특정 상품이나 서비스 영역에 있어서 우리 회사의 상품을 일시적으로 구매하고 있지만 진짜 우리 회사의 고객이 아니라 타사나 경쟁사의 고객인 경우를 의미한다. 이런 고객에 의한 매출은 일시적이거나 단속적인(Discrete) 형태의 거래일 뿐이며, 실제로는 타사의 상품을 더 자주 구매하는 고객일 것이다. 그래서 부채고객이 창출하고 있는 현재의 매출 성과는 지속적이지 않고, 언제든지 타사로 이탈할 가능성이 높다는 점 때문에 언젠가는 갚아야 할 또는 보내야 할 부채적인 성격의 고객이 된다.

기업이 고객상태표를 관리해야 하는 가장 큰 이유는 이 절의 제목에서 표현한 것처럼 기업의 현재 상황을 그 기업이 보유한 현재 고객의 구성 상태로 설명할 수 있기 때문이다. 고객의 구성 상태는 매출의 안정성을 말해주고, 이는 곧 매출 변화에 대한 리스크 수준을 파악할 수 있도록 해준다. 전사 매출액의 변동, 즉 자산고객의 매출액의 증감이 자본고객과 부채고객 중 어디에서 발생했는지에 따라 전사 매출 변동에 대한 리스크는 달라진다. 만약 전사 매출감소의 원인이 주로 자본 고객으로부터 발생한 것이라면 매출 변동의 리스크는 크고, 반대로 주로 부채고객으로부터 발생한 것이라면 매출 변동의 리스크는 상대적으로 작다고 판단할 수 있다. 부채고객을 얻기보다 자본고객을 얻는 것이 더 어려운 것과 마찬가지로 부채고객에 의한 매출의 감소보다 자본고객에 의한 매출감소가 더 크리티컬하기 때문이다. 거꾸로 표현하자면, 전체 매출액이 증가했어도 이것이 부채고객에 의한 매출 증가에 의해 변화했다면 이것이 지속될 것이라는 기대는 하지 않는 편이 좋다.

자본고객의 매출은 부채고객의 매출에 비해 상대적으로 안정적이기 때문에 자본고객의 매출 비율과 같은 평가지표는 그 기업의 매출 성과가 얼마나 안정적으로 지속될 수 있는지를 가늠할 수 있는 척도로 사용될 수 있다. 이런 점에서 고객상태표는 흔히 기업가치 평가(Corporate Evaluation)의 4대 평가 영역이라고 불리는 안정성, 수익성, 성장성, 활동성 중 안정성(Stability)을 평가하는 또 다른 기준이 될 수 있다. 실제로 지금까지 고객제표가 적용된 모든 업종의 기업에서 공통적으로 발견된 사항 중 하나는 자본고객의 매출 비율이 높은 기업(또는 업종)일수록 그렇지 않은 기업(또는 업종)에 비해 전사 매출의 안정성이 높다는 점이다.

고객손익계산서, 겉으로 드러난 영업이익률의 비밀을 파헤치다

고객손익계산서(Customer Income Statement)는 기업의 매출은 모두 고객으로부터 창출된다는 원칙 아래, 기업의 경영성과를 자본고객과 부채고객에 의한 손익 구조로 평가하는 고객 중심의 손익계산서이다. 재무제표의 손익계산서에서는 총매출액을 기준으로 매출원가와 판매관리비를 차감하여 매출총이익과 영업이익을 단계적으로 산출하는 과정을 보여주는 것에 비해, 고객손익계산서에는 총매출액을 기준으로 변동비와 고정비를 차감하여 공헌이익과 고객 영업이익을 단계적으로 산출하는 과정을 보여준다. 즉 일반적인 손익계산서에서 손익분석 대상으로 기업 전체를 묶어 하나의 덩어리로 보는 반면, 고객손익계산서에서는 고객상태표에서 분리된 자본고객과 부채고객에 대해 각각 고객 유형별 공헌이익과 고객 영업이익을 개별적으로 산출하게 된다. 그리고 자본고객과 부채고객에 대한 손익계산의 합산은 총고객, 즉 자산고객의 손익계산과 일치하고, 이론적으로 일반 손익계산서상의 영업이익은 고객손익계산서 상의 총고객 영업이익과 동일해야 한다.

표 1-6 | 일반 손익계산서와 고객손익계산서

손익계산서	고객손익계산서			
과목	과목	총고객	자본고객	부채고객
Ⅰ 매출액	Ⅰ 매출액	총고객 매출액	자본고객 매출액	부채고객 매출액
Ⅱ 매출원가	– 변동비	총고객 변동비	자본고객 변동비	부채고객 변동비
Ⅲ 매출 총이익	Ⅱ 공헌이익	총고객 공헌이익	자본고객 공헌이익	부채고객 공헌이익
– 판매관리비	– 고정비	총고객 고정비	자본고객 매출액	부채고객 매출액
Ⅳ 영업이익	Ⅲ 고객영업이익	총고객 영업이익	자본고객 영업이익	부채고객 영업이익
Ⅴ 법인세비용 차감 전 순이익				
Ⅵ 당기 순이익				

고객손익계산서의 ①핵심지표 섹션에서는 자본고객과 부채고객에 대하여 각각 공헌이익률, 1인 평균 공헌이익, 고객 영업이익률, 그리고 1인당 평균 영업이익 등의 분석 결과가 스코어카드 형태로 제시된다. ②보고서 상세 영역에서는 ①핵심지표 섹션에서 표기된 핵심지표들을 포함하여 각 고객유형별 변동비와 고정비를 포함하여 공헌이익과 고객 영업이익이 산출되는 과정이 상세히 묘사되어 있다. ③시계열 변동현황 영역에서는 고객손익계산서 상에서 제시되는 자본고객과 부채고객의 모든 평가지에 대해 시계열적 변동상황이 그래프로 제시되고, ④업종 내 비교 섹션에서는 자본고객과 부채고객에 대한 공헌이익률과 영업이익률을 동종업계 및 상위산업 평균과 비교할 수 있도록 하였으며, 1인 평균 공헌이익과 영업이익은 상위 산업분류에서의 비교가 불필요하기 때문에 동종업계의 평균 수치와 비교할 수 있다.

고객손익계산서가 재무제표상의 일반 손익계산서에 비해 더 직접적인 통찰력을 가져다주는 이유는 영업이익을 산정하기 전에 공헌이익을 먼저 계산함으로써 고객의 실질적인 수익 기여도를 파악할 수 있다는 데에 있다. 공헌이익은 매출액에서 변동비를 차감한 금액으로 고객의 구매가 기업의 이익 증가에 공헌하는 금액을 의미한다. 또한 고객당 공헌이익을 산출하면 고정비를 회수할 수 있는, 또는 손익분기점을 돌파할 수 있는 최소 고객 수를 계산할 수도 있을 것이다. 이러한 특징은 설비나 장비 등 인프라 투자가 많은 자본집약적 산업이나 초기 투자비용으로 영업이익률이 낮게 나타날 수밖에 없는 벤처기업들에게 고객 중심의 기업가치를 어필할 수 있는 유의미한 지표가 될 수 있다.

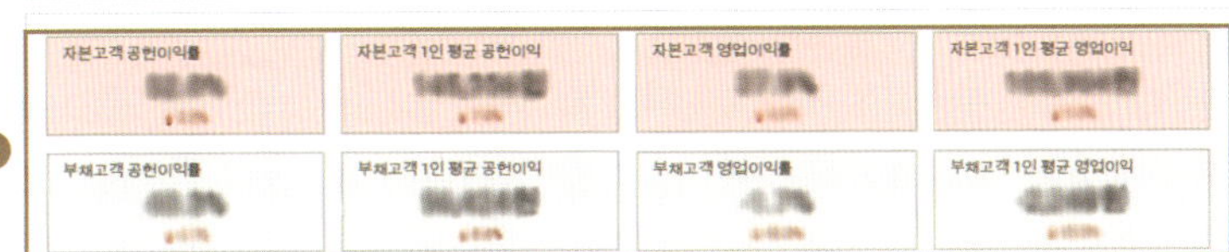

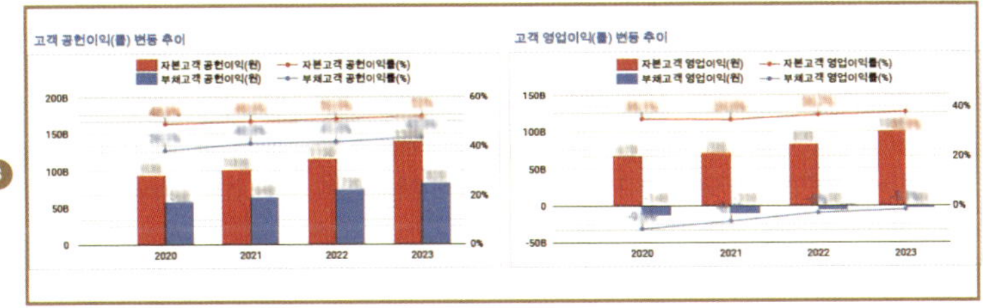
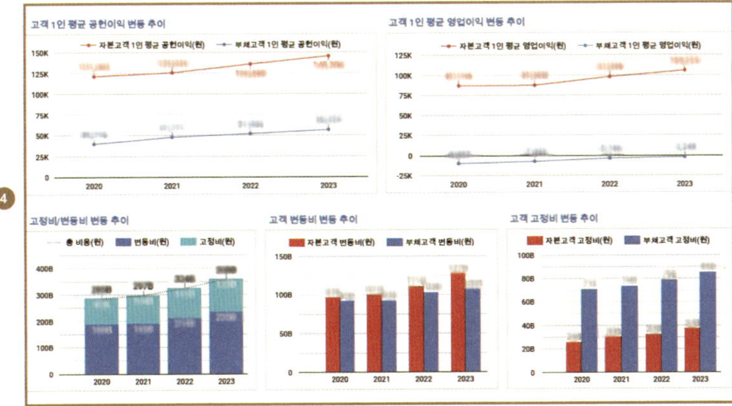

고객손익계산서는 말 그대로 고객 유형별 손익을 상세히 평가하는 것이기 때문에 기업가치 평가의 4대 평가 영역 중 수익성(Profitability)에 특화된 고객제표라 할 수 있을 것이다. 고객손익계산서에서는 자본고객과 부채고객에 대한 수익성을 분리하여 평가하기 때문에 겉으로 보여지는 포괄적 영업이익률의 숨어있는 구조까지 이해할 수 있는데, 이는 이론적으로 자본고객의 영업이익률까지 그 기업이 성장할 수 있음을 시사하는 것이다. 부채고객의 수익성을 갉아먹고 있는 원인을 해소하고 부채고객을 점진적으로 자본고객으로 전환하며, 자본고객의 페르소나에 근접한 신규고객을 확보하려는 노력을 기울수록, 이 기업의 자본고객과 부채고객의 수익성 차이를 줄이는 동시에 점차 자본고객의 고객 영업이익률에 근접하는 전사 영업이익률을 달성할 수 있을 것이다.

한편, 고객 공헌이익이나 고객 영업이익만으로도 고객에 대한 수익성 평가에 좋은 통찰력을 제시해주지만, 앞서 강조한 바와 같이 고객을 투자 대상으로서의 자산이라고 본다면 고객에 대한 투자 성과를 판단할 수 있는 기준이 있어야 한다. 이를 위해 고객손익계산서에서는 고객투자수익률(Return On Customer, ROC)이라는 전략적 파생 평가지표를 통해 고객에 대한 투자 대비 성과를 자본고객과 부채고객으로 구분하여 평가할 수 있다. 즉 어느 고객 집단에 어느 정도의 비용을 투입했을 때 어떤 수익이 발생하는지를 파악함으로써 예산을 효과적으로 할당할 수 있는 근거가 될 수 있는 것이다. 이러한 ROC 지표는 현재의 재무제표 결과만으로 투자 유치를 끌어내기 어려운 벤처기업이나 스타트업에게 미래가치를 어필하는 좋은 수단이 될 수 있다.

| 고객흐름표, 고객흐름의 맥으로 지속가능성을 진단한다 |

기업이 성장할 수 있는 여러 가지 방법 중 기업이 추구하고 있는 본연의 사업에 의해 성장하는 것을 흔히 '유기적 성장(Organic Growth)'이라 한다. 이런 기업의 유기적 성장은 신제품의 출시나 일시적인 경쟁구도의 변화 혹은 경기 상황에 따라 이루어지기도 하지만, 지속적인 유기적 성장이 가능하기 위해서는 무엇보다 고객의 유입과 유지와 같은 고객흐름 자체가 좋아야 할 것이다. 고객흐름표는 바로 이 점에 주목하는 고객제표다. 고객흐름표(Statement of Customer Flows)는 현재 기업이 보유한 고객의 흐름을 영업방식이나 영업채널을 기준으로 평가하는 고객 중심의 현금흐름표라고 할 수 있다.

표 1-8 | 현금흐름표와 고객흐름표

현금흐름표		고객흐름표	
영업활동에 의한 현금흐름	현금 유입 현금 유출	직영 채널에 의한 고객흐름	고객 유입 고객 유지 고객 유출
투자활동에 의한 현금흐름	현금 유입 현금 유출	파트너 채널에 의한 고객흐름	고객 유입 고객 유지 고객 유출
재무활동에 의한 현금흐름	현금 유입 현금 유출		
당기 현금흐름	현금 유입 현금 유출	당기 현금흐름	당기 고객 증감 기조/기말 고객흐름

　재무제표의 현금흐름표를 통해서 영업활동과 투자 활동, 그리고 재무활동에 의한 현금 유입·유출을 바탕으로 당기 현금 자산의 증감과 현금흐름을 진단할 수 있는 것에 비해, 고객흐름표에는 영업의 방식이나 채널의 유형에 따라 고객의 유입과 유지, 유출을 바탕으로 당기 고객의 증감과 고객흐름을 파악할 수 있다.

　고객흐름표에서 흐름을 파악하는 고객 대상은 기본적으로 전체 자산고객이지만, 소비재 산업과 같이 비식별 고객이 발생할 수밖에 없는 업종에서는 비식별 고객을 제외한 식별 고객만을 중심으로 고객흐름을 파악하게 된다. 고객흐름표의 ①핵심지표 섹션에서는 고객흐름 평가 대상이 되는 전체 고객에 대한 고객흐름과 영업채널이나 영업방식별(예시에는 영업채널로써 직영채널과 파트너채널로 분류) 고객흐름, 그리고 전체 고객의 유지율이 스코어카드 형태로 제시된다. ②보고서 상세 영역에서는 ①핵심지표 섹션에서 표기된 핵심지표들을 포함하여 각 영업채널 유형별 고객의 유입 및 유지, 유출 현황을 기재하고, 해당 채널별 고객흐름 결과를 바탕으로 전사 고객흐름과 기초 및 기말 자본고객의 수가 집계되는 과정이 상세히 묘사되어 있다. 따라서 고객흐름표를 통해 산출된 최종 기말 자본고객 수는 고객상태표의 당기 자본고객 수와 일치해야 한다(고객흐름 분석 대상이 전체 고객일 경우 당기 자산고객 수와 일치). ③시계열 변동 영역과 ④업종 내 비교 영역에서는 다른 고객제표와 유사하게 주요 평가지표에 대한 시계열 분석 자료와 동종업계 및 상위산업 평균치가 제시된다.

　초기 고객흐름표의 기획 의도는 기업이 현금을 창출하는 방식에 따

표 1-9 | 고객흐름표의 예시

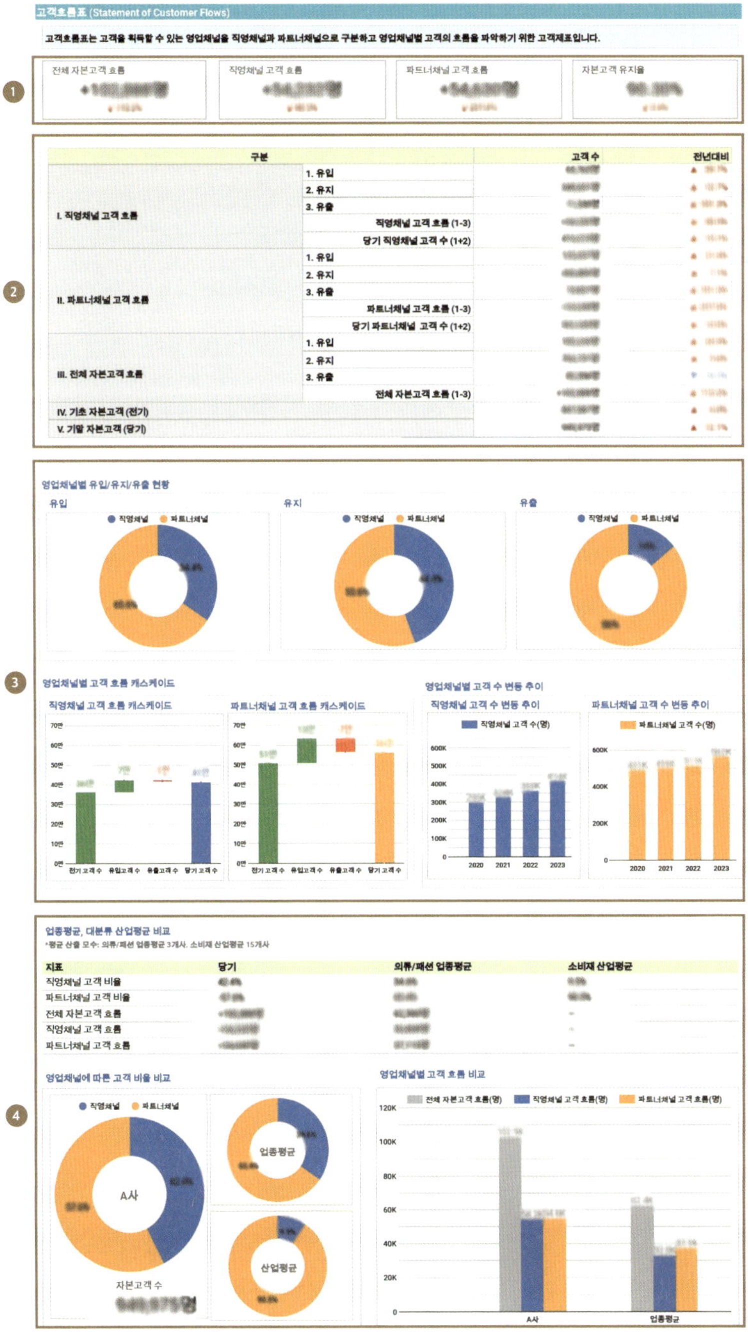

고객흐름표 (Statement of Customer Flows)

고객흐름표는 고객을 획득할 수 있는 영업채널을 직영채널과 파트너채널으로 구분하고 영업채널별 고객의 흐름을 파악하기 위한 고객제표입니다.

①

전체 자본고객 흐름	직영채널 고객 흐름	파트너채널 고객 흐름	자본고객 유지율

②

구분		고객 수	전년대비
I. 직영채널 고객 흐름	1. 유입		▲
	2. 유지		▲
	3. 유출		▲
	직영채널 고객 흐름 (1-3)		▲
	당기 직영채널 고객 수 (1+2)		▲
II. 파트너채널 고객 흐름	1. 유입		▲
	2. 유지		▲
	3. 유출		▲
	파트너채널 고객 흐름 (1-3)		▲
	당기 파트너채널 고객 수 (1+2)		▲
III. 전체 자본고객 흐름	1. 유입		▲
	2. 유지		▲
	3. 유출		▲
	전체 자본고객 흐름 (1-3)		▲
IV. 기초 자본고객 (전기)			▲
V. 기말 자본고객 (당기)			▲

③

영업채널별 유입/유지/유출 현황

유입 ● 직영채널 ● 파트너채널

유지 ● 직영채널 ● 파트너채널

유출 ● 직영채널 ● 파트너채널

영업채널별 고객 흐름 캐스케이드

직영채널 고객 흐름 캐스케이드

파트너채널 고객 흐름 캐스케이드

영업채널별 고객 수 변동 추이

직영채널 고객 수 변동 추이 ■ 직영채널 고객 수(명)

2020 2021 2022 2023

파트너채널 고객 수 변동 추이 ■ 파트너채널 고객 수(명)

2020 2021 2022 2023

④

업종평균, 대분류 산업평균 비교

*평균 산출 모수: 의류/패션 업종평균 3개사, 소비재 산업평균 15개사

지표	당기	의류/패션 업종평균	소비재 산업평균
직영채널 고객 비율			
파트너채널 고객 비율			
전체 자본고객 흐름			
직영채널 고객 흐름			
파트너채널 고객 흐름			

영업채널에 따른 고객 비율 비교

● 직영채널 ● 파트너채널

A사

업종평균

산업평균

자본고객 수

영업채널별 고객 흐름 비교

▨ 전체 자본고객 흐름(명) ■ 직영채널 고객 흐름(명) ■ 파트너채널 고객 흐름(명)

A사 업종평균

라 현금의 흐름을 파악하듯 기업이 고객을 창출하는 방식에 따라 고객의 흐름을 파악함으로써, 기업의 고객 수급 현황을 진단하고 고객상태표의 결과를 보조하는 것이었다. 그러나 고객제표를 실제로 적용해오면서 기업에서는 고객흐름표가 단순히 다른 고객제표의 보조적인 역할이 아니라 영업에 관련된 페인포인트(Pain Points)를 찾거나, 실무적인 차원의 개선전략을 도출하는 데 더욱 효과적이라고 느끼는 경우가 많았다. 가령 재무제표의 현금흐름표에서는 영업활동에 의한 현금흐름의 증감만을 보여줄 뿐 구체적인 발생 원천이나 원인을 설명해주지 않는데, 고객흐름표에서는 기업의 영업 활동을 영업 채널이나 영업 형태로 분류하고, 이에 대한 각각의 고객흐름의 변화를 모니터링하기 때문에 영업활동 현금흐름에 대한 드릴다운(Drill-down) 분석의 역할을 제공한다. 전기 대비 매출의 증감이 어느 영업 채널 또는 어느 영업방식에서 기인했는지 파악할 수 있기 때문에 영업활동 현금흐름에 대한 정확한 근거를 확보할 수 있다.

또한 고객흐름표는 일정 기간 동안의 동적인 고객흐름 현황을 보여주는 것이기 때문에 고객흐름표의 전략적 파생지표인 고객흐름지수와 같은 평가지표는 기업가치 평가의 4대 평가 영역 중 성장성(Growth)의 측면을 보다 직관적으로 파악할 수 있도록 해준다. 고객의 흐름을 통해 기업의 성장 추세를 파악하게 되면 ESG처럼 다소 포괄적인 의미로 통용되었던 지속가능성(Sustainability)이 아니라 직접적이고, 실질적인 영업 관점의 지속가능성을 가늠할 수 있게 된다. 유출된 고객 수 대비 유입된 고객 수의 비율을 의미하는 고객흐름지수가 1.0보다 클수록 기업의 성장성이 강하다는 것을 보여주고, 고객이 많아진다는 것은 향후에도 지속적인 유기적 성장이 가능하다는 것을 의미한다. 반대로 고객흐름지수가 1.0보다 작게 나타났다면 유입 고객보다 유출 고객이 많다는 것을 의미하므로 약화된 고객 기반의 전조 증상이라고 인지해야 한다. 반복적인 측정을 통해 그 수준이 미미하거나 일시적인 현상이었다면 다행이지만, 연속적으로 2~3분기 이상 계속해서 고객흐름지수가 좋지 않게 나타났다면 위험 신호임을 인지하고 추가적인 분석과 대책 마련이 요구된다.

따라서 고객흐름표의 결과는 기업의 영업전략을 정비하고 개선할 수 있는 구체적인 근거와 기회를 마련해주기 때문에, 다른 고객제표보다 시계열적 변화를 모니터링하는 것이 중요하다.

| 고객변동표, 고객의 변화는 모든 결과를 설명한다 |

이미 알고 있듯이 자본변동표는 일정 기간 동안의 자기자본 변동 내역을 상세하게 보여주는 재무제표이다. 고객제표의 고객변동표(Statement of Changes in Customer) 역시 일정 기간 동안의 자본고객에 대한 변동 내역을 구체적으로 제시하는 역할을 담당한다. 고객변동표 역시 고객흐름표와 마찬가지로 기업 성과의 동적인 측면을 묘사함으로써 고객상태표나 고객손익계산서에 비해 결과에 이르는 과정과 원인을 보다 명확하게 이해할 수 있도록 도움을 준다. 그런 면에서 얼핏 보면 앞서 다룬 고객흐름표의 역할과 유사하게 보여질 수도 있는데, 고객흐름표가 총체적인 관점으로 기업에 고객이 얼마나 유입되

자본변동표

	자본금	자본 잉여금	이익 잉여금	기타	합계
전기 자본 잔액	XXX,XXX원				XXX,XXX원
당기 자본 변동 항목 1	XXX,XXX원	XXX,XXX원			XXX,XXX원
당기 자본 변동 항목 2		XXX,XXX원			XXX,XXX원
당기 자본 변동 항목 3			XXX,XXX원		XXX,XXX원
….				XXX,XXX원	XXX,XXX원
	XXX,XXX원	XXX,XXX원	XXX,XXX원	XXX,XXX원	XXX,XXX원

고객변동표

	신규	상승	유지	하락	이탈
5분위	XXX명(%)	XXX명(%)	XXX명(%)	XXX명(%)	XXX명(%)
4분위	XXX명(%)	XXX명(%)	XXX명(%)	XXX명(%)	XXX명(%)
3분위	XXX명(%)	XXX명(%)	XXX명(%)	XXX명(%)	XXX명(%)
2분위	XXX명(%)	XXX명(%)	XXX명(%)	XXX명(%)	XXX명(%)
1분위	XXX명(%)	XXX명(%)	XXX명(%)	XXX명(%)	XXX명(%)
	신규 고객 비율	등급 상승율	등급 유지율	등급 하락율	고객 이탈율

고 유출되었는지에 대한 흐름 자체에 집중하는 것이라면, 고객변동표에서는 고객을 상호 배타적이고 전체 포괄적인(Mutually Exclusive and Collectively Exhaustive) 기준의 고객그룹으로 구분하여 각 그룹의 유입과 유출뿐만 아니라 충성도 변화에 따른 기업 내 세그먼트의 변동 패턴을 모두 평가하게 된다. 즉, 고객흐름표는 기업을 중심으로 고객의

유입과 유출에, 고객변동표는 기업 내부의 고객 충성도의 변화에 초점을 맞춘 고객제표라고 할 수 있다.

한편, 고객의 변동현황을 모니터링할 고객 세그먼트의 개수를 적절히 결정하는 것이 중요한데, 필자를 포함한 고객제표 연구진들은 많은 실험과 분석을 통해 고객의 구매액을 기준으로 5분위로 구분하는 다섯 단계의 고객 등급을 사용하는 것이 가장 효과적이라는 것을 경험적으로 알게 되었고, 이에 따라 표준형 고객제표에는 다섯 개의 고객 세그먼트를 사용한다.[2] 각 고객 세그먼트의 고객변동 패턴은 신규, 유지, 상승, 하락, 그리고 이탈 등 총 다섯 가지로 구분하게 된다. 즉, 5분위 고객 등급의 경우 총 23개의 변동이력을 추적할 수 있다. 최상위 계층인 5분위로의 하락 이동과 최하위 계층인 1분위로의 상승 이동은 존재하지 않기 때문이다.

고객변동표의 ①핵심지표 섹션에서는 상위 20%에 해당하는 고객들의 매출 비율과 1인 평균 매출액, 신규고객수, 고객변동지수, 그리고 이탈고객에 의한 기회손실 비용이 스코어카드 형태로 제시된다. 고객변동표의 ②보고서 상세 영역에서는 다른 고객제표와 달리 2개의 독립적인 테이블이 제시된다. 우선 당기 5분위에 대한 고객현황으로써 각 분위별 고객 수와 1인 평균 매출액, 분위 매출액, 그리고 매출 비율

---

2 기업 규모가 큰 기업에서는 표준형 고객제표와 더불어 맞춤형(의사결정 지원형) 고객제표를 추가로 개발하고, 서로 연동하여 사용하는 경우가 많은데, 맞춤형 고객제표의 고객변동표에는 5등급 고객계층과 더불어 자사만을 위한 전략적 세그먼트 기준을 추가하여 피봇(pivot) 방식의 입체적인 분석을 수행하게 된다.

표 1-11 | 고객변동표의 예시

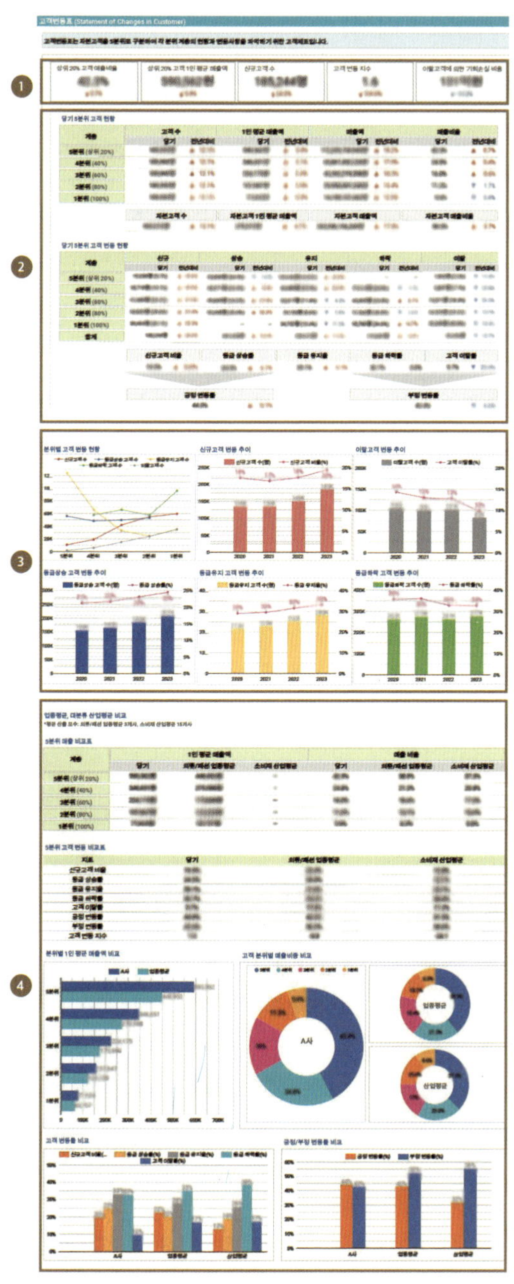

을 테이블로 제시하고, 그 아래 별도의 테이블로 고객변동표의 핵심 정보인 분위별 다섯 가지 고객변동 형태에 대한 고객 수와 비율, 전기 대비 변화량이 제시된다. 이 고객변동 테이블의 정보를 종합하여 전사적인 차원의 신규, 등급 상승 및 등급 유지, 하락, 그리고 이탈한 고객들의 수와 비율이 계산되고, 이를 통해 해당 기업의 긍정 변동률, 부정 변동률, 그리고 고객변동지수라는 전략적 파생지표들이 생성된다. ③ 시계열 변동현황 영역과 ④업종 내 비교 영역에서는 다른 고객제표와 유사하게 주요 평가지표에 대한 시계열 분석 자료와 동종업계 및 상위 산업 평균치가 제시된다.

재무제표가 제시하는 정보만으로는 매출 변동의 원인이 어디에서 발생했는지 찾기 어렵다. 하물며 당기의 매출액이 전기와 동일할 때에는 문제점을 찾고자 하는 노력도 하지 못한 채 안심하고 넘어갈 공산이 크다. 그러나 고객변동표를 통해 기업의 성과를 줌인(Zoom-In) 해보면 이야기가 달라진다. 전기와 동일해 보이는 당기의 성과도 사실은 성장 부분과 하락 부분이 존재하여, 이것이 서로 상쇄되어 현재의 결과로 보이는 경우가 대부분이기 때문이다. 좋은 경영이란 변동 영역을 찾아 원인을 규명함으로써 긍정적인 변동은 촉진하고, 부정적인 변동은 회피하는 전략을 수행하는 것이다. 그래서 고객변동표는 좋은 경영을 가능하게 해주는 출발점이 될 수 있다.

고객변동표는 기업가치 평가의 4대 평가 영역 중 '활동성(Activity)'에 해당하는 고객제표라고 할 수 있다. 재무제표 관점의 활동성이 총자산회전율이나 재고자산회전율 등의 지표를 통해 기업의 실물 자산을 얼마나 활동적이고 효율적으로 운용하고 있는지를 평가하는 것이라면, 고객변동표는 또 다른 형태의 기업 자산인 고객을 얼마나 동적으로 운용하고 있는지를 나타내는 '고객역학(Customer Dynamics)'의 대시보드 역할을 담당한다. 물론 고객의 활동성에는 등급 하락이나 이탈과 같이 부정적인 활동성도 포함하지만, 신규유입이나 등급 상승과 같은 긍정적인 방향의 활동성이 더 크게 나타난다면 그 기업의 경영성과는 고객 활동성에 의해 지속적인 성장을 보이게 될 가능성이 크다.

또한 고객변동표는 전사 고객전략의 마스터플랜 역할을 제공한다. 매출 5분위에 대한 다섯 가지 변동패턴은 23개(5x5-2)의 모니터링 기준을 만들고, 이를 통해 기업의 매출 변화에 영향을 주는 모든 고객의 변동 상황을 추적할 수 있기 때문이다. 기업의 어떤 전략이든 직간접적으로 고객에게 적용되고, 고객의 반응은 23개의 변동 모니터 어딘가에는 포착될 수밖에 없다. 또한 위에서 언급한 바와 같이 고객변동표는 동일한 매출 수준을 보이는 기업이라도 각각 이질적인 고객역학이 작동하고 있음을 보여준다. 이질적인 고객역학은 차별화된 고객전략을 요구한다. 자사만의 페인포인트를 찾아내고, 여기에 직접 적용될 수 있는 고객전략을 모색해야 한다. 그래서 고객변동표는 CMO(Chief Marketing Officer)나 CCO(Chief Customer Officer)와 같은 고객전략 관련 부서의 경영진이 더 주목해야 할 고객제표다.

—— 3. 고객제표가 던진 고객경영 메시지

고객제표는 결국 기업 경영을 더 잘하자고 만들어진 도구이지만, 엄밀하게 말하자면 직접적인 치료를 위한 수술이나 처방약보다는 정확한 진료를 도와주는 CT나 MRI 촬영 기술 같은 진단도구에 더 가깝다. 즉 기존의 평가체계로는 발견하기 어려웠던 경영성과에 연관된 고객 이슈를 관찰할 수 있는 새로운 안경 같은 것이다. 하지만 새로운 안경은 흐릿했던 세상을 깨끗하게 보여주지만 이때부터는 보고 싶은 것뿐만 아니라 불편한 것도 보이기 마련이다. 그래서 고객제표라는 새로운 안경을 통해 기업 경영을 보게 되면 때로는 불편한 진실을 마주하게 되고, 쉽지 않겠지만 하나 둘 바꿔 나가야 할 것도 보이기 시작한다. 이는 긍정적인 시그널이든 불편한 진실들이든 고객제표가 쏘아 올린 고객경영 메시지임에는 분명하다. 이번 절에서는 국내 기업에게 고객제표를 적용해오면서 공통적으로 강조되었던 주요 고객경영 메시지들을 논의하고자 한다. 아직 우리나라 기업들의 고객 중심 경영의 역사가 길지 않고, 아직 고객전략이 경영전략의 최우선에 놓여있지는 않기에 박수를 보내는 일보다는 쓴소리가 더 많을 것이다.

| 고객문맹이 기업의 지속성장을 가로막는다 |

고객제표를 연구해오면서 필자가 강조했던 개념 중 하나가 '고객문맹(Customer illiteracy)'이다. 고객문맹이란 자사의 고객이 누구인지 알지 못하거나, 알 필요가 없게 만드는 현상이다. 구체적으로 말하자면 매출에 대한 고객식별도 거의 되지 않고 기업 내부에 고객 데이터베이스가 존재하지 않거나 유명무실한 상태인 기업들이다. 필자가 많은 기업에 고객제표를 적용하면서 가장 심각하게 인식한 사항은 생각보다 많은 기업이 고객문맹이라는 사실이다. 특히 내구성 소비재나 식음료 소비재 업종, 오프라인 리테일, 스포츠·엔터테인먼트 산업, 그리고 F&B 프랜차이즈가 고객 문맹에 가까운 업종들인데, 이 업종들에서는 선도적인 한 두 기업을 제외하고는 거의 예외 없이 고객문맹에 놓여있다고 해도 과언이 아니었다. 실제로 고객제표 발행을 요청했으나 결국 진행되지 못한 기업들도 많았는데, 그 이유는 이러한 기업들의 대부분 고객문맹 수준이 심각했기 때문이었다. 전체 매출의 2%도 채 되지 않는 식별 고객 매출 비율인 기업이 고객제표를 발행할 이유도, 그렇게 해서 발행된 고객제표의 의미도 없다. 놀라운 건 고객제표 발행이 불가능에 가까울 정도의 고객문맹 기업 중에는 우리가 익히 잘 알고 있는 유명 브랜드 기업도 있다는 사실이다. 과거에는 이러한 업종들의 고객문맹 특성이 어쩔 수 없는 비즈니스 모델의 특성 때문이라고 말할 수 있었지만, 현재와 같은 AI 기반의 디지털 경영환경에서 여전히 고객문맹을 벗어나지 못하고 있다면 그것은 엄연한 경영자의 선택이라고 봐야 한다. 얼마든지 구매자를 식별할 수 있는 기술적, 환경적, 문

화적 기반이 조성되어 있는 시기이기 때문이다. 여러분의 회사가 자의

든 타의든 고객문맹에 가까운 기업이라면 경영성과의 요인을 내부 역

량과 전략에서 찾기보다 외부환경과 운에 맡기고 있다는 의미가 된다.

고객제표를 발행한 기업 중에서도 업종을 불문하고 고객문맹률이 높

을수록(식별 고객의 매출 비율이 낮은 기업일수록), 자본고객의 비율이 낮고

매출의 변동성이 크며, 공헌이익률도 떨어질 뿐만 아니라 매출 최상위

그룹과 최하위 그룹 간의 차이도 크지 않는 등 대부분의 평가지표에서

부정적인 시그널이 포착된 점을 기억하자.

| 밑 빠진 독에 물 붓기 |

어느 기업이나 고객이탈[3]은 불가피한 현상이다. 또한 고객이탈의 정

도는 업종의 특성뿐만 아니라, 같은 업종 내에서도 고객관리 역량에

따라 큰 차이를 보인다. 전반적으로 과점 산업에 해당하는 이동통신이

나 유틸리티 서비스 산업의 고객이탈률은 평균 5.4%로 가장 작은 편

에 속했고, B2B 업종이나 오프라인 리테일의 경우 평균 13.7%의 이탈

률을 보였다. 이탈률이 높을 것으로 예상했던 소비재 업종의 경우 예

상대로 평균 67.1%의 높은 이탈률을 보였다. 유사한 업종이라도 기업

---

3 사실 완전한 고객이탈은 계약만료나 해지가 발생하는 계약기반 업종에서나 발생하고, 리테일과 같은 자
   율거래 업종에서는 고객휴면의 개념을 더 자주 사용한다. 즉, 계약기반 업종에서는 고객이탈이 명확하게
   정의될 수 있으나, 자율거래 업종에서는 6개월, 1년, 혹은 그 이상의 기간에 대한 거래 휴면으로 그 기준이
   각기 다르게 정의된다. 고객제표에서는 업종별 일관된 기준의 필요성과 개인정보 보유 가능기간 등을 고
   려하여 1년이라는 통일된 기준으로 고객이탈을 정의했다.

의 고객관리 역량에 따라 이탈률의 차이가 유의미하게 나타난다는 점
도 확인되었다. 이동통신업체 중 한 곳은 2.5%, 다른 한 곳은 9.5%의
고객이탈률을 보였고, B2B 업체 중 한 곳은 16%, 다른 한 곳은 21.1%
의 고객이탈률을 나타냈다. 소비재 업종의 경우에는 더 큰 편차를 보
인다. 생활가전과 같은 내구성 소비재 업종은 무려 90%에 육박하는
고객이탈률을 보였고, 같은 소모품성 소비재 업체라도 한 곳은 38.4%,
다른 한 곳은 79%의 고객이탈률을 기록했다.

고객이탈이 심각한 것도 문제지만, 더 큰 문제는 많은 기업이 여전
히 고객이탈불감증을 가지고 있다는 점이다. 이런 기업들과 면담을 해
보면 대부분 첫째, "우리 업종은 원래 그렇다"라던가, 둘째, "고객이 떠
나가는데 무슨 수가 있나"라던가, 아니면 셋째 "이탈한 고객만큼 신규
고객으로 채우니까 사업이 유지되는 것 아닌가"라는 식의 답변이 대부
분이다. 그러나 세 가지 대답 모두 틀렸다. 첫째, 원래 그런 업종은 없
다. 다소 높은 고객이탈률을 보이는 업종이라도 앞에서 기술한 바와
같이 기업마다 천차만별이기 때문이다. 둘째, 기본적인 이탈관리라도
해본 적은 있는지 되묻고 싶다. 떠나갈 고객을 미리 예측하고, 이탈방
지 캠페인을 모색하면 분명히 개선된다. 그리고 셋째, 이런 답변은 기
존 고객 한 명을 유지하는 비용보다 새로운 고객 한 명을 영입하는 비
용이 몇 배 더 크다는 고객 경제학의 기초조차 모른다는 사실을 스스
로 드러내는 셈이다.

만약 로열티가 높은 우수고객 집단에서 고객이탈이 크게 발생된다
면 문제는 더 심각해진다. 고객변동표에서는 매출 5분위 등급별 고객

의 모든 변동상황을 체크하기 때문에 각 등급별 고객이탈의 수준을 확인할 수 있는데, 최상위 5분위 그룹에서 최하위 1분위 그룹으로 내려갈수록 고객이탈률은 커지게 마련이다. 전체 이탈고객의 절반 수준이 1분위 계층에서 발생하며, 최상위 그룹에서의 고객이탈은 전체 이탈의 3~4%를 넘지 않는 것이 일반적이다. 만약 5분위와 같은 우수고객집단에서 전체 이탈고객의 5% 이상이 발생한다면 그로 인한 경제적 기회손실액은 상당하다. 이러한 현상이 고객제표 참여기업 중 절반 이상에서 나타났는데, 이 기업들의 4·5분위 이탈고객 수는 전체 고객의 1~2% 수준밖에 안되지만, 이들로 인한 경제적 기회손실금액은 총매출액의 15~23% 정도까지 차지할 정도로 그 규모가 컸다. 최소한 우수고객 그룹에 대해서 만이라도 이탈징후를 포착하는 예측모형의 이탈 조기경보 체계를 만들고, 단계적인 이탈방지 활동을 모색해야 하는 이유다.

| 고객제표의 제언 |

"격동의 시대에 가장 큰 위험은 격동 자체가 아니라 어제의 논리로 행동하는 것이다."

피터 드러커가 남긴 명언 중 요즘 같은 시대에 더 잘 어울리는 말이 있다. 우리는 늘 혁신을 통한 지속성장을 바라면서도 어제와 같은 논리, 기존에 해왔던 방식을 고수하지는 않았는지 반성해볼 필요가 있다. 고객제표의 도입 여부와 관계없이 고객제표가 던지는 메시지는 명확하다. 바꿀 건 바뀌어야 한다는 것이다. 근본적인 경영체질의 변화와 지속적인 성장을 위해 바꿔야 할 것 몇 가지를 제안한다.

고객정보력을 강화하라

한때 고객정보력이 강한 업종과 약한 업종이 구분되었고, 그러한 환경이 고객정보를 획득하는 데 게으름을 피울 수 있는 핑계가 되었던 시절이 있었다. 그러나 앞에서도 필자가 강조했듯이 이젠 그런 시대가 아니고, 엄연히 선택의 문제로 남았다. 우선 유통업체나 영업 파트너 채널에 의존하며 구매자의 직접적인 고객정보 획득을 게을리했던 기업이라면 지금이라도 자사만의 DTC 역량을 키워가는 것이 필요하다. 그것이 자사 몰 운영일 수도 있고, 재미 요소를 결합한 전용 앱의 운용일 수도 있다. 정품 인증을 통해 서비스 혜택을 제공하는 온라인 고객서비스 채널을 운영할 수도, 보노보스(Bonobos)처럼 통념을 뛰어넘는 채널 구분 전략이 유효할 수도 있다.

자본고객의 비중을 높이는 데 집중하라

고객정보력을 확보할 수 있는 기반을 마련했다면 이제 자본고객을 늘려나가는 데 집중하자. 여러분의 기업에 많은 핵심성과지표가 존재하겠지만, 자본고객의 비중 하나만을 높이는 노력만으로도 기업 경영의 많은 차원에서 긍정적인 효과가 발생할 수 있다는 것을 기억하라. 전반적인 매출 개선은 물론이고, 고객당 평균 수익(Average Revenue Per User, ARPU)이 높아지며, 고객 공헌이익과 영업이익이 점차 개선되는 것을 목격할 것이다. 무엇보다 고객 기반(Customer Base)이 점차 안정적으로 변하면서 시장의 변화에 덜 민감해지고, 유기적 성장의 모멘텀을 더 강력하게 만드는 원동력이 될 수 있다. 그래서 자본고객의 비율이나 자본고객 매출 비율을 자사의 핵심성과지표 중 하나로 관리하는 것을 권장한다.

고객 중심의 관리회계 방안을 모색하라

재무제표 100년 이상의 역사를 통틀어 회계 및 재무관리 영역에 고객이라는 키워드는 없었으나, 필자는 재무제표의 기제 안에 고객이라는 기준이 언젠가는 명시적으로 포함되어야 한다고 믿는다. 그러나 그것은 매우 먼 이야기일 것이다. 고객 전략이 회사의 주요 경영전략 중 하나라면 최소한 자사의 관리회계 영역에서만큼은 고객을 주요 분석 기준으로 고려하는 것을 제안한다. 관리회계는 경영진의 의사결정을 지원하기 위한 내부 보고 중심의 회계로, 외부 공시 기준에 얽매이지 않기 때문에 훨씬 유연하고 전략적인 정보 제공이 가능하다. 그런 관점에서 본서에서 제시하고 있는 고객제표가 하나의 의미 있는 출발점이 될 수 있다. 고객손익계산서에서 제시하는 방안처럼 자본고객과 부채고객에 대한 변동비와 고정비를 고려하는 것도 대안이 될 수 있고, 판매관리비 영역을 고객에게 직접 투입되는 직접 판관비와 모든 고객에게 공통으로 투입되는 공통 판관비로 구분하는 것도 의미가 있을 것이다. 또한 기업의 운영을 거대한 프로젝트라 가정하고, 고객 세그먼트를 중심으로 직접비와 간접비 기준을 적용할 수도 있을 것이다.

당장 필요한 고객전략 먼저

필자는 고객제표 참여 기업들에게 포괄적인 기술이나 솔루션 도입보다 당장 필요한 고객전략의 주제 영역이 무엇인지 먼저 찾는 것이 급선무라고 당부하고 있다. 우리 회사의 페인포인트가 어디에 있는지 먼저 찾고, 이를 해소할 수 있는 전략은 무엇일지 고민하는 것이다. 기술과 솔루션은 그다음이다. 자본고객 비율이 낮다면 자본고객 기준에 근소한 차이로 합류하지 못한 부채고객들의 전환에 주목해하며, 고객 유입률을 높이기 위해 퍼포먼스 마케팅 솔루션을 도입하는 우를 범하지 말아야 한다. 고객 공헌이익과 영업이익률의 격차가 매우 크다면 고정비의 효율적 운영방안을 모색하고 낭비 요소를 제거하는 것이 ERP 시스템의 회계 모듈을 인공지능화하는 것보다 먼저다. 특정 채널의 고객흐름이 유난히 좋지 않다면 해당 채널의 영업전략을 개선하거나, 타 채널과의 통폐합을 검토해야지 유행에 뒤처지지 않기 위해 옴니 채널 통합 플랫폼을 운영하는 것은 자칫 '흰 코끼리(White Elephant)' 같은 고비용 저효율 시스템으로 전락할 가능성이 높다. 매출 4·5분위 상위 등급 고객들의 등급하락률이 높다면 해당 세그먼트 고객들에 대한 등급 하락 원인을 규명하고, 하락 방지 캠페인을 모색하는 것이 전체 고객 여정을 자동으로 관리하는 AI 캠페인 솔루션을 도입하는 것보다 우선시 되어야 한다는 말이다.

하루가 다르게 디지털 기술이 발전해가고, 빅데이터가 쏟아지고, 인공지능으로 비효율적 요소를 하나하나 대체해 나가는 이 시점에서 자기 회사의 고객을 잘 모른다는 것은 이제 핑계이고 습관에 지나지 않을 것이다. 또한 고객을 모르면서 매출이라는 성과를 설명할 수도, 지속적인 고객 기반의 성장을 모색하기도 어려운 시기이다. 그래서 당장 기존의 경영전략을 바꾸지 않더라도 자사의 재무적 경영성과를 고객이라는 관점으로 살펴보는 것은 매우 의미 있는 일이다. 이러한 고객 기반의 경영평가는 CRM과 같은 특정 부서만의 업무가 아니라 최고경영진이 직접 관여해야 하는 일이라고 강조하고 싶다. 이런 면에서 고객제표는 의미 있는 출발점이 될 것이다. 고객제표는 그 자체만으로도 기업의 경영성과를 평가하는데 유용하지만, 재무제표의 부족했던 면을 보완해주는 목적도 크기 때문에 재무제표와 함께 사용하는 것을 권장한다.

기업 문화력

기업 밸류업을 위한 이미지 전략

양희동

한눈에 보기

디지털 전환으로 기업의 문화예술 활동은 단순한 CSR이나 일회성 협업을 넘어, 직원·소비자·예술가·지역사회와의 관계를 재구성하는 전략적 자산으로 부상하고 있다. 본 사례 연구는 기업 문화력(Cultural Power)을 네 가지 구성요소, 즉 **①기업 내부문화자본 ②예술 협업을 통한 브랜드 전략 확장 ③문화예술 창조지원역량 ④문화예술 향유지원역량**으로 개념화하고, 이들이 독립적으로 작동하기보다 유기적으로 연결된 다층적 네트워크로 상호작용함을 제시한다. 내부문화자본은 외부 문화·예술 가치를 조직 내부로 흡수해 구성원의 교양과 철학, 창의성과 자부심을 강화하고, 이는 제품·서비스의 감성적 가치와 브랜드 정체성으로 전이된다. 예술 협업은 브랜드를 '문화적 세계관'으로 확장하며 소비자 경험을 예술적·감정적 차원으로 고도화한다. 나아가 창조지원은 예술가와 기관을 장기적으로 육성하고 실험을 촉진하며, 향유지원은 문화 접근성을 확대해 지역사회 신뢰와 공공적 가치를 강화한다.

사례 분석은 이러한 요소들이 단기적 경험에서 장기적 신뢰로 이어지는 선형적 경로(1→2→3→4)를 형성하는 동시에, 기업의 핵심 동력에 따라 내부에서 외부로 또는 외부에서 내부로 확장되는 다양한 경로로도 작동함을 보여준다. 결론적으로 기업 문화력은 개별 활동의 합이 아니라 연쇄적 순환과 확산을 통해 강화되는 지속가능한 경쟁우위의 기반이며, 기업을 사회·문화 생태계의 동반자로 자리매김하게 하는 핵심 역량이다.

※ Acknowledgement: 김서진, 박다인, 박선영, 박소정, 이채현 학생의 도움에 감사를 표합니다.

—— 1. 기업 문화력 구성요소 개념 소개

| 기업의 내부문화 자본: 기업 내부 직원과 조직문화 대상 |

기업의 내부문화 자본은 기업 활동의 생산자인 조직 내부에 형성된 문화적 자산을 의미한다. 이는 기술적 역량이나 직무 수행 능력을 넘어, 구성원들이 기업의 철학과 미적 감수성을 내면화하여 창의성과 자부심을 발휘하게 하는 무형의 자본이다. 내부문화 자본은 기업이 외부의 예술적 가치와 문화적 자원을 조직 내부로 흡수함으로써 형성되며, 그 결과 기업은 단순한 경제적 주체를 넘어 예술적 감수성과 철학을 공유하는 공동체로 발전한다. 이러한 내부의 문화적 축적은 구성원의 사고를 확장시키고 기업 정체성과 브랜드 가치로 이어지며, 장기적으로는 지속가능한 혁신의 토대가 된다. 즉 내부문화 자본은 기업의 경쟁력을 형성하는 가장 근본적인 문화적 기반이자, 문화력이 외부로 확장되는 출발점이라 할 수 있다.

| 협업을 통한 브랜드 전략 확장: 소비자 브랜드 경험 및 공감 대상 |

예술 협업을 통한 브랜드 전략의 확장은 기업이 예술과의 결합을 통해 브랜드의 감성적·문화적 가치를 확장시키는 활동을 의미한다. 이는 소비자에게 제품을 단순히 구매하는 대상이 아닌 예술적 경험으로 인식하게 하는 전략으로, 브랜드를 하나의 문화적 세계관으로 구축한다. 예술 협업은 기업이 사회적 트렌드와 감성적 서사를 반영하여 브랜드의 차별성과 정체성을 강화하고, 소비자와의 정서적 유대감을 높이는 수단으로 기능한다. 이러한 활동은 브랜드가 단순히 상품을 생산하는 기업이 아니라, 예술적 가치를 창조하고 전파하는 문화 주체로 자리매김하게 한다. 즉 예술 협업은 기업의 이미지 구축과 브랜드 신뢰 형성에 핵심적으로 작용하며, 기업 문화력이 외부로 확장되는 중요한 단계로 작동한다.

| 문화예술 창조지원역량: 예술가 및 창작 생태계 대상 |

문화예술 창조지원역량은 기업이 예술가와 예술 기관 등 창작 생태계 전반을 직접적으로 지원하고 육성하는 능력을 의미한다. 이는 기업이 자본을 투입하여 예술 창작의 기반을 강화하고, 창의적 실험을 촉진하며, 새로운 예술적 가능성을 확장시키는 역량이다. 이러한 창조지원은 단순한 후원을 넘어, 예술을 사회적 혁신과 연결시키는 구조적 역할을 수행한다. 기업은 예술가를 파트너로 인식하고 예술적 창작 환경을 조성함으로써 창의성과 다양성이 공존하는 생태계를 구축한다. 결과적으로 문화예술 창조지원역량은 기업이 사회 내에서 예술의 생산자이자 촉진자로서 기능하도록 하며, 문화예술이 지닌 사회적·창조적 가치를 지속적으로 재생산하는 데 기여한다.

| 문화예술 향유지원역량: 사회, 일반 대중, 지역사회 대상 |

문화예술 향유지원역량은 기업이 사회 구성원과 지역사회를 대상으로 예술 향유의 기회와 접근성을 확대하는 능력을 의미한다. 이는 예술의 소비가 특정 계층에 한정되지 않도록 하고, 문화적 경험을 사회 전반으로 확산시켜 예술의 민주화를 실현하는 과정이다. 기업은 문화 공간 조성, 프로그램 지원, 예술 향유 활동의 제도화를 통해 대중이 일상 속에서 예술을 경험할 수 있는 환경을 구축한다. 이러한 활동은 기업의 사회적 책임을 문화적 차원에서 구체화하며 기업과 사회 간의 신뢰 관계를 강화한다. 나아가 문화예술 향유지원역량은 기업이 문화의 전달자이자 공동체의 구성원으로서 사회적·문화적 가치를 실현하는 핵심 역량으로 작용한다.

2. 기업 문화력 구성요소 사례

| 기업의 내부문화 자본: 기업 내부 직원 및 조직 문화 대상 사례 |

내부문화 자본의 전략적 중요성

기업 경쟁력의 요소가 기술력을 넘어 브랜드 정체성으로 확장되면서, '내부문화 자본'의 중요성이 커지고 있다. 이는 단순한 직무 교육을 넘어, 직원들의 사고를 확장하고 기업의 본질적 가치를 내면화하여 창의성과 소속감을 증진시키는 무형 자산을 의미한다. 본 보고서는 기업이 외부의 문화와 예술, 역사적 가치를 내부로 흡수하여 직원들의 교양과 철학을 함양하고, 이를 기업 경쟁력으로 전환시키는 사례들을 분석한다.

분석된 사례들은 기업의 내부문화 자본 내재화 전략을 두 가지 모델로 분류하였다. 첫 번째는 헤리티지 및 장인정신 내면화 모델로, 에르메스나 페라리와 같은 럭셔리 기업이 브랜드의 역사와 장인정신을 직원들에게 전수하는 방식이다. 두 번째는 혁신 및 디자인 감성 내면화 모델로, 삼성이나 현대 제네시스와 같은 기술 기업들이 외부 트렌드와 예술적 영감을 흡수하여 디자인과 기술을 융합하는 방식이다.

| **기업의 내부문화 자본 내재화 전략의 두 가지 모델** |

장인정신과 헤리티지 내면화 모델①
에르메스, '사부아르 페르'의 전승

에르메스(Hermès)는 자체 교육 기관인 '에르메스 사부아르 페르 학교(École Hermès des Savoir-Faire)'를 통해 국가 공인 가죽 세공 자격증을 발급하는 체계적인 교육을 제공한다. 이는 단순히 기술을 가르치는 것을 넘어 머리와 손, 그리고 고급 재료가 끊임없이 대화하는 장인 정신을 마스터하는 것을 목표로 한다. 외부에서 장인을 고용하는 대신 내부적으로 장인을 육성하는 시스템을 구축한 것이다.

나아가 에르메스는 장인 정신을 제품 생산의 영역을 넘어 기업의 사회적 책임(CSR)과 브랜드 철학의 근간으로 확장한다. 에르메스 재단(Fondation d'entreprise Hermès)은 기술 전승, 예술 창작, 사회적 연대 등 더 넓은 영역으로 에르메스의 가치를 확산시킨다. 장인 정신을 단순한 기술에서 기업의 정체성을 담는 '휴먼 오디세이(Human Odyssey)'의 일환으로 승화하며, 지속가능성과 기업의 사회적 가치로 확장했다. 이는 궁극적으로 에르메스가 제품을 넘어선 문화적 가치를 창출하는 독보적인 위상을 확보하게 하는 핵심 동력으로 작용했다.

장인정신과 헤리티지 내면화 모델②
샤넬, 예술 후원과 창작 영감의 순환

샤넬(CHANEL)은 '샤넬 컬처 펀드(CHANEL Culture Fund)'를 통해 전

세계 주요 미술관과 장기 파트너십을 맺고 문화 혁신을 지원한다. 이 프로젝트들은 '사라진 서사(missing narratives)'를 발굴하고 '새로운 아이디어(new ideas)'를 지원하는 데 중점을 둔다. 해당 접근 방식은 설립자 가브리엘 샤넬의 "예술과 문화 교류"라는 철학에 기반하며, 외부의

〈사진 2-1〉 에르메스 디자인 공모전 전시 전경.

출처: 에르메스 재단, 2016

〈사진 2-2〉 샤넬 컬처 펀드가 후원한 전시 전경.　　　　　〈사진 2-3〉 페라리 차량 도장 공정.
출처: BAZAAR, 2021　　　　　출처: Ferrarri, 2008

문화적 가치를 브랜드의 비전에 편입한다. 이러한 활동은 직원과 고객에게 샤넬이 단순히 제품을 파는 기업이 아닌, 문화적 가치를 창조하고 보존하는 '메종(Maison)'이라는 인식을 심어준다.

장인정신과 헤리티지 내면화 모델③
페라리, 장인과 예술가의 협업

페라리(Ferrari)는 'Formula Uomo(포뮬러 우오모)'라는 프로그램을 통해 직원을 양성하는데, 이 프로그램의 핵심은 기술과 예술, 그리고 인간적 감성의 융합이다. 특히 '창의력 모임(Creativity Club)'은 직급과 상관없이 직원들이 예술가들과 직접 교류하며 영감을 얻는 기회를 제공한다. 또한 숙련된 직원이 후임에게 기술을 전수하는 '스킬 스쿨(Skills School)'을 운영하며 기술 전수의 전통을 이어간다.

혁신과 디자인 감성 내면화 모델①
삼성, 디자인 혁신과 기술 융합 교육

삼성전자는 디자인을 기업 혁신의 핵심 동력으로 인식한다. 이는 고(故) 이건희 선대 회장 때부터 이어져 온 철학으로, 현 경영진도 "AI 시대에 디자인을 진화시키겠다"라고 밝히며 〈공존의 미래〉 전시를 선보였다. 삼성전자는 '밀라노 디자인 위크'에 참여하여 외부 디자인 트렌드를 흡수하고 이를 전시에 반영하며 미래 지향적인 이미지를 구축한다. 해당 전략은 기술 중심 기업이 디자인적 사고를 통해 사용자 경험과 창의성을 중시하는 조직 문화를 구축하려는 의도를 보인다.

<사진 2-4> 밀라노 디자인위크에 전시된 삼성의 <공존의 이해>.

출처: 삼성뉴스룸, 2024

혁신과 디자인 감성 내면화 모델②
현대 제네시스, 미래를 위한 디자인 문화 내재화

현대자동차와 제네시스 브랜드는 디자인 조직을 '글로벌디자인본부'로 개편하며 브랜드별 디자인 정체성을 강화했다. 가령, 러시아 모스크바에 신설된 현대 트레이닝 아카데미 내 '제네시스 아카데미'는 자동차 관련 예술 작품과 전문 도서관을 비치하여 직원들이 브랜드의 디자인 철학에 자연스럽게 몰입하도록 유도한다. 또한 R&D 연구원이 고객과 직접 소통하는 '인사이트 트립'은 제품 중심의 문화 내재화 활동으로, 직원이 기술 개발에 대한 영감과 동기를 얻는 데 기여한다.

<사진 2-5> LG전자 OLED 갤러리 디자인 TV

출처: LG 사, n.d.

혁신과 디자인 감성 내면화 모델③

LG 디스플레이, 기술·예술의 융합을 통한 감성 내재화

LG 디스플레이는 핵심 기술인 OLED를 '예술의 매체'로 전환한다. 이들은 'LG이노베이션 갤러리'와 'OLED 갤러리'를 통해 첨단 디스플레이 기술을 활용한 예술적 제품들을 전시한다. 투명 OLED를 활용한 '투명 갤러리'와 같은 제품은 기술 자체가 예술 작품이 되는 경험을 제공한다. 이러한 전략은 직원들에게 자신들이 만드는 제품이 단순히 부품이 아니라, 예술적 가치를 창출하는 도구라는 자부심을 심어준다. 'OLED 갤러리'는 기술 개발 담당자가 제품에 대한 감성을 내재화하도록 유도하며, 이는 다시 고객 경험으로 이어진다.

| 추가 심층 분석: 내면화 전략의 성공 요인 |

문화 내재화 프로그램의 유형 및 특징 비교

성공적인 사례들은 기업의 핵심 가치와 산업 특성에 따라 문화 내재화 전략이 다름을 보여준다.

표 2-1 | 문화 내재화 전략 유형별 특징 비교

구분	장인정신·헤리티지 내면화 모델	혁신·디자인 감성 내면화 모델
핵심 가치	전통성, 진정성, 희소성	창의성, 미래지향성, 융합
접근 방식	전통 전수, 외부 예술 후원 및 협력	기술·문화 융합, 조직 구조 개편, 외부 트렌드 흡수
프로그램 예시	에르메스 노하우 학교, 페라리 창의력 모임, 샤넬 컬처 펀드	삼성 AI 디자인 교육, 현대 디자인 조직 개편, LG OLED 갤러리
주요 수단	내부 교육 기관, 소규모 공방, 외부 재단 및 파트너십	첨단 기술, 물리적 전시 공간, 조직 내 커뮤니케이션
기대 효과	브랜드 희소성 및 권위 강화, 내부 결속 및 자부심 증진	혁신적 이미지 구축, 인재 유치 경쟁력 제고, 새로운 비즈니스 기회 창출

두 모델의 차이점은 문화 내면화의 방향성에 있다. 명품 기업은 장인정신과 같은 과거의 가치를 내면화하는 반면, 기술 기업은 기술과 디자인을 융합하여 미래 지향적 가치를 창출한다.

럭셔리 기업들은 전통과 장인정신을 내면화하여 제품의 진정성을 높이고, 기술 기업들은 디자인과 예술을 융합하여 혁신적 이미지를 구축했다. 이러한 전략의 성공은 '교양과 철학'의 내면화가 구성원들의 창의적 잠재력을 극대화하고 기업 가치를 높인다는 사실을 증명한다. 기업은 단순한 경제적 목표를 넘어 사회와 문화적 생태계의 일원으로 자리매김할 때 진정한 경쟁 우위를 확보하게 된다.

| 예술 협업을 통한 브랜드 전략의 확장 |

오늘날 브랜드는 단순히 물건을 파는 수준을 넘어서, 문화와 감성을 전달하는 역할까지 하고 있다. 소비활동을 통해 예술적 만족감을 얻고자 하는 소비층을 의미하는 '아트슈머(Artsumer)'를 대상으로 한 아트 마케팅이 부각되고 있다. 박근수(2023)의 연구에 따르면 글로벌 명품 브랜드들이 한국 현대 예술가들과 협업하면서 상품, 건축, 전시 같은 다양한 영역에서 새로운 트렌드를 창출하고 있다. 과거에는 주로 명품 브랜드가 예술 협업을 통해 독창성을 강조했지만, 최근에는 스포츠, 뷰티, 리빙, 가전 같은 일상적인 산업에서도 예술을 적극적으로 도입하는 모습이 나타난다. 이런 변화는 소비자들에게 제품을 단순히 '구매하는 물건'이 아니라 소장할 만한 예술적 경험으로 느끼게 하고, 결과적으로 브랜드 파워를 강화한다. 따라서 이 글에서는 명품 브랜드에서 시작된 예술 협업이 어떻게 대중 패션과 생활 제품으로 확장되었는지 살펴보고자 한다.

전통 명품 브랜드의 협업

과거 명품 브랜드가 소수 VIP 고객 중심으로 이미지를 쌓았다면, 최근에는 예술과 SNS, 글로벌 트렌드를 결합해 MZ 세대까지 아우르는 전략으로 변화하고 있다. 한 연구(Wohllebe & Ross, 2023)에서는 현대미술 협업이 단순한 화제성을 넘어 명품 브랜드의 희소성, 감정, 아우라를 강화하며, 궁극적으로 브랜드 자산과 예술 가치 증진에 기여할 수 있다고 설명한다.

루이비통은 쿠사마 야요이의 도트 패턴, 무라카미 다카시의 모노그램 멀티컬러, 제프 쿤스의 마스터스 컬렉션을 통해 클래식 제품을 젊고 유머러스한 이미지로 재해석했다. 디올은 '디올 레이디 아트(Dior Lady Art)' 프로젝트를 통해 이불, 하루카 코진, 라 슈루이 등 세계 아티스트의 작업을 아이코닉한 '레이디 디올' 백에 담아냈고, 다니엘 아샴이나 KAWS와의 협업으로 남성 컬렉션에도 예술적 언어를 확장했다. 쥬얼리 브랜드 불가리는 2025년 한국에서 〈세르펜티 인피니토〉 전시를 열어 레픽 아나돌의 AI 데이터 조각과 서도호를 비롯한 한국 아티

〈사진 2-6〉 영국 런던 해로즈 백화점에 설치된 루이비통의 대형 조형물. 벽에 도트를 그리는 쿠사마 야요이의 모습을 형상화했다.

출처: fayedreamsalot 인스타그램

스트 10인의 작품을 통해 세르펜티 컬렉션을 '재탄생, 변화, 진화'라는 키워드로 재해석했다. 이러한 협업은 제품을 예술작품으로 승격시키며 희소성과 권위를 동시에 강화했다.

대중 패션과 스포츠 브랜드의 확장

예술 협업은 이제 명품에만 머무르지 않고 젊고 트렌디한 대중 브랜드로 확장되었다. 젠틀몬스터는 매장을 단순한 안경 가게가 아니라 설치미술 전시장으로 꾸며 브랜드의 독특한 정체성을 만들었다. 홍대 쇼룸에서 시작된 '퀀텀 프로젝트'는 25일마다 전시 테마를 바꾸는 실험적 전시였고, 이를 통해 글로벌 시장에서도 차별화된 위상을 확보하게 되었다.

<사진 2-7> 설치 미술 작품으로 꾸며진 안경 브랜드 젠틀몬스터 홍대 매장 전경.

<사진 2-8> A. A. 무라카미의 작품 <The Space Between Thoughts>의 개념을 구현한 공간.
출처: Harper's BAZAAR Korea

뷰티 브랜드 탬버린즈는 런던·도쿄 기반 아티스트 듀오 A.A. 무라카미와 협업해 신제품 향수 '보타리'를 선보이며, 성수 플래그십 매장에 거대한 버섯 조형물 〈The Space Between Thoughts〉를 설치했다. 보이지 않는 향(香)을 시각적 퍼포먼스로 보여주면서 소비자들에게 특별한 체험을 제공하는 시도였다. 무신사 역시 단순 온라인 쇼핑몰에서 벗어나, '무신사 테라스'라는 문화복합공간을 통해 팝업, 전시, 체험 프로그램을 진행하면서 예술적 경험을 제공하고 있다. 나이키는 KAWS와 협업해 운동화를 단순한 스포츠용품이 아니라 예술적 오브제로 승화시켰다. 이런 흐름은 브랜드와 예술 협업이 점점 자연스러운 전략으로 자리잡고 있음을 보여준다.

리빙·테크 영역의 예술화

예술 협업은 리빙과 가전 영역에서도 활발하게 진행되고 있다. 물방울 회화로 유명한 화가 김창열은 덴마크 오디오 브랜드 뱅앤올룹슨과 협업해, 스피커 전면에 물방울 이미지를 입힌 99개 한정판을 선보였다. 신세계는 '굳 아트 컬렉션'을 통해 국내 아티스트들과 협업하여 리빙 제품을 예술 오브제로 재해석했다. LG전자는 2025년 '갤러리 플러스' 서비스를 통해 TV를 반 고흐 명화부터 게임

〈사진 2-9〉 신세계까사 '굳 아트 컬렉션 (Guud ART COLLECTION)' 협업 전시 전경.

출처: 신세계그룹 뉴스룸

일러스트까지 감상할 수 있는 디지털 액자로 제안했다. 다이슨은 청소기와 선풍기 같은 기능적 제품을 조형적 디자인으로 선보여 '테크=아트' 이미지를 확립했고, 애플은 미니멀리즘을 바탕으로 기술 제품을 예술적 아이콘으로 만들었다.

식품 브랜드도 예외가 아니다. 코카콜라는 뭉크, 고흐, 앤디 워홀 등 세계적 거장들의 작품을 애니메이션 AI 기술로 엮어낸 글로벌 캠페인 '마스터피스'를 발표했다. 스타벅스는 김선우 작가와 협업한 '도도새 아트 컬렉션'을 통해 토트백, 텀블러, 머그컵 등을 출시했으며, 높은 가격에도 온라인 품절대란을 일으켰다. 이는 예술과의 협업이 다양한 브랜드에서 고유 정체성과 소비자 경험을 강화하는 강력한 전략임을 보여준다.

〈사진 2-10〉 내셔널 갤러리 런던에 전시된 반 고흐의 사이프러스가 있는 밀밭을 LG 갤러리+로 볼 수 있다.

출처: LG전자

예술 협업은 더 이상 명품 브랜드의 전유물이 아니다. 루이비통과 디올처럼 전통 명품뿐 아니라, 젠틀몬스터·무신사·나이키 같은 대중 브랜드, 그리고 LG전자·애플·뱅앤올룹슨같은 생활 브랜드까지 다양한 산업에서 예술은 핵심 전략으로 자리 잡고 있다. 소비자들은 단순히 물건을 사는 것이 아니라, 예술적 경험을 소유하는 것으로 느낀다. 앞으로도 다양한 분야에서 예술 협업은 더 확대될 것이며, 현대 소비문화 속에서 브랜드를 차별화하는 중요한 동력이 될 것이다.

| 문화예술 창조지원역량 |

여러 한국 기업들의 예술 후원은 통상적으로 두 가지 형식을 취하고 있는데, 하나는 컬렉션을 기반으로 미술관을 만들어 운영하거나 후원을 하는 형태이고, 또 다른 하나는 작가들의 창작 활동에 직접적인 후원 또는 예술 기관을 통한 후원을 하는 형태이다.

현대자동차

현대자동차의 문화예술 지원활동은 자동차를 만들기 위한 접근 방법이 예술과 같아야 한다고 믿는 경영철학에서 비롯되었다고 한다. 이에 따라 현대자동차는 사람들에게 새롭고 풍부한 경험을 제공하기 위해 예술기관이나 작가, 큐레이터 등 창작활동을 하는 다양한 주체들과 협업하는 활동들을 해오고 있다.

현대자동차의 예술 후원 활동은 크게 두 가지 형태로 이루어지고 있다. 하나는 국내외 미술관들과의 파트너십을 통해 전시 컬렉션과 작가들의 창작 활동을 지원하는 것이고, 다른 하나는 재단 설립을 통해 핵심 예술 인재를 직접 육성하는 것이다.

1) **파트너십을 통한 후원:** 국내에서는 국립현대미술관과 10년간 장기 파트너십을 체결하여 'MMCA 현대차 시리즈'를 통해 국내 중진 작가들에게 대규모 개인전 기회를 제공해왔다. 또한, 다양한 예술가들이 자유롭게 실험하고 창작할 수 있는 환경을 지원하는 '프로젝트 해시태그' 프로그램도 운영했다. 해외의 유수한 미술관과도 여러 파트너십을 진행하고 있는데, 영국 테이트 모던과 '현대 커미션' 프로그램을 통해 세계적인 작가들의 대규모 설치 작업을 후원하며, 미국 LACMA와는 '더 현대 프로젝트'를 진행하여 한국 미술사 연구와 글로벌 작가들의 전시를 지원해왔다. 또한, 베네치아 비엔날레 한국관을 후원하여 한국 작가들의 작품 전시를 지원하였으며, 2024년부터는 미국 휘트니 미술관과도 10년의 장기 파트너십을 체결하여 '휘트니 비엔날레'를 후원하고, '현대 테라스 커미션' 프로그램을 추진하여 예술가에게 색다른 창조 활동을 위한 실험의 기회를 제공하고 있다.

2) **재단 설립을 통한 후원:** 현대차그룹 명예회장이 2007년 "인재 발굴이 국가 경쟁력"이라는 인재 육성 철학을 바탕으로 '현대자동차 정몽구 재단'을 설립하여 다양한 분야에서 사회공헌 사업을 펼치고 있다. 그중, 문화예술 분야의 핵심 인재 양성을 목표로 다

<사진2-11> 테이트 모던 현대 커미션 전시 전경

출처: 현대차그룹

양한 후원 활동을 진행하고 있다. 또한 현대자동차는 음악과 미술 분야를 중심으로 인재 육성 활동을 펼치고 있다. '온드림 문화예술 인재 장학사업'을 통해 예체능 전공 대학생들에게 장학금을 지원하고 글로벌 활동 기회를 제공하고 있으며, '온드림 앙상블'이라는 프로그램을 통해 클래식 음악 전공 장학생들이 성장할 수 있도록 지도 교수진이 진행하는 공연 및 전문적 교육활동을 제공한다. 또한, '예술의 전당 예술영재아카데미'를 후원하여 무용, 음악, 미술 분야의 젊은 예술가들을 육성하고 있다.

그리고 〈현대 블루 온리 포토〉 전시를 개최하여 국내외의 미디어 아티스트를 발굴하고 후원한다. 이는 기술과 예술의 융합을 통한 새로운 형태의 예술 창작을 장려하고 지원함으로써, 그들의 창작 역량을 높이고 있다.

삼성문화재단

삼성그룹의 문화예술 후원은 창업주 이병철의 "기업 이윤의 사회 환원" 철학을 바탕으로 1965년 설립된 삼성문화재단을 중심으로 전개되고 있다. 이는 기업의 마케팅이나 홍보와는 완전히 분리된 순수 공익 활동으로, 국민의 문화 향유 기회 확대와 예술 발전 기여를 핵심 목표로 한다.

1) **미술관 운영을 통한 문화 인프라 구축**: 삼성문화재단은 각각의 특성을 가진 미술관들을 운영하여 한국 문화예술의 전 영역을 아우르는 문화 인프라를 구축하고 있다. 1982년에 개관한 호암 미술관에서는 한국 전통 고미술품의 보존과 전시에 특화되어 문화재 보호의 선도적 역할 수행한 바 있다. 2004년에 개관한 리움 삼성미술관은 한국 전통·현대미술과 국제 현대미술을 융합한 종합 문화공간으로, 다양한 기획전과 교육 프로그램을 통해 대중의 미술 접근성을 향상했다는 평을 받는다. 1999년부터 2016년까지 운영되었던 삼성미술관 플라토에서는 실험적 현대미술 전시를 통해 국내 현대미술의 다양성을 후원하며 약 17년간 50여 회의 전시 개최했다.

2) **역사상 최대 규모의 문화재 기증**: 2021년 고(故) 이건희 회장 유족의 미술품 기증은 대한민국 문화사에 길이 남을 획기적 사건이었다. 국보·보물급 문화재 60여 건을 포함한 총 2만 3천여 점의 작품을 국가에 기증함으로써, 기업 이익의 사회 환원과 문화재의 공익적 활용이라는 본래 취지를 가장 완벽하게 실현한 사례로 평가받는다.

3) **예술가 육성 및 국제적 성장 지원**: 삼성문화재단의 미술 지원 사업은 국내외 미술계에서 중요한 역할을 담당하고 있다. 아트스펙트럼은 2001년부터 격년제로 운영되어 온 국내 미술계의 대표적인 등용문이다. 이 프로그램은 만 45세 이하의 유망한 미술가 10인을 선정하여 전시 기회를 제공하며, 2014년부터는 '아트스펙트럼 작가상'을 신설하여 상금 3,000만 원과 개인전 기회를 추가로 지원하고 있다.

해외 진출 지원 방면에서는 파리 국제예술공동체 레지던시 프로그램이 1996년부터 지속되고 있다. 이 프로그램은 프랑스 파리에 작업실을 장기 임대하여 한국 작가들에게 해외 창작 기회를 제공하며, 항공료, 체재비, 창작지원금 등을 종합적으로 지원하는 것이 특징이다.

국제 미술전 협력 분야에서도 삼성문화재단의 활동은 두드러진다. 뉴욕 구겐하임 미술관, 메트로폴리탄 미술관, 샌프란시스코 아시아미술관 등 세계적인 미술관들과 협력하여 백남준, 이우환 등

<사진 2-12> 리움 미술관

출처: 삼성문화재단

한국 거장들의 해외 전시를 지원하고 있다. 또한 '삼성 아시아 미술 수석 큐레이터' 직책을 신설하여 전문 인력 양성에도 기여하고 있어, 한국 미술의 국제적 위상 제고에 중요한 역할을 하고 있다.

삼성문화재단의 활동은 상업적 이익과 완전히 분리된 순수 문화예술 후원의 모범 사례로 평가받는다. 미술관 운영, 작가 지원, 국제 교류 등 전 영역에서 일관되게 문화 발전과 사회 공헌을 우선시하는 접근을 보여주며, 기업의 사회적 책임 완수와 한국 문화예술의 국제적 위상 제고에 실질적으로 기여하고 있다.

롤렉스

롤렉스(Rolex)는 예술가들의 뛰어난 재능을 후원하는 전통과 예술 분야의 멘토링 프로그램에 새로운 활력을 불어넣고자 하는 비전 아래,

다양한 예술 분야의 신진 예술가들을 양성하기 위해 후원하고 있다.

2002년부터 롤렉스 멘토 & 프로테제 아트 이니셔티브(Rolex Mentor & Protégé Art Initiative) 프로그램을 운영하여 건축, 무용, 영화, 문학, 음악, 연극, 시각 예술 등 각 분야의 멘토링을 통해 뛰어난 잠재력을 가진 신인 예술가를 발굴하여 지원한다. 격년을 주기로 창작 예술 추천 지원 프로그램을 통해 각 예술 거장들과 관계를 맺고 1년 동안 1:1 지도 및 창의적인 협업을 진행할 수 있도록 지원한다. 이 기간 동안 작품, 출판물, 공연 또는 공식 행사를 위한 주요 경비를 지원하며, 각 멘토에게는 프로테제를 위해 쏟은 시간과 노력 및 기타 자원에 대해 보상하기도 한다.

위 세 기업사례는 기업의 제품이나 마케팅과 직접적인 관련 없이 순수하게 예술가와 예술 기관의 창작 활동 자체를 후원한다는 점에서 문화예술 창조지원 역량을 명확하게 보여준다. 이러한 활동은 예술의 생

〈사진 2-13〉 롤렉스 멘토&프로테제 아트 이니셔티브 타임포럼

출처: 타임포럼

산자인 예술가와 예술 단체 등의 예술계를 기업의 직접적인 후원 대상으로 삼는다는 점에서 단순한 사회 공헌 활동과 차별화된다. 이는 기업이 문화의 적극적인 생산자이자 전달자로서 역할을 가능하게 하며, 궁극적으로 기업 문화력이 강화되어 기업과 사회 전반에 긍정적인 영향을 미치는 포괄적인 능력으로 발현될 수 있다.

| 문화예술 향유지원역량 |

뱅크오브아메리카, 예술 접근성 확대 및 문화유산 보존 지원

뱅크오브아메리카(Bank of America)는 '예술 투자를 통한 지역사회와의 긍정적 영향력 창출'에 대한 믿음을 바탕으로 네 종류의 예술 프로그램을 운영 중이다. 지역사회의 예술 접근성을 강화하고, 예술작품과 문화유산 보존을 목적으로 다양한 비영리 단체에 자금과 프로그램을 지원한다.

표 2-2 | 뱅크오브아메리카 협력 예술 프로그램

프로그램명	세부사항
Art in Our Communities	- "Making the arts accessible" - 2008년부터 시작되어 박물관 및 비영리 문화기관과 협력하여 기획전시 제공 - 현재까지 전 세계 문화기관에서 175회 이상 전시 대여
Museums on Us	- 뱅크오브아메리카 카드회원 무료 입장 프로그램 - 미국 전역 200여 개 참여기관 보유
Art Conservation Project	- "Promoting cultural sustainability" - 예술·문화유산 보존을 통해 문화적 다양성과 지속가능성 강조 - 파리, 마드리드, 더블린, 뭄바이 등 전 세계에 걸쳐 프로젝트 진행

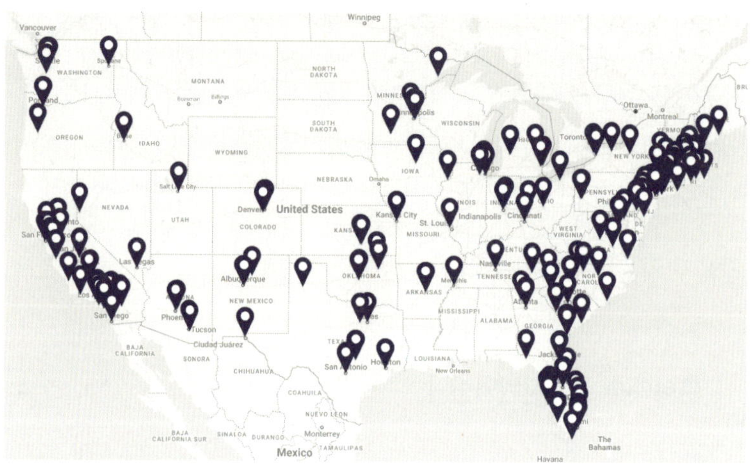

<사진 2-14> Bank of America, Museum on Us 연계기관 지도

출처: 뱅크오브아메리카

2008년부터 전 세계 박물관에 120건 이상의 전시를 대여해주었으며, 이를 통해 대중들에게 예술작품을 감상할 기회를 제공했다.

뱅크오브아메리카 글로벌 예술·문화 총괄 임원 레나 드시스토(Rena DeSisto)에 따르면, 미술 컬렉션을 어떻게 활용할 수 있을지에 대한 고민에서 해당사업은 시작되었다. 'Good corporate citizen'의 입장에서 보유하고 있는 예술작품을 활용해서 전체 전시를 구성하고 이를 비영리 박물관들이 비용 없는 대여하는 방식을 고안해냈다. 이를 통해, 전시대여 사업이 지역사회의 자원으로 여겨질 수 있도록 만든 것이다.

레나 드시스토는 그 시작을 'Slow start'라고 표현했다. 초기 5~6번의 전시 이후 점차 대여 요청이 들어오기 시작했기 때문이다. 그리고 현재는 1년에 12개 이상의 전시를 순회시키며 박물관보다도 큰 규모를 자랑한다. 앞으로 두 가지의 과제가 존재한다. 첫 번째, 수요를 따라잡는 것과 두 번째로는 작품을 너무 자주 외부환경에 노출시키지 않도록 관리하며 보존하는 것이다.

이처럼 Art in Our Communities에 참여하기 위해서 12~24개월 전 예약이 필요하며 프로그램의 전반적인 개요는 아래와 같다.

> 1) **프로그램 규모와 목표**: 다른 기업들의 작품대여 사업과 달리, 해당 사업은 자체 컬렉션을 대규모 전시로 제공하는 경우는 흔하지 않음.
> 2) **참여 기관 혜택**: 예산이 제한적인 박물관들이 도움을 받을 수 있음.
> 3) **구체적 지원 방식**: 박물관에 무료 전시 제공, 문화재 보존 비용 지원.

결과적으로, 단순히 미술품을 빌려주는 수준이 아니라 재정적으로 어려운 기관들의 운영 여유를 확보해주는 역할을 하며 지역사회와의 소통을 통해 대중들의 문화향유 기회를 확대시킨다.

포스코, 광양 복합문화공간 개관

'Park1538광양'은 산업도시 광양의 이미지를 전환하고 지역 관광 경쟁력을 높이기 위해 조성된 복합문화공간이다. 포항에 이어 두 번째로 들어선 이곳은 포스코의 철강 유산과 예술, 첨단 기술을 융합해 지역사회와 상생하는 문화 플랫폼으로 기능할 예정이다.

사람을 포용하는 공간을 의미하는 'Park'와 철의 용융점인 섭씨 1,538도를 조합해 만든 이름이다. 홍보관 앞에는 사람 형상의 가로등 스마트라이트(Smart Light)가 설치되어 있으며, 내부에는 1,538개의 스테인리스 구로 만든 'Star' 조형물이 방문객을 맞이한다. 또한, 영상관, 제품 전시존, 역사관 등 9개의 체험형 콘텐츠를 제공한다.

'Park1538광양'은 지역사회와 포스코가 만들어온 과거, 현재, 그리고 미래를 그리는 문화공간이자 구성원들과 소통하는 장이 될 예정이다. 2025년 4월 14일부터 예약을 통해 무료 관람이 가능하며 미술관 도슨트 프로그램도 하루 2회 운영된다.

<사진 2-15> 포스코, Park1538광양 전경

출처: 포스코

── 3. 기업 문화력 구성요소 간 상호작용

본 연구는 기업이 문화와 예술을 매개로 직원, 소비자, 예술가, 지역사회와 맺는 다양한 상호작용을 사례를 통해 살펴본다. 네 가지 유형별 활동들은 단일적 활동이 아닌, 서로 연결되어 기업 문화 전략이 어떻게 단기적 경험에서 장기적 신뢰로 확장되는지를 보여준다. 기업의 문화력은 독립적으로 작용하는 개별 활동이 아니라, 유기적인 관계 속에서 연쇄 효과를 일으키며 선순환 구조를 형성한다. 특정 활동은 단일한 성과에 머물지 않고, 다른 유형의 활동으로 확장되거나 동시에 다층적 영향을 미치며 기업 문화력 유형 간의 네트워크를 강화한다.

특히 소비자 경험에 직접적으로 작용하는 단기적 활동에서부터 예술가와 창작 생태계, 나아가 지역사회를 지원하는 장기적 활동에 이르기까지, 기업의 문화 전략은 다양한 층위에서 작동한다. 내부문화 자본을 축적하고 이를 소비자 경험으로 전이시키는 과정, 예술 협업을 통해 브랜드 파워를 강화하는 과정, 창작지원과 향유지원으로 확장되는 과정은 서로 맞물리며 기업을 단순한 경제적 주체가 아닌 문화적·사회적 생태계의 동반자로 자리매김하게 한다. 이러한 통합적 관점에서 볼 때, 기업의 문화예술 활동은 단기적 소비자 경험과 장기적 브랜드 신뢰를 동시에 구축하는 전략적 자산이라 할 수 있다.

다음으로 이 유기적인 관계가 어떻게 기업 문화력(Cultural Power)을 강화하는지를 '내부문화자본, 브랜드 파워, 문화예술 창조지원역량, 문화예술 향유지원역량'의 네 가지 구성요소 간의 포괄적인 상호작용 과정을 중심으로 분석한다. 기업 문화력의 확장 과정을 크게 두 가지 구조적 흐름으로 나타난다 보았다.

첫째는 기업 내부문화자본의 구축에서 시작하여 소비자 경험을 거쳐 사회적인 장기 신뢰의 기반으로 나아가는 연속적이고 층위적인 선순환의 흐름으로 나타난다는 것이다. 이 과정은 단기적인 기업 내부와 소비자의 경험을 위한 문화예술 활동에서 장기적인 브랜드 신뢰 구축을 위한 활동으로 확장되는 선형적인 경로를 보여준다. 두번째는 연쇄 효과의 시작점이 되는 핵심 동력에 따라 외부 가치를 기업 내부로 유입하거나 내부 가치를 외부로 확산시키는 다층적인 확장 경로를 보여준다는 것이다. 이는 모든 기업이 동일한 확장 경로를 따르지 않으며, 각 유형의 활동이 연쇄적, 또는 동시다발적으로 다른 유형에 영향을 미치며 확장되는 구조적 차이를 보인다.

| 기업 문화력의 선순환적 확장: 단기 활동에서 장기 신뢰로의 전환 |

내부문화자본(유형1)을 통한 소비자 경험 전이와 브랜드 파워 강화(유형2)

기업이 내부에서 예술적 가치와 철학을 교육하고 내재화하는 과정은 직원들이 단순한 기술 습득을 넘어 브랜드의 본질적 가치를 체득하게 한다. 이를 통해 생산되는 제품은 기능적 차원을 넘어 예술적 감수성과 스토리를 담은 창조적 산물로 발전한다. 이러한 내부문화자본(유형1)은 기업이 차별화된 경쟁력을 확보하는 근본적인 토대가 된다.

예를 들어, 럭셔리 브랜드는 장인정신과 헤리티지를 내면화하면서 직원들의 전문성과 자부심을 높여 이를 높은 브랜드 가치로 전환될 수 있도록 한다. 에르메스는 자체 교육기관인 '에르메스 노하우 학교'를 통해 가죽 세공 자격증을 발급하고, 페라리는 '포뮬라 우오모'와 '창의력 모임'을 운영해 직원들이 역량을 강화하고 예술가와 교류하며 영감을 얻도록 한다. 이렇게 구축한 기업 내부문화자본은 제품으로 연결되어. 루이비통은 쿠사마 야요이나 무라카미 다카시와 협업해 클래식한 제품을 젊고 유머러스하게 재해석했고, 디올은 'Lady Art' 프로젝트를 통해 유명 아티스트들과 함께 '레이디 디올'백을 예술적으로 재탄생시켰다. 이러한 경향은 기술 기업에서도 나타나는데, LG전자는 'OLED 갤러리'를 통해 직원들이 기술을 예술로 바라보게 했으며, '갤러리 플러스' 서비스를 통해 명화와 일러스트를 TV로 감상할 수 있는 디지털 액자를 선보였다.

브랜드 파워 강화(유형2)를 통한 예술 생태계 창조 및 향유지원(유형3,4)

초기 예술 협업은 브랜드 전략을 확장하고 소비자에게 새로운 미적 경험을 제공하며 시장에서 독창적인 위치를 확보하는 데 집중한다(유형2). 이 과정에서 협업은 단순히 결과물을 활용하는 수준을 넘어, 창작 활동을 뒷받침하는 체계로 확장된다(유형3). 예술 생태계에는 새로운 예술가와 창작 환경의 아이디어가 필요하고, 이는 곧 기업이 직접 투자하고 후원하는 단계로 이어진다(유형3). 이러한 창작지원 활동은 곧 대중에게로 돌아간다(유형4). 기업이 후원한 창작물과 프로그램은 전시, 공연, 문화공간을 통해 대중에게 공개되고, 예술 접근성을 확대하여 더 많은 사람들이 예술을 경험할 수 있도록 한다. 예를 들어, 뱅크오브아메리카는 회원 무료 입장 프로그램과 전시 대여 사업을 통해 사람들이 예술을 접할 기회를 넓혔고, 포스코는 'Park1538광양'을 개관해 철강 유산과 예술, 기술이 융합된 체험 공간을 제공했다. 이렇게 기업이 제공하는 기회는 문화예술 향유지원역량을 강화하며, 예술 향유의 민주화를 촉진하고 기업의 사회적 책임을 실현하는 동시에 브랜드 이미지에도 긍정적으로 작용한다. 결국 기업의 예술 협업은 협업에서 창조지원으로, 다시 향유지원으로 발전하면서 예술 생태계 전반에 선순환 구조를 만들어낸다.

선형적 흐름을 통한 선순환 구조의 완성(유형1→2→3→4)

기업의 문화예술 활동 간에는 네 가지 유형 전반에 선형적인 흐름으로 포괄적 상호작용이 일어나기도 한다. 내부문화 자본(유형1)은 예술적 제품을 낳고, 예술 협업(유형2)은 브랜드를 강화하며, 이는 다시 창조지원역량(유형3)을 강화해 예술 생태계를 확장하고, 이어서 향유지원역량(유형4)이 대중 경험을 풍부하게 한다. 이는 단기적인 기업 내부와 소비자의 경험을 위한 활동을 넘어, 장기적인 신뢰를 구축하면서도 다시 기업 내부문화자본으로 돌아가는 지속적인 선순환 구조를 완성한다. 이를 통해 지역사회와의 문화적 상호작용은 내부 직원과 소비자 모두에게 긍정적 영향을 미친다는 것을 알 수 있다. 직원에게는 소속감과 자부심을 제공하고, 소비자에게는 브랜드 친밀감을 높인다. 이러한 활동은 소비자가 기업을 단순 상업적 주체가 아닌 문화 생태계의 동반자로 간접적으로 인식하게 만든다. 즉, 소비자는 제품을 넘어 공공적·문화적 가치 실현의 일환으로 브랜드를 경험하게 된다.

| 핵심 동력에 따른 기업 문화력의 확장 경로와 효과의 다층적 구조 |

모든 기업 문화 전략이 동일한 출발점에서 시작하여 선형적인 흐름으로 선순환이 발생하는 것은 아니다. 확장이 시작되는 핵심 동력에 따라 다른 유형에 연쇄적이고, 동시다발적인 효과를 일으킬 수 있다. 이와 같은 복잡하고 포괄적인 상호작용은 네 가지 유형 전반에 걸쳐 영향을 미치며 나타나기도 하는데, 이는 확장의 시작점인 핵심동력에 따라 구조적 차이를 보인다.

내부문화자본(유형1) 중심의 확장:

내부에서 외부로의 활동 강화(유형1→유형2,3,4)

삼성은 디자인 혁신과 기술융합 교육이라는 기업 내부문화자본(유형1)이 핵심동력이 되어 외부의 활동으로 구체화된다. 이는 기술제품에 예술적 상징성을 부여하여 브랜드 파워(유형2)를 강화하는 것을 넘어,

삼성문화재단의 '아트스펙트럼'을 통한 유망 작가 후원이라는 창조지원역량(유형3)과, 대규모 미술관 운영이라는 예술 향유지원역량(유형4)으로 확장된다.

창조지원역량(유형3) 중심의 확장: 외부에서 내부로의 가치 유입(유형3→유형1,2,4)

현대자동차는 글로벌 예술기관과의 파트너십을 통한 창조지원역량(유형3)을 핵심동력으로 삼아 외부에서 내부로 예술적 가치를 유입하는 확장 전략을 보여준다. 이 외부 활동은 예술과 기술의 융합을 이끄는 혁신기업이라는 상징성을 부여하여 브랜드 파워(유형2)를 강화하고, 재단의 철학을 '글로벌 디자인' 조직 개편으로 내재화(유형1)하며, 대규모 후원 전시를 대중 향유지원(유형4)으로 연결함으로써 예술 창작의 경계를 확장한다.

본 연구는 기업 문화력의 네 가지 구성요소(내부문화자본, 브랜드 파워, 문화예술 창조지원역량, 문화예술 향유지원역량)가 독립적으로 작용하는 개별 축이 아니라, 유기적으로 연결된 다층적 네트워크로 작동함을 밝혔다. 사례 연구를 통해 기업의 문화예술 활동은 직원과 소비자, 예술가, 지역사회를 아우르는 층위적 상호작용 구조를 형성하며, 이 과정에서 단기적 경험과 장기적 신뢰가 결합되어 연쇄적 효과를 일으킨다는 것을 확인할 수 있었다.

첫째, 기업 문화력은 순환적인 흐름을 통해 지속적으로 강화된다. 이러한 흐름은 기업이 단기적으로는 소비자 경험의 차별화와 브랜드 경쟁력을 강화하고, 장기적으로는 창작 생태계 지원과 지역사회와의 신뢰 관계를 형성하도록 만든다.

둘째, 하지만 모든 기업의 문화력이 동일한 출발점에서 시작하는 것은 아니며, 핵심 동력에 따라 확장 경로는 다양하게 나타난다. 이는 기업 문화력이 단일한 경로가 아닌, 다층적이고 연쇄적인 확산 구조를 가지며, 각 구성요소 간의 유기적 연결망을 통해 가치를 순환시킨다는 것을 보여준다.

셋째, 네 가지 구성요소는 상호 의존적 관계에 있으며, 각 요소가 서로를 강화하고 지속시키는 관계를 형성한다. 내부 구성원에게 내재화된 가치가 소비자에게 전달되고 소비자는 그 가치를 향유하며 브랜드에 대한 신뢰를 형성하여, 축적된 문화력은 지역사회와 시민들에게 환원되는 사업의 기반이 된다. 이러한 상호 의존적 순환 과정을 통해 기업은 예술적 가치와 철학을 지속적으로 재구성하고 발전시키는 긍정적 원동력을 확보하게 된다.

결국 기업의 문화예술 활동은 단순히 일회성 협업이나 마케팅, CSR 활동에 머무르는 것이 아니라, 직원에서 소비자, 예술가, 지역사회로 이어지는 다층적 상호작용 속에서 단기적 효과와 장기적 효과가 서로 맞물리는 과정이다. 기업 문화력은 개별 활동의 총합이 아니라 내부 구성원·소비자·예술가·지역사회 간의 연쇄적 순환과 확산을 통해 강화되는 전략적 자산이라 할 수 있다. 이러한 다층적 네트워크는 기업을 단순한 경제적 주체가 아닌 사회적·문화적 생태계의 동반자로 자리매김하게 하며, 경제적 성과를 넘어 사회적·문화적 가치 창출에 기여함으로써 지속가능한 경쟁우위를 확보하는 중요한 동력이 된다. 따라서 기업과 문화예술의 결합은 앞으로 더욱 중요한 전략적 방향으로 성장할 것이며, 이는 기업의 정체성과 경쟁력을 강화하는 핵심 역량으로 작용할 것이다.

가치사슬 마케팅 전략

가치사슬 기반 B2B 마케팅 최신 트렌드

정 재 학

한눈에 보기

　현대 마케팅은 소비자를 대상으로 하는 B2C(Business-to-Consumer) 시장에서 탄생하고 발전해 왔다. 때문에 이를 그대로 계승한 B2B 마케팅은 B2C 시장에서 탄생하고 발전한 시장에 대한 경영 철학과 경쟁을 위한 전략을 대부분 그대로 받아들여 B2B 시장에 적용하고 있다. 문제는 B2B 시장이 B2C 시장과 적용할 수 있는 시장 이론과 전략들이 크게 다르지 않다면 굳이 B2B 마케팅이라는 분야와 용어가 왜 필요한가? B2B 마케팅이라는 개념과 용어가 정말로 받아들여지고 발전하려면 분명 B2C 시장 중심의 현대 마케팅과 다른 전략적 시각과 아이디어를 제공해야 할 것이다.

　본 글은 B2B 시장이 B2C 시장과 전략 수립 관점에서 구조적 차이가 있음을 알리고, B2C 시장에 기반한 전통적 전략을 그대로 따르고 있는 현대 B2B 마케팅 전략의 한계를 극복하기 위해, B2B 시장의 고유한 특성인 가치사슬 생태계를 고려한 새로운 마케팅 전략을 소개하고자 한다. 이를 통해 B2B 시장에서 활동하는 기업들이 B2B 시장에 맞는 올바른 시장 전략에 대해 관심을 갖고 B2B 시장 고유한 전략을 수립하고 확산하는데 도움을 주고자 한다.

——— 1. B2B 마케팅의 이해, 그리고 새로운 전략의 필요성

B2B 마케팅은 전통적으로 기업 간 거래를 다루며, 소비자를 대상으로 하는 일반 마케팅과 구분되어 왔다. 그러나 B2B 마케팅이 별개의 전략 관점이나 이론적 체계를 가진 것은 아니다. 현대 마케팅이나 B2B 마케팅은 두 영역 모두 시장 전략을 수립하는 데 있어, 고객 가치와 고객 니즈의 이해(시장 조사), 시장 세분화(Segmentation), 타겟팅(Targeting), 포지셔닝(Positioning)과 4P(제품, 가격, 홍보, 유통) 믹스 전략 수립이라는 과정을 통해 전략을 도출하고 있다. B2B 기업도 기존 마케팅, 즉 B2C 시장에서 발전한 시장 전략을 그대로 받아들여, 핵심 전략 이론적 토대와 전략 수립 과정이 거의 동일하다. 물론 일부 차이가 나는 부분이 있는데, 고객은 개인이 아니라 기업(조직)이기에 구매 의사 결정 과정을 조직 의사 결정으로 해석하고, 고객사와의 관계 관리가 더욱 강조되고, 광고보다는 영업이 B2B 마케팅에서 강조되고 있다. 그러나 이러한 차이는 전략적 초점(focus)의 차이일 뿐, 전략의 큰 틀과 전략 수립 방식, 아이디어는 크게 다른 것이 없다. 즉, 그동안 해온 현대의 B2B 마케팅은 '다른 마케팅'이 아니라 '다른 분야(시장)에 적용되는 또 다른 마케팅'에 가깝다.

그렇다면 마케팅과 B2B 마케팅의 차이와 관계를 어떻게 이해해야 할 것인가? 마케팅은 일반인들에게 B2C 시장과 B2B 시장에 필요한 포괄적 시장 전략으로 이해되고 있다. B2B 마케팅이 B2B 시장 전략을 의미한다면, B2C 시장을 위한 전략, 즉 B2C 마케팅이라는 분야도 필요하지만 B2C 마케팅이라는 공식적인 용어는 없다. 마케팅이 B2C와 B2B 시장에 그대로 적용 가능한 시장 전략을 제시하고 있다면, 그럼 B2B 마케팅은 왜 있는 것인가? 단순히 B2B 산업에 좀 더 초점을 맞추고 B2B 사례를 다루지만 마케팅 전략의 틀을 그대로 적용하는 분야라면, 굳이 B2B 마케팅이라는 새로운 분야로 볼 수 없을 것이다. 문제는 B2B 마케팅은 학계에서는 일반 마케팅과 크게 다르지 않은 것으로 인식되지만, 실무에서는 B2B 시장이 구조적으로 다른 시장이기에 다른 마케팅 전략을 취하고 있다. 현대 B2B 마케팅은 일반적으로 말하는 마케팅과 그 이론적 토대와 내용에 큰 차이가 없다. 하지만 B2B 시장이 B2C 시장과 너무도 다르다는 것을 인정한다면, B2B 마케팅 역시 기존 마케팅에서 다루지 않는 새로운 시각, 특히 B2B 시장의 고유한 환경을 고려하여 새로운 전략적 이슈를 다루고 새로운 대안을 제시해야 할 것이다.

가치사슬은 고객에게 가치를 제공하기 위해 원자재 조달부터 생산, 유통, 마케팅, 서비스 제공까지 모든 단계에서 부가가치가 창출되는 활동을 의미한다(Porter, Michael E. 1985). 이 개념은 원래 기업 내부의 가치 창출 활동으로 소개되었으며, 개별 기업의 가치 창출 역량을 개선하기 위한 분석 도구로 활용되었다.

하지만 대부분의 기업들은 시간이 지남에 따라 기업 내부 가치 창출 활동을 아웃소싱과 같은 방법으로 외부화시키고, 해당 B2B 산업

표 3-1 | 가치사슬 다이어그램

지원 활동					가치 창출
조달					
기술 개발					
인적 자원 관리					
기업 인프라					
내부 물류	생산 활동	외부 물류	마케팅·영업	서비스	

은 가치사슬 구조에 따라 생태계가 구축되면서, 자연스럽게 B2B 기업 간에 거래가 발생하는 시장 역시 가치사슬 구조에 따라 형성된다(Jacobides, M., Cennamo, C., & Gawer, A. 2018).

시장이 원하는 가치를 최종 소비자에게 전달하는 데 연관된 특정 기업의 전체 프로세스와 활동을 의미하는 가치사슬을 본 글에서는 편의상 기업 가치사슬로 정의하고자 한다. 또한, 이러한 가치사슬이 소수 기업에서 점차 더 많은 기업들의 생태계로 외부화되는 과정을 통해 B2B 산업이 형성되기 때문에, B2B 산업 차원에서 다수 기업들이 원재료·자원의 생산 공급부터 중간 단계를 거쳐 최종 제품 또는 서비스가 고객에게 전달되기까지 수행되는 모든 단계의 가치 창조 과정을 사슬 형태로 구성하게 되는데, 이것을 산업 가치사슬로 표현할 수 있다.

산업 발전 역사를 살펴보면 산업 초기에는 소수 기업이 대부분의 가치사슬을 수행해 왔기에 가치사슬이 기업 수준의 가치사슬로 여겨졌으나, 시간이 흐름에 따라 기업은 자사 내부 가치사슬 작업을 타사에 맡기는 외부화 작업을 하였고, 이 때문에 산업 수준의 가치사슬이 더욱 중요한 역할을 하게 되었다. 자동차 산업의 경우, 80년대 초까지 자동차 제조는 대부분의 과정을 기업 내부에서 해왔으나, 80년대 초반 이후 본격적으로 이 과정이 외부화됨에 따라 거대한 B2B 산업이 형성되었고, 자동차 제조 판매 전 과정은 산업 수준의 가치사슬로 변화해왔다(McKinsey 2020).

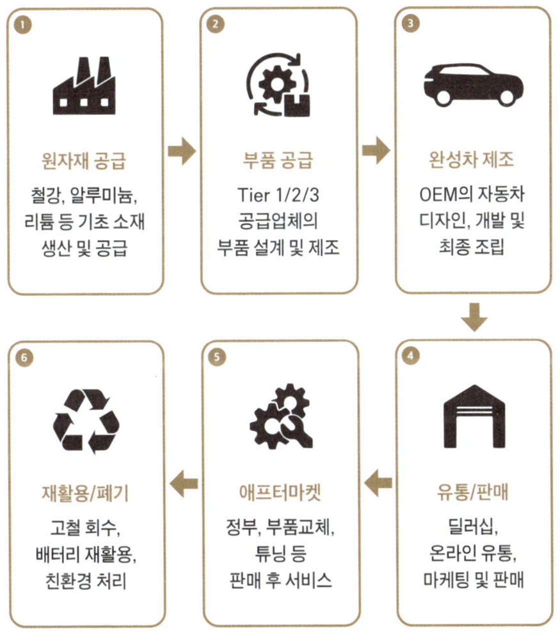

'가치사슬 생태계'란, 특정 가치사슬을 구현하기 위한 기업들의 다층적이고 유기적 관계로 이루어진 산업 전체를 지칭하는데, 구체적으로는 자원 채굴에서부터 가공, 부품 제조, 완제품 조립, 유통, 그리고 최종 판매에 이르기까지 산업 전체를 아우르는 거대한 구조적 네트워크를 말한다. 이 생태계 안에서 가치 단계별로 시장이 생성되며, 이 시장 안에서 B2B 기업들은 시장 성과를 최대화하기 위해 다양한 시장 전략을 통해 경쟁을 하게 된다.

B2C 시장은 대부분 판매자와 구매자 양자 간의 직접적 거래로 시장이 만들어지기에 고객의 니즈 만을 고려하여 제품을 개발하고 고객

과의 커뮤니케이션만으로 제품 판매가 이루어진다. 하지만 B2B 시장은 다르다. 원재료 공급자에서 시작해 중간 조립업체, 브랜드 업체, 도매업자, 유통업자를 거쳐 최종 소비자에 이르는 다층적 가치사슬 구조를 따른다. 이 과정에서 여러 시장이 존재하며, 이것이 '가치사슬 생태계'를 형성한다. 따라서 이 생태계 안에서 활동하는 기업의 매출 성과는 단순히 제품을 구매하는 고객사의 니즈나 의사결정만으로 결정되지 않는다. B2C 기업의 제품 판매는 오직 최종 소비자에 의해 결정되는 반면, B2B 기업의 제품 판매는 고객사의 고객사 또는 시장 끝단의 최종 소비자까지도 B2B 기업의 제품 판매에 영향을 미치는 다단계적 시장 구조를 가지고 있다. 그뿐만 아니라, 일반 마케팅 전략에서는 전혀 고려하지 않고 있는 공급사(Supplier) 역시 동일 가치사슬 생태계 내에서 우리와 시장 거래를 하며 자사 제품력과 가격에 영향을 미칠 뿐만 아니라, 공급사가 때로는 고객과 커뮤니케이션을 통해 자사 판매에 영향을 미치기도 한다. B2B 기업은 기업이 속한 산업의 가치사슬 생태계 전 과정에서 자사 시장 성과에 영향을 미치는 모든 공급사, 고객사, 그리고 고객사의 고객사와 최종 소비자까지 자사 시장 성과에 영향을 미친다면 이들을 고려하여 시장 전략을 수립해야 최적의 시장 성과를 달성할 수 있다.

모든 B2B 산업은 가치사슬 구조에 따라 탄생하고 발전하며, 이를 가치사슬 생태계라고 한다. B2B 시장의 구조는 가치사슬을 그대로 반영할 수밖에 없으며, 그 생태계 안에서 기업들은 가치사슬 흐름에 따라 거래 관계가 형성된다. 그렇기 때문에 B2B 시장에 참여한 모든 기업의 시장 전략은 최적의 시장 성과를 얻기 위해 시장 구조와 환경을 고려한 가치사슬 구조에 맞는 전략이 되어야 한다.

가치사슬을 고려한 시장 전략이란, 결국 "시장을 가치사슬 생태계 전체로 확대 정의하고, 이 시장에서 자사의 위치와 역할을 전략적으로 결정하고, 이 가치사슬 생태계에서 보다 많은 수익을 확보하기 위해 협상력(파워)을 확보·확대하기 위한 시장 전략"을 의미한다.

가치사슬 생태계를 고려하여 시장 전략을 수립해야 하는 기업 입장에서 해결해야 할 전략적 이슈는 크게 세 가지로 구분할 수 있다. 첫 번째 이슈는 신규 기업의 경우, 기업(B2B)과 소비자(B2C) 중 누구를 고객으로 대할 것인가(B2B 타겟팅)이다. 두 번째 이슈는 이 중 B2B 시장으로 진입할 경우, 구체적으로 가치사슬 전 범위 중 어느 곳에 포지셔닝할 것인가를 결정해야 한다(B2B 가치사슬 포지셔닝). 가치사슬 앞단

(Upstream) 시장부터 끝단(Downstream) 시장까지 많은 시장이 존재하는데, 이 중 어느 부분에 포지셔닝할 것인가는 모든 B2B 기업들이 고민하는 포지셔닝 이슈일 수밖에 없다. 포지셔닝이 결정됨과 동시에 기업이 해결해야 할 세 번째 전략적 이슈는 가치사슬 생태계 내에서 자사 사업 범위를 어디까지 할 것인가에 대한 의사 결정이다. 가치사슬 어느 영역을 직접 담당(내부화)할 것인지와 어떤 영역을 다른 기업에게 맡기고(외주, 아웃소싱과 같은 외부화) 어떤 분야에 사업 역량을 집중할 것인가를 결정해야 한다.

▶ 가치사슬 타겟팅 전략

▶ 가치사슬 포지셔닝 전략

▶ 가치사슬 내재화/외부화 전략

이 3가지 전략적 이슈를 사례와 함께 살펴보고, 이를 통해 가치사슬 마케팅의 특징과 중요성을 설명하고자 한다.

4. 가치사슬 타겟팅 전략

　　LG 그룹은 전기자동차 가치사슬 거의 전 단계에 걸쳐 LG 계열사를 통해 B2B 포지셔닝을 하고 있지만, 정작 B2C 완성차 시장에서는 활동하고 있지 않다. 반면에 테슬라는 전기자동차 가치사슬 생태계 거의 전 영역에 걸쳐 부품을 만들고 있음에도 불구하고 B2B 시장보다는 최종 소비자 B2C 시장에 집중하고 있다.

　　완제품은 B2C 시장에서 거래되는 제품들이고 부품은 B2B 시장에서 판매되는 제품이라는 일반적인 인식과 달리, 대부분의 제품들은 완제품이건 부품이건 모두 B2B 및 B2C 시장 양쪽에서 판매가 가능하다. 정수기, 자동차, 의자 등과 같은 완제품들은 대부분 일반 소비자뿐 아니라 기업도 구매한다. 또한 완제품을 구성하는 부품의 경우에도 예를 들어 B2B 시장에서 판매되는 컴퓨터 메모리칩은 약 5%가량은 개인에게 판매되고 있으며, 건설 자재인 창문과 조명 역시 B2B와 B2C 시장에서 판매가 이루어지고 있다. 마케팅에서 전혀 다루고 있지 않지만 B2B 마케팅 관점에서 매우 중요한 한 가지 타겟팅 관련 의사 결정이 바로, B2B와 B2C 시장 어느 곳에서 자사 제품을 판매할 것인가를 결정하는 것이다(Kotler & Pfoertsch 20).

수익성(Profitability) 관점에서 보면 B2B 시장이 매력적이다. B2B 시장은 1회성이 아닌 반복 거래를 위한 계약을 기반으로 하므로, 중장기적 관점에서 안정적인 매출 발생이 가능하다. 가치사슬 생태계가 이미 구축된 경우 고객사 파악 및 접근이 용이하며, 고객에 대한 정보 획득과 접근이 쉽다. 또한, 장기적 고객 관계 유지가 수월해 초기에 시장 진입과 정착이 상대적으로 용이하다. 다만, B2B 시장에서는 소수 기업 고객의 힘(교섭력)이 크기 때문에 높은 수익을 확보하기는 상대적으로 어렵다. 반면, B2C 시장은 기업 고객보다 가격 협상력이 낮은 최종 소비자와의 직접적인 관계를 통해 높은 수익성 확보가 가능하다. 잠재 고객 수가 월등히 많아 높은 매출 잠재력을 가졌지만, 시장 변동성이 커 매출 예측이 어렵고 소비자와의 커뮤니케이션에 많은 노력과 자원이 투입되어야 한다.

수익성만 놓고 본다면 기업은 B2C 시장에 포지셔닝하는 것이 B2B 시장보다 바람직할 수 있다. 하지만 B2C 시장은 고객을 확보하는 것이 어렵다 보니 진입 시 많은 투자와 노력이 요구되며, 진입 후에도 치열한 경쟁 속에서 경쟁력을 유지하기가 쉽지 않다. 반면 B2B 시장은 상대적으로 시장이 안정적이며, 이미 만들어진 생태계에 진입하는 것이기에 시장 개발보다는 자사 제품 개발에 역량을 집중할 수 있어 초기 투자가 쉽게 성과로 나타난다. 이러한 특성 때문에 시장의 역사를 보면 대다수의 기업은 진입이 용이한 B2B 시장에 먼저 진입하여 안정적인 기반을 다진 후, 시간이 흐름에 따라 기회를 보며 B2C 시장으로 진출하는 경로를 따르는 경우가 일반적이다. 물론 'B2B 진입 후 B2C

로의 리포지셔닝'이 모든 기업에게 올바른 전략적 결정은 아니다. 결국 진입은 쉽지만 수익성 관리가 어려운 B2B 시장과, 진입은 어렵지만 성공 시 높은 수익성을 유지할 수 있는 B2C 시장의 특징을 이해하고, 자사의 핵심 역량과 진입 목표에 따라 전략적으로 결정해야 한다.

—————— 5. B2B 가치사슬 포지셔닝 전략

'가치사슬 포지셔닝(Value Chain Positioning)'이란, 기업이 가치사슬 생태계 내에서 자사의 핵심 역량을 효과적으로 활용하여 생존과 성장에 유리한 위치와 역할을 확보하기 위한 시장 전략을 의미한다. 가치사슬 생태계에 신규 진입하는 기업이 원자재 및 R&D 관련 비즈니스가 이루어지는 상류(Upstream) 가치사슬, 중간 부품 제조 및 조립이 주로 이루어지는 중류(Midstream) 가치사슬, 그리고 완제품 개발 및 유통, 판매, AS에 해당하는 하류(Downstream) 가치사슬 중 어느 영역에 위치할지를 결정하는 것은, 기업의 장기적 경쟁 우위와 수익성을 좌우하는 가장 근본적인 의사결정임에도 마케팅에서는 전혀 알려지지 않은 전략적 이슈이다(Gartner 2024).

가치사슬 포지셔닝을 결정하는 데 있어 고려해야 할 가치사슬 특징으로 '스마일 커브 효과(Smile Curve Effect)'를 이해할 필요가 있다. 대만 PC 제조업체 에이서(Acer)의 창업자인 스탠 시(Stan Shih)는 1992년경 IT 산업의 가치사슬 생태계 전반에 걸쳐 상류 시장(제품 기획, R&D)과 하류 시장(마케팅, 판매, 서비스)으로 갈수록 높은 부가가치와 이윤이 발생하고, 중류 시장(조립, 생산)에 속한 기업의 수익성은 상대적으로 낮은 현상을 발견하였다(Stan Shih 1992).

이 현상은 IT 산업만이 아니라 사실 거의 대부분의 산업에서 나타나는 현상으로, 가치사슬 포지셔닝을 고민하는 기업 입장에서 스마일 커브가 제시하는 교훈은 매우 중요하다. 가치사슬 전 생태계에서 어떤 영역에 포지셔닝 하는가를 결정하는 것은 기업의 생존과 성장에 중대한 영향을 끼친다. 가치사슬 중간에 포지셔닝한 기업은 수익 유지가 시간이 갈수록 어려워지는 반면, 가치사슬 양 끝에 포지셔닝한 기업은 상대적으로 높은 수익을 누리고 있다는 점이다.

스마일 커브, 즉 가치사슬 생태계 전반에 걸친 수익 분포를 고려할 때, B2B 기업은 두 가지 전략적 시사점을 이해해야 한다. 첫째, 가장 부가가치가 낮은 중간재 제조, 조립(패키징) 비즈니스(Midstream 사업)를 가급적 지양하고, R&D나 원자재 확보 비즈니스(Upstream 사업) 또는 최종 사용자 및 소비자에 가급적 가까운 비즈니스(Downstream 사업)에 전략적으로 집중하는 것이 바람직하다. 둘째, 가치사슬 포지셔닝에 따라 기업이 생존, 성장을 위한 전략은 달라야 한다.

표 3-3 | 가치사슬 내 부가 가치 분포 효과(Smile Curve Effect)

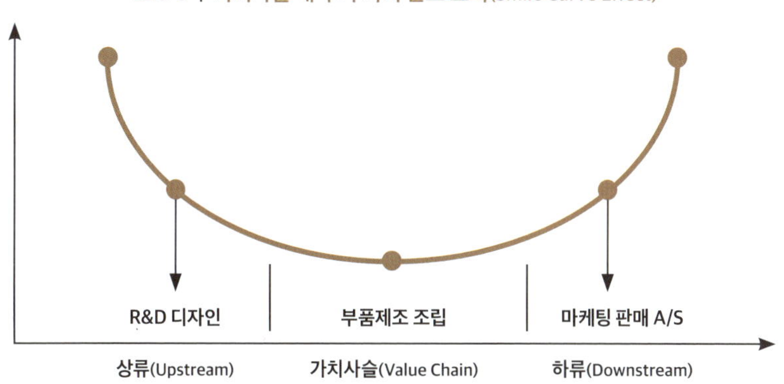

| 가치사슬 중류 시장 전략 |

가치사슬 중간 영역이 수익성이 낮은 원인은 크게 2가지로 설명할 수 있다. 첫째, 중간재 조립과 같이 가치사슬 중류 시장의 비즈니스는 일반적으로 기술이 외부 공유되고 있기에 필요한 기술 개발이 상대적으로 쉽거나 단순 인력과 생산 시설 투자만으로도 진입이 가능한 경우가 많다. 진입장벽이 낮기 때문에 시장 상황이 좋을 경우 매우 빨리 신규 기업 진입이 이루어져, 시간이 갈수록 경쟁이 치열해질 가능성이 높고 이윤 확보가 갈수록 어려워진다. 둘째, 가치사슬 각 단계 중 조립 생산 분야는 특히 공급 탄력성이 높아 가치사슬 생태계 내에서 협상력이 낮아 가격 인상이 상대적으로 더 어렵다.

- **본원적 전략**(Generic Strategy): 이렇게 공급 과잉으로 경쟁이 과열될 경우, 기업이 고려할 수 있는 전략은 기본적으로 본원적 전략, 즉 제품 차별화 전략 또는 원가 우위 전략이라고 할 수 있을 것이다. 따라서 상대적으로 가격을 낮추지 않기 위해 차별화된 제품 역량을 강화하거나 타 경쟁 업체를 압도하는 낮은 제품 생산 비용을 낮출 수 있는 원가 우위 기술 또는 자원을 확보하는 것이 필요하다. 제품 차별화가 원가 우위 확보 보다 장기적으로는 바람직하나, 일반적으로 제품 조립과 같은 가치사슬 중간 단계는 기술 차별화가 어렵기에, 시간이 흐름에 따라 결국에는 원가 경쟁력을 기반으로 한 기업들이 살아남는 경향이 뚜렷하다. 그렇기 때문에 제품 차별화와 별도로 끊임없이 원가 경쟁력을 확보하기 위한 노력

이 병행되어야 한다. 이를 위해 대량 생산을 통한 규모의 경제뿐 아니라, 조금이라도 비용 절감이 어려운 부분은 외부 기관에 맡겨 OEM·ODM을 적극 이용하는 방법이 있다.

- **가치사슬 리포지셔닝(Repositionng)**: 가치사슬 중류 시장에서 이미 활동해온 기업이라면 자사의 핵심 역량과 전략적 목표를 고려하여, 보다 부가가치가 높은 가치사슬 상류 또는 하류로 자사의 위치를 리포지셔닝하거나 확장하는 것을 검토해 볼 가치가 있다. 애플(Apple)은 사업 초기, 매킨토시 컴퓨터를 주로 그래픽 디자인 회사나 디자인 전문가에게 판매하는 B2B 시장에서 사업을 시작하였다. 하지만 1990년대 후반 스티브 잡스는 본격적으로 가치사슬 하류 영역인 B2C 시장으로 주 사업 영역을 전환하였다. 이후 아이팟, 아이폰, 아이패드와 같은 혁신적인 완제품을 출시하며 일반 소비자를 직접 공략한 이 전략은 애플이 거대한 기업으로 성장하는 데 결정적 전환점이 되었다.

팍스콘(Foxconn)은 애플, 마이크로소프트 등 빅테크 기업들의 제품 조립을 전담한 ODM·OEM 전문 기업으로 출발해, 아이폰, 아이패드, 갤럭시 스마트폰 등 세계적으로 유명한 완제품들을 조립 생산하고 있다. 하지만 팍스콘은 대형 고객에 대한 의존도가 심한 구조적 약점을 극복하기 위해 최근 상류 가치사슬에 해당하는 반도체 제조 생산 분야로 사업 범위를 확대하면서, 단순히 완제품을 조립하는 것에서 벗어나 핵심 부품을 직접 생산할 수 있는 기업으로 변신하고 있다. 공급망의 상류를 장악함으로써 애플, 삼성 같은 대형 고객과의 협상력을 강화하려는 전략이라고 할 수 있다.

| 가치사슬 상류 시장 전략: 독과점 전략과 진입장벽 구축 |

가치사슬 상류 시장은 여러 가지 장점을 가지고 있다. 원자재, 특허와 같은 보호 장치로 진입장벽이 일반적으로 높아 신규 기업의 참여가 쉽지 않다. 하지만 장기 공급 계약을 통해 안정적 수익을 기대할 수 있고, 원재료의 낮은 공급 탄력성으로 고객사 대비 가격 협상력이 높은 수익성을 확보할 수 있는 시장이다. 원자재를 확보하고 있거나, 해당 가치사슬의 핵심이 되는 제품의 핵심 설계 역량을 가지고 있는 기업이라면 가치사슬의 가장 상류인 원자재, 핵심 플랫폼 기획·설계와 같은 영역에 집중하는 것이 바람직하다.

이런 이유로 상류 시장은 다른 시장보다 시장 독과점 현상이 더욱 두드러지게 나타난다. 반도체 제조 공정의 핵심 기술인 노광 장치를 거의 독점하고 있는 ASML이나, 희토류 생산 상당 부분을 차지하고 있는 중국희토류 그룹은 이러한 현상의 대표적 사례라 할 수 있다. 이런 이유로 상류 시장에 먼저 진입한 기업은 주로 진입장벽을 높이기 위한 전략에 많은 관심을 가지고 있다. 진입장벽을 높이기 위해 경쟁 업체 간의 합병을 통한 원재료 독과점, 경쟁사 또는 관련 구매 고객사와 기술에 대한 특허 공유를 기반으로 높은 진입 장벽을 구축하는 것이 효과적이다. 이들의 주요 전략은 다음과 같이 크게 3가지로 정리할 수 있다.

- **기술 차별화 전략:** 가치사슬 상류에서 쓰이는 기술은 대부분 해당 산업의 핵심 기술로 대부분 차별화에 기반을 둔 기술이 필요하다.

- **기술 플랫폼 표준화 전략:** 자사의 기술이나 제품을 해당 가치사슬 생태계의 '표준'으로 만드는 전략은 가치사슬 생태계 전체가 상류 기술을 기반으로 구축된다는 점에서 매우 중요하다. 자사 플랫폼을 중심으로 다른 기업들이 연결되도록 하여, 가치사슬 전체에서 핵심 플랫폼으로 자리 잡게 되면 높은 수익성과 오랫동안 해당 기술을 산업 중심 플랫폼으로 유지시킬 수 있다.

- **플랫폼 종속(Lock-in) 전략:** 표준 플랫폼을 구축한 뒤에는 생태계 내 고객사들이 이 플랫폼 표준에 맞춰 투자, 생산, 거래하도록 시스템을 구축 발전시켜, 경쟁사로 고객 이탈이 쉽게 일어나지 못하게 높은 진입장벽을 만들 수 있다.

IT 가치사슬의 최상류, 특히 AI 및 고성능 컴퓨팅(HPC) 분야에서 핵심 부품인 GPU를 공급하는 엔비디아(NVIDIA)는 가치사슬 상류의 핵심 공급자(Key Supplier)로 자리 잡는 과정에서 위에서 언급한 3가지 전략을 그대로 다 사용하고 있다. 첫째, 엔비디아는 지속적인 R&D를 통해 핵심 기술들을 특허로 확보하여 기술적 해자(垓子)로 사용하고 있으며(기술 차별화), 둘째, 엔비디아의 GPU를 단순한 부품이 아니라 AI 컴퓨팅 인프라 플랫폼 표준으로 만들어 가고 있다(기술 플랫폼 표준화). 또한, 강력한 소프트웨어 생태계 '쿠다(CUDA)'를 통해 생태계 내 수요자들을 이 플랫폼에서 벗어나기 어렵게 하는 플랫폼 종속화 전략으로 경쟁사 진입을 더욱 어렵게 만들고 있다.

| 가치사슬 하류 시장 전략: 고객 관계 관리와 유통 장악 |

가치사슬 하류 영역은 생산된 완제품이 최종 소비자에게 전달되고 판매 후 서비스가 이루어지는 모든 활동이 벌어지는 곳이다. 이 영역은 최종 소비자와의 접점이거나 이에 근접한 영역으로 그 어느 시장보다 고객 확보가 중요하다. 과거 2020년까지는 이 영역에서 '얼마나 넓게 고객과 유통망을 확보하는가'가 중요했지만, 최근 하류 시장에서의 전략적 이슈는 '얼마나 강하게 고객과 관계를 구축하는가'로 기업의 관심사가 이동하고 있다. 가치사슬 하류 시장에서 기업이 경쟁 우위를 확보하기 위한 핵심 전략은 주로 유통 또는 고객 확보에 중점을 두기에, 고객 충성도를 확보하기 위한 브랜드 관리와 유통 특히 디지털 유통의 핵심인 유통 플랫폼 전략이 중요하다.

- **브랜드 자산(Brand Equity) 관리**: 가장 고전적이면서도 강력한 하류 시장 전략은 소비자에게 품질에 대한 신뢰를 제공하고, 차별적 브랜드 이미지 확보로 강력한 고객 관계를 구축하는 것이다. 브랜드는 소비자의 구매 결정 과정에 직접 개입하는 강력한 방어 기제이다. 최종 고객만이 아니라 유통 고객사는 브랜드가 강력한 제품을 선호한다.

- **플랫폼 전략**: 온라인의 경우, 유통은 플랫폼으로 대체되었다. 이 때문에 제품 판매를 넘어, 자사의 제품과 서비스를 기반으로 하는 플랫폼을 구축하는 것이 하류 시장에서 가장 강력한 경쟁력을 확보하는 전략이라고 할 수 있다. 온라인 플랫폼을 가지고 있는 기업이 현재 시장을 지배하고 있다. 중장기적으로 플랫폼 기업은 거래 비용을 줄이기 위해 끊임없이 플랫폼에 참여한 기업들에 지속적인 가격 압박을 가하게 될 것이다. 만약 플랫폼에 참여하는 기업이라면 중장기적으로 경쟁사만이 아니라 플랫폼 기업에 어떻게 대응해야 할지를 깊이 고민해야 할 것이다.

- **유통 전략**: 기존 제품이 소비자에게 전달되는 경로를 우회하여 새로운 유통 채널을 만드는 것은 유통 단계에서 매우 강력한 전략이라 할 수 있다. 전통적 유통에서 존재하는 유통사를 배제하고 자사몰이나 직영 매장을 통해 소비자에게 직접 판매하는 직접 판매(Direct-to-Consumer, D2C)는 최근 들어 새롭게 받아들여지고 있는 방식으로 유통 마진 흡수로 원가 경쟁력을 확보할 수 있으며, 고객 접점에서 발생하는 고객 경험에 대한 직접적 통제가 가능하다. 무엇보다도 이를 통해 최종 고객을 확보할 수 있다는 점이 가장 중요하다.

——— 6. 가치사슬 내재화·외부화 전략

B2B 기업이 수익성을 극대화하려면 현재 비즈니스의 범위와 가치사슬 내 역할을 리엔지니어링해야 할 필요가 있다. 기업은 산업 가치사슬 생태계 내에서 자신이 맡고 있는 역할의 범위에 대한 최적화를 위해, 더 많은 가치 창출 활동을 직접 담당, 수행할 것인지(가치사슬 내부화), 아니면 부가가치가 크거나 전략적으로 중요한 활동을 제외한 나머지를 외부에 맡길 것인지(가치사슬 외부화)를 전략적으로 판단해야 한다.

- **가치사슬 외부화 전략**: 자사가 담당하고 있는 가치사슬 영역의 일부를 외부에 맡기는 외부화 전략은 80년대 '아웃소싱(Outsourcing)'의 탄생을 기점으로 지금까지 거의 모든 산업에서 활발히 이루어지고 있다. 대부분의 기업들은 지속적인 아웃소싱과 기업 분사를 통해 거대한 가치사슬 생태계를 만들었으며, 수많은 B2B 기업들을 탄생시켰다.

- **사례**: 스포츠화 제조업체 나이키(NIKE)는 자사 생산 부분을 80년대 중반 실제 생산 관련 부분은 거의 모두 외부에 위탁을 하였고, 디자인과 같은 R&D 부분과 판매에만 전념하여 시장을 선도하는

브랜드가 되었다. 이 회사 때문에 '마케팅 컴퍼니'라는 용어가 일반화되었는데, 이때 마케팅 컴퍼니는 제조 회사인 줄로 인식되고 있지만 실상은 제조를 하지 않고 판매에 전념하는 회사를 의미하는 용어로 일반인에게 확산되는 데 가장 큰 기여를 한 회사이다. 이후 전 세계 기업들이 이를 벤치마킹하면서 IT 아웃소싱은 글로벌 경영의 주요 트렌드로 자리 잡았다. 이 시기 기업들은 핵심 경쟁력을 강화하기 위해 필수적이지 않은 부수적 업무는 외부 전문가에게 맡기고, 기업 내부 자원은 차별적 가치를 창출할 수 있는 핵심 분야에 집중하는 방향으로 전환하였다.

- **가치사슬 내부화 전략**: 가치사슬상 자사가 맡고 있는 역할 범위를 넘어서, 인접한 단계의 생산, 거래 활동까지 사업의 범위를 확장하는 것은 가치사슬 관점에서 매우 전략적 의사결정이다. 대표적인 수단으로 '가치사슬 수직적 통합(Value Chain Vertical Integration)'을 들 수 있는데 최근 들어 빅테크 기업들을 중심으로 수직적 통합이 눈에 띄게 늘어나고 있다.
- **사례**: 원래 자동차 시장은 80년대부터 부속품을 표준화·모듈화하였고, 동시에 수많은 아웃소싱과 분사로 거대한 자동차 생태계를 만들게 되었다. 초기 자동차 대부분의 부품을 만들던 완성차 회사들은 상당수를 외부 조달하게 되었고 이것이 시장의 표준이 되었다. 테슬라는 원래 전기자동차의 핵심 부품인 모터 개발로 시작하였지만, 부품을 구매해줄 고객사가 없기에 자체 개발한 모터를 기

반으로 자동차 조립으로 사업을 확장하였다. 하지만 여기서 멈추지 않고, 배터리 셀, 배터리팩, 반도체 칩, 심지어 카시트를 넘어 자동차 보험까지 자동차 가치사슬에 존재하는 거의 모든 것을 직접 개발, 생산해 오고 있다. 이를 통해 테슬라는 타 경쟁사와 비교할 수 없는 자율 주행, 뛰어난 배터리 성능, 소프트웨어 기반의 차 통제 시스템 등의 성능을 갖추게 되었다. 이뿐 아니라 경쟁 전기 자동차 기업 대비 월등한 원가 경쟁력을 확보하여, 대중화가 가능한 가격대의 제품을 시장에 내놓고 있다.

가치사슬 내부화 또는 외부화는 어떤 방법이 더 좋은지 일률적으로 판단하기는 어렵다. 기업은 자사의 핵심 역량, 경쟁 환경, 시장의 특성 등을 종합적으로 고려하여 자사의 역량과 처한 시장 환경을 고려해 전략적 선택을 해야 할 것이다. 예를 들어, 기술 진입 장벽이 높고 핵심 기술 유출 위험이 큰 분야에서는 수직적 통합이 유리할 수 있으며, 빠르게 변하는 시장에 유연하게 대응해야 하는 경우에는 아웃소싱이 더 효과적일 수 있다.

흥미로운 점은 90년대부터 30년 가까이 아웃소싱이 전 세계적으로 인기를 끌어 대다수의 기업들이 지속적으로 자사 영역들을 외부화해 왔다. 하지만 2020년대 이후, 시장을 선도하는 빅테크 기업들을 중심으로 가치사슬 전체를 장악하려는 '내부화(수직적 통합)' 움직임이 눈에 띄게 나타나고 있다. 특히 시장을 선도하는 기업들이 가치사슬 내부화를 하여 큰 성공을 보여주고 있다. 이와 관련해 대표적인 사례로는 패스트 패션으로 시장을 석권한 자라(Zara), 반도체 산업을 독점하고 있는 엔비디아(NVIDIA), 유통계의 공룡 아마존(Amazon)을 들 수 있다.

자라는 타 의류 업체가 흉내 내기 어려운 엄청난 속도로 제품 개발과 판매를 하는 기업으로 시장을 장악했다. 이러한 속도는 패션 업계가 거의 하고 있지 않은 철저한 가치사슬 수직적 통합으로 얻어진 경쟁력이었다.

엔비디아는 칩 개발 전 영역을 내부화했을 뿐 아니라 소프트웨어 영역까지 사업을 수직적으로 확대하여 가치사슬을 장악하고 있다. 이제는 반도체뿐 아니라 제조 단계까지 직접 진입, B2C 시장까지 진출을 노리고 있다.

아마존역시 제품 판매(리테일)를 넘어 물류 배송, 그리고 이 모든 것을 뒷받침하는 클라우드 서비스(AWS)까지 내재화하여 막대한 성공을 거두고 있다.

| 가치사슬 시장 전략, B2B 마케팅의 새로운 전환 |

B2B 시장이 B2C 시장과 구조적으로 구별됨에도 불구하고, 그동안 B2B 마케팅은 고유한 전략적 프레임워크를 제시하기보다 B2C 마케팅 이론을 단순히 적용하는 데 머물러 있었다. 이 글에서는 B2C 시장과 대비되는 B2B 시장의 고유한 특징으로 시장 구조가 '산업 수준의 가치사슬 생태계'에 의해 결정됨을 알리고 이 생태계 전체를 시장으로 바라보는 새로운 전략적 관점을 제시하고 있다. B2C 마케팅이 오직 최종 고객을 설득하는 과정으로 이에 필요한 시장 전략은 모두 STP 및

4P 믹스 전략적 프로세스에 기반을 두고 있는 반면, 새로운 B2B 마케팅 전략으로써 가치사슬 시장 전략은 공급자(상류)부터 고객의 고객(하류)에 이르는 생태계 전체의 구조를 이해하고, 그 안에서 자사의 수익성과 힘을 극대화하기 위한 모든 전략으로 새로운 패러다임을 제시하고 있다.

이 글은 이런 관점에서 B2B 시장의 고유한 특성인 가치사슬 생태계를 중심으로 기업이 생존하고 성장하기 위해 필요한 구체적이고 새로운 3가지 다른 시각의 전략과 전략적 시사점을 제공하고 있다. 첫째, '가치사슬 타겟팅 전략'은 B2B 기업 고객, B2C 최종 소비자 시장 중 어느 곳을 타겟으로 할지 결정하는 것에 관한 전략적 고찰로, 이에 대한 전략적 시사점으로는 기업의 핵심 역량(기술력 vs 마케팅)에 기반해 시장을 선택해야 하지만, 일반적으로 B2B 시장 진입 후 B2C로 확장(애플, 구글)이 장기적인 수익성과 생태계 장악을 위한 바람직한 방향이라고 할 수 있다.

둘째, 'B2B 가치사슬 포지셔닝 전략'은 B2B 시장 내 가치사슬의 상류·중류·하류 중 어느 위치를 점할지 결정하는 전략으로 기업이 산업 내 어디에 위치해야 장기적 경쟁력을 확보할 수 있는지를 결정하는 데 있어, 단순한 거래 중심이 아닌 생태계적 위치 선택의 전략적 선택의 중요성을 강조하고 있다. '스마일 커브(Smile Curve)' 효과가 보여주듯, 부가가치는 '중류(제조·조립)'에서 가장 낮고 '상류(R&D·원자재 시장)'와 '하류(판매·서비스)' 시장에서 가장 높게 나타나므로, 가능하면 기업은 부가가치가 낮은 중류 시장보다는 수익성과 가치사슬 내 파워를 확보하기 위해 상류에서 기술 기반 시장 주도(ASML 사례)를 추구하거나, 하류에서 브랜드 및 서비스 기반으로 고객과의 관계 강화에 집중하는 것이 검토해 볼 만한 좋은 전략이라고 할 수 있을 것이다. 역량이 있는 기업이라면 지속적인 기술 차별화를 확보하거나, B2C로 진출하는 등 고부가가치 영역으로의 지속적인 '리포지셔닝'이 필요하다.

셋째, '가치사슬 내재화·외부화 전략'은 가치사슬 활동 범위를 직접 수행(수직적 통합)할지 외부에 위탁(아웃소싱)할지를 결정하는 데 필요한 전략은 매우 최근에 다루어지고 있는 전략적 이슈이다. 1980년대부터 최근까지 대부분의 기업들은 비용 절감과 핵심 역량 집중을 위해 부가가치가 떨어지는 사업을 지속적으로 외부화(나이키 사례)해 왔다. 하지만 최근에는 시장을 선도하는 기업들이 '내재화(수직적 통합)'를 통해 성공적으로 자사 제품과 기술 차별화를 이루어 시장을 주도하고 있다.

가치사슬 마케팅 전략은 B2B 마케팅을 B2C 시장에서 탄생하고 발전한 일반 마케팅의 이론과 전략을 벗어나, 독자적인 전략 분야로 만드는 데 큰 기여를 하는 새로운 영역이다. 거래 규모 기준 B2C 시장의 6~7배 이상 되는 거대한 B2B 시장에서 활동하는 수많은 기업들에게 이 글이 새로운 마케팅을 시작하는 데 도움이 되기를 빈다. 또한, 이 글이 학계에서는 B2C 마케팅을 그대로 따르는 B2B 마케팅이 발전하는 데 새로운 전환점이 되기를 기대해 본다.

PART II

기술 다양성과 경영학

AX, 인공지능 전환

생존과 성장을 위한 새로운 코드

윤석빈

기존의 DX(디지털 전환)가 아날로그 프로세스를 디지털화하여 효율을 높이는 '속도의 혁신'이었다면, AX(인공지능 전환)는 의사결정의 주체와 품질을 바꾸는 '결정의 혁신'이다. 많은 기업이 범하는 오류는 기존 업무에 AI 도구만 추가하는 'AI+' 접근이다. 이는 부서별 효율은 높일지 몰라도, 전사적 통합이 결여된 부분 최적화와 사일로(Silo) 현상을 초래하여 결국 전체 비즈니스 가치를 훼손할 위험이 크다. 진정한 AX는 기업의 운영체제(OS) 자체를 AI 중심으로 재설계하여, 데이터 학습과 실행이 선순환하는 지능형 조직으로 거듭나는 것을 의미한다. 기술이 아닌 문제 정의와 경제적 해자 AX의 성패는 고가의 AI 모델 도입이 아니라 "어떤 비즈니스 난제를 AI로 해결할 것인가"라는 올바른 문제 정의에서 시작된다. 범용 AI 모델은 누구나 쓸 수 있는 상품(Commodity)이 되었으므로, 경쟁 우위는 '독점적 데이터'와 '맥락적 AI', '차별적 가치'가 결합된 '경제적 해자' 구축에 달려 있다.

또한, 성공적인 AX를 위해 기술적 접근이 아닌 경영 전략적 접근법인 4가지 코드를 제시한다.

- **Code 1. 올바른 목표 설정**: 기술적 지표(정확도 등)가 아닌, 매출이나 전환율 같은 비즈니스 KPI를 목표로 설정해야 한다.
- **Code 2. 업의 본질 재정의**: 제품 판매를 넘어, 데이터 기반의 서비스와 경험으로 업의 정체성을 전환해야 한다.
- **Code 3. 데이터 플라이휠 설계**: 사용자가 쓸수록 데이터가 쌓이고, 서비스가 더 똑똑해져 다시 사용자를 부르는 '복리 구조'의 선순환을 만들어야 한다.
- **Code 4. 전사적 올인 팀 구축**: 기능 중심 조직을 타파하고, 기획-개발-현업이 한 팀이 된 '목적 조직(Pod)'을 구성하여 CEO의 강력한 리더십 아래 움직여야 한다.

현재의 AI 열풍 뒤에는 반드시 옥석 가리기가 뒤따를 것이다. 닷컴 버블 붕괴 후 아마존이 살아남았듯, AX를 통해 실질적인 현금 흐름과 데이터 플라이휠을 구축한 기업만이 다가올 버블 붕괴를 기회로 삼아 시장을 독식하게 될 것이다.

1. 위기인가, 기회인가: AI 쓰나미 앞에 선 우리

2020년대를 살아가는 우리에게 인공지능(AI)은 더 이상 영화 속 이야기가 아니다. 스마트폰의 음성 비서부터 온라인 쇼핑몰의 상품 추천, 그리고 공장의 불량품 검사에 이르기까지, AI는 이미 우리 삶과 비즈니스 깊숙이 스며들어 있다. 하지만 지금 우리가 목격하고 있는 변화는 잔잔한 수면에 던져진 돌멩이가 아니다. 생성형 AI의 등장은 산업혁명이나 인터넷 혁명에 비견될 만한, 산업의 지형 자체를 영원히 바꾸어 놓을 거대한 '쓰나미'를 예고하고 있다.

많은 기업이 이 거대한 변화의 물결에 올라타기 위해 분주하다. 너도나도 AI 팀을 만들고 막대한 예산으로 기술을 도입하며, AI 전문가 영입에 열을 올린다. 하지만 그 분주함 속에는 명확한 방향성 없이 남들이 하니까 따라 한다는 초조함과 막대한 투자가 실질적인 성과로 이어질지에 대한 깊은 불안감이 공존한다. 과연 우리는 올바른 방향으로 가고 있는 것일까? 값비싼 AI 솔루션을 도입하고 데이터 과학자를 채용하는 것만으로 미래의 생존과 성장을 보장받을 수 있을까?

결론부터 말하자면, 그것만으로는 턱없이 부족하다. 기존 업무 방식에 AI라는 '새로운 도구'를 몇 개 추가하는 수준으로는 다가오는 거대한 파도를 넘을 수 없다. 이는 마치 증기기관이 발명되었을 때, 기존의 마차에 증기기관을 단순히 올려놓고 '증기 마차'라고 부르는 것과 같다. 진정한 혁신은 마차가 아닌 '자동차'라는 완전히 새로운 개념의 이동 수단을 만들어내는 것에서 시작된다. 바퀴의 개수나 마부의 역할부터 도로의 개념까지, 모든 것을 원점에서부터 다시 생각해야 한다.

이 책에서 제시하는 'AX(AI Transformation, 인공지능 전환)'는 바로 이러한 근본적인 변화를 의미한다. AX는 AI를 기업의 전략 및 운영, 조직 문화, 비즈니스 모델 등 모든 것을 AI 중심으로 재설계하여 새로운 경쟁 우위를 창출하는 전환이다. AI를 보조 도구로 활용하는 'AI+'를 넘어, 기업의 운영체제(OS) 자체를, 나아가 기업이라는 유기체의 두뇌와 신경계를 AI로 교체하는 패러다임의 전환이다.

이번 장은 인공지능 시대의 생존과 성장을 위한 핵심 전략으로 AX를 제시하며, 그 본질과 성공을 위한 구체적인 방법론을 탐구한다. 과거의 디지털 전환(DX)이 남긴 유산과 한계를 살펴보고, 왜 지금 우리에게 AI+가 아닌 AX가 절실한지를 역설할 것이다. 또한 성공적인 AX가 기술 도입 경쟁이 아닌, '어떤 비즈니스 문제를 풀 것인가'라는 명확한 목표 설정에서 시작됨을 분명히 하고자 한다.

궁극적으로 AX는 데이터에서 AI 모델, 비즈니스 가치 창출 순으로 끊임없이 선순환하는 '플라이휠'을 구축하여 지속가능한 성장의 동력을 확보하는 것을 목표로 한다. 이를 위해 우리는 4가지 새로운 코드를 제시한다. 이 코드는 기술의 문제가 아닌, 리더십과 전략, 그리고 조직 문화의 문제이며, AI 시대를 헤쳐나갈 새로운 지도가 되어줄 것이다.

거대한 변화 앞에서 우리는 선택의 기로에 서 있다. 변화의 파도에 휩쓸려 과거의 유물이 될 것인가, 아니면 파도를 타고 더 넓은 미지의 바다로 나아갈 것인가. 이 책이 독자 여러분의 기업을 후자로 이끄는 믿음직한 나침반이 되기를 바란다.

——— 2. 패러다임의 전환: 왜 전환인가?

우리는 변화의 시대에 살고 있다. 불과 10여 년 전, 많은 기업의 화두는 '디지털 전환(Digital Transformation, DX)'이었다. 아날로그로 이루어지던 업무를 디지털로 바꾸는 것이 기업의 생존 과제처럼 여겨졌다. 그리고 이제 AI의 시대가 도래하며 '인공지능 전환(AI Transformation, AX)'이라는 새로운 개념이 등장했다. AX는 DX의 연장선일까, 아니면 완전히 다른 차원의 변화일까? AX의 진정한 의미를 이해하기 위해 우리는 먼저 DX의 유산과 그 한계를 명확히 짚고 넘어가야 한다.

| DX의 유산과 그 너머 |

효율성 증대와 프로세스 개선

DX는 분명 많은 기업에 긍정적인 변화를 가져왔다. 종이 서류는 전자 문서로 대체되었고, 수작업으로 진행되던 프로세스는 자동화되었다. 기업들은 전사적자원관리(ERP), 고객관계관리(CRM) 같은 시스템을 도입하여 데이터를 통합하고 업무 효율성을 극적으로 끌어올렸다. 이 과정에서 낭비가 줄고, 생산성은 향상되었으며, 데이터에 기반한 의사

결정의 토대가 마련되었다. DX는 기업이 21세기의 비즈니스 환경에서 살아남기 위한 필수적인 체질 개선 과정이었으며, 오늘날 AX를 논할 수 있는 최소한의 기반을 마련해주었다.

기존 모델의 틀을 벗어나지 못하는 DX의 한계

DX는 명백한 한계를 가지고 있었다. 대부분의 DX는 '기존 업무를 어떻게 더 효율적으로 할 것인가?'에 초점이 맞춰져 있었다. 즉 비즈니스의 본질이나 운영 방식 자체를 바꾸기보다는, 기존 프로세스를 디지털이라는 새로운 도구로 개선하는 데 그쳤다.

예를 들어 한 서점이 DX를 추진한다고 생각해보자. 오프라인 매장의 재고와 판매 데이터를 ERP 시스템에 입력하고, 고객 명단을 CRM에 저장하며, 온라인 웹사이트를 만들어 책을 판매하기 시작했다. 이는 분명한 발전이다. 하지만 여전히 이 서점의 본질은 책이라는 물리적 상품을 매입하여 소비자에게 판매하는 유통업의 틀 안에 머물러 있다. DX는 자동차의 엔진 성능을 개선하고 연비를 높이는 것과 같았다. 자동차가 더 빠르고 효율적으로 달리게 만들었지만, '자동차'라는 본질 자체를 바꾸거나 하늘을 나는 자동차를 만들어내지는 못했다.

| AI+의 함정 |

AI 기술이 급부상하면서, 많은 기업이 DX의 성공 방정식에 AI를 대입하기 시작했다. 이것이 AI+ 접근법이다. 기존 업무 프로세스에 AI 기술을 '더하여(+)' 특정 문제를 해결하거나 효율성을 높이려는 시도다.

AI를 도구로만 사용하는 접근법의 문제점

AI+의 예는 다양하다. 고객센터에 챗봇을 도입하여 단순 반복 문의를 처리하게 하거나 마케팅팀에서 AI를 이용해 광고 문구를 생성하고, 공장에서는 AI 비전 기술로 불량품을 검수하는 식이다. 물론 이러한 시도들은 각 부서의 업무 효율을 높이는 데 분명히 기여한다.

하지만 이는 AI를 독립적인 도구나 솔루션으로만 바라보는 지극히 근시안적인 관점이다. 각 부서가 개별적으로 AI 프로젝트를 진행할 경우, 데이터는 부서별로 파편화되고(Data Silo) 기술은 고립된다. 전사적인 시너지 효과를 기대하기 어려우며, 기업 전체의 경쟁력으로 이어지지 못한다. 마치 뛰어난 망치와 톱, 드릴을 각각 가지고 있지만, 집을 짓겠다는 전체 설계도 없이 각자 자기 자리에서 벽만 두드리고 있는 것과 같다. 결국 멋진 벽 몇 개는 만들 수 있겠지만, 온전한 집은 결코 완성되지 않는다.

단발성 프로젝트와 부분 최적화의 딜레마

AI+ 접근법은 필연적으로 '부분 최적화'의 딜레마에 빠진다. 마케팅팀은 AI를 활용해 광고 효율을 5% 높이는 데 성공하고, 생산팀은 불량률을 3% 낮추는 눈에 띄는 성과를 낼 수 있다. 하지만 이 성과들이 유기적으로 연결되지 않으면 기업 전체의 '총합 최적화'로 나아가지 못한다. 예를 들어, 마케팅팀의 AI가 특정 제품의 잠재 고객을 성공적으로 발굴해 수요를 폭발시켰지만, 생산팀의 AI는 기존의 안정적인 생산량 유지에 최적화되어 있어 늘어난 수요에 대응하지 못하고 품절 사태를 빚는 경우가 발생할 수 있다. 각 부서는 자신의 목표를 달성했지만, 회사 전체적으로는 고객을 잃고 기회비용을 날리는 최악의 결과를 맞이한 것이다. 이처럼 AI를 통해 얻은 작은 성공들이 모여 더 큰 실패를 만드는 역설적인 상황이 발생하는 것이다.

| AX의 진정한 의미 |

이러한 DX와 AI+의 한계를 극복하기 위해 등장한 개념이 바로 AX, 즉 '인공지능 전환'이다. AX는 단순히 AI를 도입하는 것을 넘어, 기업의 근본적인 체질을 바꾸는 것을 의미한다.

기업의 운영체제를 AI 중심으로 재설계하는 것

AX의 핵심은 AI를 기업의 새로운 '운영체제(Operating System, OS)'로 삼는 것이다. 컴퓨터의 OS가 하드웨어와 소프트웨어를 연결하고 모든 자원을 관리하듯, AI가 기업의 모든 데이터와 프로세스, 의사결정의 중심에 자리 잡는 것이다. 더 나아가 기업을 하나의 살아있는 유기체로 본다면 AX는 그 유기체의 '두뇌와 중추신경계'를 AI로 이식하는 것과 같다. 외부 환경(시장, 고객)의 변화라는 자극을 실시간으로 감지하고 과거의 데이터(기억)를 바탕으로 분석하여, 가장 최적의 행동(제품 개발, 마케팅, 생산)을 전사적으로 일사불란하게 수행하는 지능형 조직으로 거듭나는 것이다.

단순 효율화를 넘어 비즈니스 모델의 근본적 혁신 추구

따라서 AX는 단순한 효율화나 비용 절감을 넘어선다. AX의 궁극적인 목표는 AI를 통해 업의 본질을 재정의하고, 새로운 비즈니스 모델을 창출하며, 누구도 모방할 수 없는 지속가능한 경쟁 우위를 확보하는 것이다.

DX가 마차의 성능을 개선하는 것이었고 AI+가 마차에 새로운 부품을 추가하는 것이었다면, AX는 완전히 새로운 이동 수단인 자율주행 전기차를 설계하고 만들어내는 과정과 같다. 이는 더 이상 기존의 연장선이 아닌, 완전히 새로운 패러다임으로의 전환이다. 이제, 그 전환의 본질이 무엇인지 더 깊이 탐구해볼 시간이다.

——— 3. AX의 본질: 기술이 아닌 전략

많은 리더가 AX를 값비싼 AI 기술을 도입하고 데이터 과학자를 채용하는 기술 문제로 오해한다. 하지만 이는 AX의 본질을 완전히 잘못 이해한 것이다. 성공적인 AX는 최신 기술을 전시하는 경연장이 아니다. 그것은 우리 회사가 직면한 가장 중요한 비즈니스 문제를 해결하고, 지속가능한 경쟁 우위를 확보하기 위한 치밀한 전략의 영역이다. 기술은 그 전략을 실행하기 위한 수단일 뿐, 전략 그 자체가 될 수는 없다.

| 문제 정의의 중요성 |

AX 여정의 가장 첫 단추는 기술이 아닌 '질문'에서 시작되어야 한다. 잘못된 질문은 아무리 뛰어난 기술로도 올바른 답을 찾을 수 없게 만든다.

AI로 무엇을 할까가 아닌 AI로 어떻게 풀 것인가

실패하는 기업들은 대부분 "우리가 가진 AI 기술로 무엇을 할 수 있을까?"라고 묻는다. 이는 기술을 먼저 손에 쥔 뒤, 그것을 사용할 곳을 찾아 헤매는 '기술 주도적(Technology-driven)' 접근이다. 이러한 접근은 종종 기술적 가능성에만 매몰되어 실제 비즈니스 가치와는 동떨어진 프로젝트로 이어진다. 예를 들어 엄청난 비용을 들여 99.9% 정확도를 자랑하는 이미지 인식 모델을 개발했지만, 정작 그 기술을 적용할 만한 비즈니스 문제가 없어 창고에 처박히는 식이다. 'AI를 위한 AI' 프로젝트가 탄생하는 순간이다.

반면, 성공하는 기업들은 정반대의 질문을 던진다. "우리의 가장 큰 비즈니스 문제는 무엇이며, 이 문제를 AI를 통해 어떻게 근본적으로 해결할 수 있을까?" 그들은 고객 이탈률 증가, 낮은 생산 수율, 비효율적인 공급망 관리 등 구체적이고 시급한 비즈니스 문제에서 출발한다. AI는 이때 그 문제를 해결하기 위한 가장 강력한 수단이 된다. 목표가 명확하기 때문에 모든 자원과 노력을 한 방향으로 집중시킬 수 있다.

기술 도입이 목표가 될 때 발생하는 자원 낭비와 실패

기술 도입 자체가 목표가 되면 프로젝트의 성공 여부는 '기술을 성공적으로 적용했는가'로 평가된다. 예를 들어, '챗봇 도입'이 목표였다면 챗봇이 성공적으로 작동하는 순간 프로젝트는 성공한 것이 된다. 하지만 그 챗봇이 실제로 고객 만족도를 높였는지, 상담원들의 업무 부담을 줄여주었는지는 부차적인 문제가 되어버린다. 이는 막대한 자원을 투입하고도 실질적인 비즈니스 성과를 얻지 못하는 전형적인 실패 사례로 이어진다. 겉으로는 화려한 신기술을 도입한 것처럼 보이지만, 내부적으로는 투자 대비 효과(ROI)가 마이너스인 '속 빈 강정'이 되는 것이다.

과거 산업 시대의 경쟁 우위가 규모의 경제나 생산 설비에서 나왔다면, AI 시대의 경쟁 우위는 새로운 공식에서 탄생한다. 바로 데이터와 AI 모델, 비즈니스 가치의 유기적인 연결이다.

데이터와 AI 모델, 비즈니스 가치의 유기적 연결

이 세 가지 요소는 톱니바퀴처럼 맞물려 돌아간다.

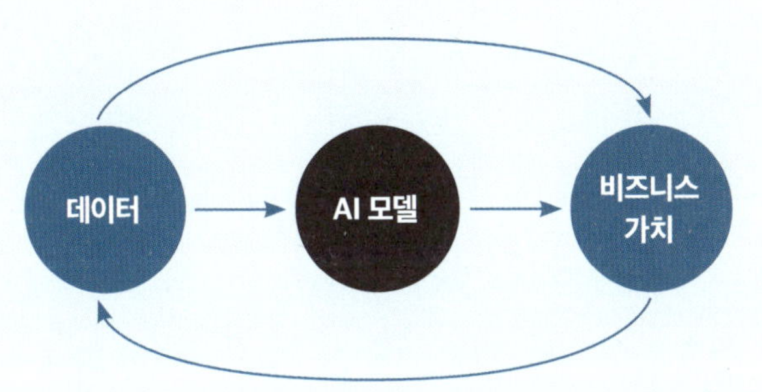

데이터: 비즈니스 활동을 통해 경쟁사와 차별화된, 독점적인 데이터를 확보한다. 여기서 중요한 것은 단순히 데이터의 양이 아니라, 특정 비즈니스 문제를 해결하는 과정에서만 얻을 수 있는 데이터의 '맥락'과 '품질'이다.

AI 모델: 데이터를 학습하여 세상에 없던 예측, 추천, 자동화 등을 수행하는 뛰어난 AI 모델을 만든다. 이 모델은 우리 회사의 데이터에 특화되어 있기 때문에 범용 모델과는 비교할 수 없는 성능을 발휘한다.

비즈니스 가치: AI 모델을 제품이나 서비스에 적용하여 고객에게 전에 없던 새로운 가치(초개인화, 편리함, 효율성 등)를 제공한다.

이 과정은 여기서 멈추지 않는다. 더 나은 가치를 경험한 고객들은 서비스를 더 많이 이용하게 되고, 이는 다시 더 많은 양질의 데이터를 쌓는 결과로 이어진다. 그리고 이 데이터는 AI 모델을 더욱 정교하게 만들어 다시 더 큰 비즈니스 가치를 창출한다. 이것이 바로 '데이터 플라이휠(Data Flywheel)'이며, 한번 가속도가 붙으면 누구도 따라올 수 없는 AI 시대 경쟁 우위의 핵심 엔진이다.

경쟁사가 쉽게 모방할 수 없는 지능형 시스템 구축

경쟁사는 우리의 AI 알고리즘을 복제하거나 비슷한 솔루션을 구매할 수는 있다. 하지만 우리 비즈니스의 고유한 운영 과정에서 축적된 독점적인 데이터와 그 데이터로 학습된 AI 모델, 그리고 이를 통해 고객과 상호작용하며 끊임없이 똑똑해지는 '지능형 시스템' 자체는 결코 쉽게 모방할 수 없다. 이는 단순한 기술의 집합이 아니라, 기업의 전략과 운영, 조직 문화가 수년에 걸쳐 유기적으로 결합된 결과물이기 때문이다. 이것이 바로 AX가 추구하는 진정한 의미의 '경제적 해자(Economic Moat)'이다.

| 가치 창출의 재정의 |

AX는 결국 '가치 창출'에 대한 질문으로 귀결된다. 우리는 AI를 통해 누구에게, 어떤 새로운 가치를 제공할 것인가? 이 가치는 크게 두 가지 방향으로 나눌 수 있다.

고객에게 어떤 새로운 가치를 제공할 것인가

AX의 가장 중요한 목표는 AI를 통해 고객의 숨겨진 니즈를 파악하고, 완벽하게 맞춤화된 경험을 제공하며, 이전에 해결하지 못했던 문제를 풀어주는 것. 이것이 AX의 존재 이유다. 넷플릭스가 수만 명의 사용자에게 각기 다른 추천 목록을 보여주고, 스티치픽스가 AI 스타일리스트를 통해 개인화된 의류를 배송하는 것은 모두 AI를 통해 외부 고객 가치를 혁신한 사례다. 아마존이 구매 데이터를 분석해 상품 구매 고객이 본 다른 상품을 추천하고, 특정 상품을 구매하기 전에 미리 예측하여 가까운 물류센터에 배송해 놓는 '예측 배송' 시스템을 구축하는 것이야말로 AX가 지향하는 고객 가치 혁신의 궁극적인 모습이다.

내부 효율성 강화 vs 외부 고객 가치 혁신

물론 AI는 내부 프로세스를 자동화하고 비용을 절감하는 등 내부 효율성을 강화하는 데도 강력한 힘을 발휘한다. 이는 기업의 수익성을 개선하는 중요한 활동이다. 하지만 여기에만 머무른다면 AI+의 함정에서 벗어날 수 없다. 내부 효율화는 경쟁사 역시 비슷한 기술을 도입하면 금방 따라잡힐 수 있는, 일시적인 우위에 그칠 가능성이 높다.

진정한 AX는 내부 효율성 강화를 기반으로 외부 고객 가치를 혁신하는 방향으로 나아가야 한다. 내부 운영의 지능화를 통해 확보한 자원과 역량을 고객에게 새로운 가치를 제공하는 데 재투자하는 선순환 구조를 만들어야 한다. 기술이 아닌 전략, 효율이 아닌 가치. 이것이 AX의 본질을 꿰뚫는 핵심 키워드다.

──── 4. 성공적인 AX를 위한 4가지 핵심 코드

AX가 기업의 운영체제를 바꾸는 거대한 전환이라면, 이 전환을 성공적으로 이끌기 위한 구체적인 실행 원칙, 즉 '새로운 코드'는 무엇일까? 수많은 기업의 성공과 실패 사례를 분석한 결과, 우리는 4가지 핵심 코드를 발견했다. 이 코드들은 기술의 종류나 산업 분야와 무관하게 모든 AX 여정에 공통적으로 적용되는 성공 방정식이다.

| 코드 1. 목표를 올바르게 설정하라 |

모든 변화의 시작은 목표 설정이다. 그러나 많은 AI 프로젝트가 기술 자체에 매몰된 나머지, 처음부터 잘못된 목표를 설정하는 우를 범한다. 성공적인 AX는 기술이 아닌 비즈니스가 이끄는 목표에서 시작한다.

비즈니스 성과(KPI) 연동

AI 프로젝트의 성공을 '모델 정확도 95% 달성'이나 '이미지 인식률 99% 달성'과 같은 기술적 지표(Metric)로 평가해서는 안 된다. 물론 모델의 성능은 중요하지만, 그것은 최종 목표가 아니라 과정일 뿐이다.

이러한 기술 지표는 때로 '허상 지표(Vanity Metric)'가 되어 우리를 착각에 빠뜨린다. 정확도가 높아도 실제 비즈니스에 아무런 도움이 되지 않는다면 그 숫자는 아무 의미가 없다.

진정한 성공의 척도는 이 AI 모델이 실제 비즈니스 성과, 즉 핵심성과지표(KPI)에 어떤 영향을 미쳤는가에 있다. 'AI 추천 엔진 도입으로 고객 구매 전환율 15% 상승', '수요 예측 AI 적용으로 재고 비용 20% 절감', '고객 이탈 예측 모델을 통해 주요 고객 이탈률 10% 방어'. 이처럼 AI 프로젝트의 목표는 처음부터 명확한 비즈니스 KPI와 직접적으로 연동되어야 한다.

명확하고 측정 가능한 목표 설정의 원칙

올바른 목표는 SMART(Specific, Measurable, Achievable, Relevant, Time-bound) 원칙을 따라야 한다. 막연히 'AI로 경쟁력을 강화하자'는 식의 구호는 아무런 의미가 없다. "3분기까지 신규 론칭하는 AI 서비스에 개인화 추천 기능을 도입하여, 6개월 내에 사용자당 월평균 구매액을 10달러에서 12달러로 끌어올린다"와 같이 구체적이고, 측정 가능하며, 달성 가능하고, 비즈니스 전략과 관련 있으며, 기한이 명확해야 한다. 이렇게 설정된 목표는 팀 전체가 어디로 나아가야 하는지 알려주는 명확한 등대가 되어준다.

| 코드 2. 업의 본질을 재정의하라 |

AX는 단순히 기존 사업을 더 잘하게 만드는 것이 아니다. AI라는 새로운 렌즈를 통해 우리가 하는 일의 '본질'이 무엇인지 근본적으로 다시 질문하고, 새로운 정체성을 찾아 나서는 과정이다.

제조업에서 데이터 기반 서비스업으로의 전환 사례

전통적인 제조업의 예를 들어보자. 과거 롤스로이스는 세계 최고의 항공기 엔진을 제조하여 판매하는 회사였다. 하지만 그들은 업의 본질을 재정의했다. 항공사 고객들이 진정으로 원하는 것은 엔진 소유가 아니라 '안전하고 효율적인 비행 시간'이라는 사실을 깨달았다.

그래서 롤스로이스는 엔진에 수많은 센서를 부착하여 비행 데이터를 실시간으로 수집하고, AI로 이를 분석해 고장을 사전에 예측하고 최적의 운항 스케줄을 제안하는 '토탈케어(TotalCare)' 서비스를 시작했다. 더 이상 엔진을 팔지 않고, '엔진 사용 시간'을 판매하는 데이터 기반 서비스 회사로 거듭난 것이다. 나이키 역시 마찬가지다. 단순히 신발과 의류를 파는 회사를 넘어, 나이키플러스 앱과 웨어러블 기기를 통해 사용자의 운동 데이터를 수집하고, AI 코칭 서비스를 제공하며 '모든 사람의 운동 능력을 극대화하는 퍼스널 트레이닝 플랫폼'으로 진화하고 있다. 이들은 AI를 통해 업의 본질을 성공적으로 전환한 대표적인 사례다.

AI 시대에 맞는 기업의 새로운 정체성 찾기

리더들은 스스로에게 질문해야 한다. "우리는 고객에게 무엇을 파는 회사인가?", "우리가 가진 가장 중요한 자산은 제품인가, 아니면 그 제품을 통해 축적되는 데이터인가?", "AI 기술을 활용하면, 우리는 고객에게 어떤 새로운 가치를 제공하는 회사로 거듭날 수 있는가?"

이 질문에 대한 답을 찾는 과정이 바로 업의 본질을 재정의하는 AX의 핵심이며, 이는 회사의 미래 10년, 20년을 결정짓는 가장 중요한 전략적 의사결정이다.

| 코드 3. 데이터 플라이휠을 설계하라 |

데이터 플라이휠은 아마존의 창업자 제프 베이조스가 제안한 '성장 플라이휠' 개념을 AI 시대에 맞게 재해석한 것이다. 이는 한번 돌기 시작하면 관성에 의해 점점 더 빠르게 돌아가며, 누구도 멈출 수 없는 강력한 성장 엔진을 만드는 전략이다.

선순환 구조의 이해

데이터 플라이휠의 구조는 다음과 같다.

중요한 것은 플라이휠이 저절로 돌아가지 않는다는 점이다. 맨 처음에는 '차가운 상태(Cold start)'에서 시작한다. 리더는 플라이휠을 처음 돌리기 위해 의식적이고 강력한 '초기 동력'을 투입해야 한다. 이는 차별화된 초기 서비스를 개발하거나, 핵심 데이터를 확보하기 위한 과감한 투자가 될 수 있다. 일단 한번 돌기 시작하면 그다음부터는 선순환의 힘이 작동하기 시작한다.

① 더 나은 제품·서비스:

AI를 활용해 고객에게 탁월한 제품이나 서비스를 제공한다.

② 더 많은 사용자 유입:

만족한 기존 사용자와 새로운 사용자들이 더 많이 유입된다.

③ 더 많은 데이터 축적:

사용자가 늘어날수록 더 많고 다양한 양질의 데이터가 쌓인다.

④ 더 똑똑한 AI 모델:

축적된 데이터를 학습한 AI 모델은 더욱 정교하고 똑똑해진다.

➡ 다시 ①번으로

더 똑똑해진 AI는 다시 더 나은 제품·서비스를 만드는 데 기여하고,
이 선순환의 고리는 계속해서 반복되며 가속도가 붙는다.

기업 데이터 플라이휠 구축 전략

모든 기업은 자신만의 데이터 플라이휠을 설계해야 한다. 이를 위해서는 다음 질문에 답해야 한다.

▶ 우리의 핵심 제품·서비스는 무엇인가?

▶ 이 서비스를 통해 어떤 독점적인 데이터를 수집할 수 있는가?

▶ 그 데이터를 활용해 어떻게 AI 모델을 고도화할 것인가?

▶ 고도화된 AI 모델은 어떻게 다시 우리 제품·서비스를 더 매력

적으로 만들 것인가?

이 네 가지 질문에 대한 답을 연결하여 우리 회사만의 선순환 구조를 설계하고 실행하는 것이 AX 전략의 핵심이다.

| 코드 4. 전사적 올인 팀을 만들어라 |

AX는 특정 부서나 몇몇 전문가의 힘만으로는 절대 성공할 수 없다. 기업의 DNA를 바꾸는 일이기 때문에, 최고 경영진부터 현업 실무자까지 모두가 한 방향을 보고 움직이는 '올인(All-in)' 체계가 필수적이다.

CEO의 강력한 리더십과 비전 제시

AX는 기술 프로젝트가 아니라 '경영혁신 프로젝트'다. 따라서 CEO가 직접 AX의 총책임자가 되어야 한다. CEO는 "AI는 우리 회사의 미래 생존이 걸린 가장 중요한 과제"라는 명확한 비전을 전사에 선포하고, 강력한 의지를 바탕으로 필요한 자원을 전폭적으로 지원해야 한다. 또한, 부서 간의 장벽을 허물고 단기적 성과에 흔들리지 않도록 굳건한 방패막이가 되어주어야 한다. CEO의 관심과 의지가 없는 AX는

엔진 없는 자동차와 같다.

기획, 개발, 현업 전문가가 하나의 목표로 움직이는 조직

성공적인 AX를 위해서는 기존의 부서 중심 조직 구조를 파괴해야 한다. 비즈니스 문제를 정의하는 '기획자', AI 모델을 개발하는 '데이터 과학자 및 개발자', 그리고 현장의 데이터를 가장 잘 이해하고 실제 업무에 적용할 '현업 전문가'가 처음부터 끝까지 하나의 팀으로 움직여야 한다.

이러한 '목적 조직(Purpose-driven Team)' 혹은 '교차기능팀(Cross-functional Team)'은 단일한 비즈니스 목표(KPI)를 공유하고 빠른 실행과 학습, 개선(Build-Measure-Learn) 사이클을 통해 민첩하게 움직인다. 물론 이 과정에서 갈등은 필연적이다. 개발자는 완벽한 모델을 추구하고, 기획자는 빠른 출시를 원하며, 현업 전문가는 안정성을 중시할 수 있다. 이때 필요한 것이 바로 CEO의 리더십이다. CEO는 기술의 언어와 비즈니스의 언어를 통역하고, 장기적인 비전하에 단기적인 트레이드오프를 현명하게 결정하는 최종 조정자 역할을 해야 한다.

——— 5. 거품과 현실 사이: AI 버블론과 생존 전략

AI에 대한 장밋빛 전망이 쏟아지는 지금, 우리는 한편으로 냉정한 시각을 유지해야 한다. 역사적으로 거대한 기술 혁명 뒤에는 언제나 거품, 즉 버블(Bubble)과 그 붕괴가 뒤따랐다. 19세기 철도 버블부터 2000년대 초반의 닷컴 버블까지, 패턴은 반복되어 왔다. 현재 AI를 둘러싼 엄청난 투자 열기와 높은 기업 가치 평가는 과연 실체에 기반한 것일까, 아니면 또 다른 거품의 전조일까? AX를 추진하는 리더는 이 'AI 버블론'을 정확히 이해하고, 뜬구름 잡는 허상이 아닌 현실에 발 딛고 선 전략을 펼쳐야 한다.

| AI 버블, 과열인가 시작인가? |

현재 시장은 AI 기술, 특히 생성형 AI에 대한 기대로 뜨겁게 달아올라 있다. AI 스타트업들은 수조 원의 기업 가치를 인정받고, 빅테크 기업들은 천문학적인 자금을 AI 인프라와 연구개발에 쏟아붓고 있다.

버블이라고 주장하는 측은 현재의 상황이 닷컴 버블과 매우 유사하다고 말한다. 명확한 수익 모델 없이 AI라는 키워드만으로 엄청난 투자를 유치하는 기업들이 난립하고 있으며, 기술의 실제적인 가치보다 미래에 대한 막연한 기대감이 주가를 밀어 올리고 있다는 것이다. 그들은 조만간 거품이 꺼지면서 수많은 기업이 옥석 가리기 과정에서 사라질 것이라 경고한다. 반면, 이제 시작이라고 주장하는 측은 AI가 인터넷처럼 사회 전반의 생산성을 근본적으로 바꾸는 '범용 기술(General Purpose Technology)'이기 때문에 지금의 평가는 결코 과하지 않다고 반박한다. AI가 창출할 미래 가치를 고려하면 현재의 투자는 오히려 시작 단계에 불과하며, 닷컴 버블 붕괴 이후 아마존이나 구글 같은 진정한 승자가 등장했듯, AI 시대의 거인들이 지금 탄생하고 있다는 것이다.

| 리더가 경계해야 할 신호 |

누가 옳은지는 시간이 지나야 알 수 있겠지만, 현재 시장에 과열 징후가 나타나고 있다는 점은 분명하다. AX 리더는 다음과 같은 신호들을 경계해야 한다.

- **가치평가와 실적의 괴리**: 실제 매출이나 수익은 미미한데, 단지 AI 기술을 보유했다는 이유만으로 비상식적으로 높은 기업 가치를 평가받는 현상. 이는 기업의 내재 가치보다 시장의 투기 심리에 의존하고 있다는 위험 신호다.
- **AI 워싱(AI Washing)**: 실제로는 AI 기술이 핵심이 아니거나 미미한 수준임에도 불구하고, 마케팅이나 투자 유치를 위해 자사를 'AI 기업'으로 포장하는 행태. 결국 시장의 신뢰를 잃고 장기적인 성장

을 저해하는 자충수가 될 수 있다.

- **실용성보다 화려함**: 실제 비즈니스 문제 해결에 기여하기보다는, 기술적으로 얼마나 화려하고 복잡한지를 과시하는 데 집중하는 프로젝트. 이는 내부 자원을 낭비하고 조직의 초점을 흐리게 만든다.

- **포모(FOMO, Fear Of Missing Out)에 의한 투자**: 경쟁사들이 하니까 우리도 뒤처지면 안 된다는 불안감 때문에, 명확한 전략 없이 무작정 AI 도입에 뛰어드는 현상. 이는 결국 방향성 없는 투자와 자원 낭비로 귀결될 가능성이 높다.

| 하이프 사이클에서 살아남기 |

기술 컨설팅 기업 가트너가 제시한 '하이프 사이클(Hype Cycle)'은 신기술에 대한 기대감이 시간이 지남에 따라 어떻게 변하는지를 보여준다. 기술 버블이 꺼진다고 해서 그 기술의 가치 자체가 사라지는 것은 아니다. 인터넷의 가치는 닷컴 버블 붕괴 이후 더욱 분명해졌다. 중요한 것은 거품이 꺼지는 조정기, 즉 기대감이 바닥으로 떨어지는 '환멸의 계곡(Trough of Disillusionment)'을 어떻게 살아남느냐이다.

이 계곡에서 살아남기 위한 전략은 명확하다. '하이프(Hype, 과대광고)'가 아닌 '가치(Value)'에 집중하는 것이다. 단기적인 유행이나 최신 기술 트렌드를 맹목적으로 좇는 대신, 우리 비즈니스의 근본적인 문제를 해결하고 고객에게 실질적인 가치를 제공하는 데 AI를 활용해야 한다. 또한 처음부터 거대한 프로젝트를 시도하기보다, 작지만 확실한 성공(Quick-win)을 만들어내 조직 내에 "AI로 우리도 할 수 있다"라는 믿음과 경험을 축적하는 것이 중요하다. 이 작은 성공들이 환멸의 계곡을 건너 '계몽의 언덕'으로 나아갈 튼튼한 다리가 되어준다.

| AX는 버블의 가장 강력한 해독제 |

이 책에서 제시하는 AX 전략 자체가 AI 버블에 대한 가장 강력한 '해독제(Antidote)'가 될 수 있다. AI+처럼 단발성으로 기술을 도입하는 기업들은 시장의 유행에 따라 쉽게 흔들릴 수 있다. 하지만 AX는 기업의 체질 자체를 바꾸는 장기적인 관점의 전략이다. AX는 'AI로 무엇을 할까?'가 아니라 '우리 비즈니스 문제를 AI로 어떻게 풀 것인가?'에서 출발하기 때문에, 처음부터 실질적인 가치 창출에 집중하게 된다.

데이터 플라이휠을 구축하는 것은 단기간에 모방할 수 없는 우리 회사만의 지속가능한 경쟁 우위를 만드는 과정이다. 이는 외부의 거품과 무관하게 기업의 내재 가치를 단단하게 키워나가는 것과 같다. AX는 시장의 하이프에 편승하는 것이 아니라, 독점적인 데이터, 최적화된 프로세스, 독창적인 고객 경험이라는 실질적이고 방어 가능한 자산을 구축하는 활동이다.

결론적으로 AI 버블은 올 수도 있고, 오지 않을 수도 있다. 하지만 그것은 중요하지 않다. 진정한 AX를 추진하는 기업은 설령 버블이 붕괴되더라도 살아남아 시장의 진정한 승자가 될 것이다. 닷컴 버블이 꺼진 후, 인터넷을 가장 잘 활용하여 업의 본질을 바꾼 기업들이 세상을 지배하게 된 것처럼 말이다.

지금까지 우리는 AI 시대의 생존과 성장을 위한 새로운 코드, AX에 대해 탐험했다. AX는 단순히 새로운 기술을 도입하는 차원을 넘어, 기업의 운영체제와 비즈니스 모델, 나아가 업의 본질까지 바꾸는 근본적인 패러다임의 전환임을 확인했다.

이는 결코 쉽지 않은 여정이다. 기존의 성공 방식에 안주하려는 관성, 부서 간의 보이지 않는 장벽, 단기 성과에 대한 압박, 그리고 변화에 대한 막연한 두려움이 발목을 잡을 것이다. 하지만 거대한 변화의 흐름 속에서 현상 유지는 곧 퇴보를 의미한다. AX는 더 이상 선택의 문제가 아닌, '생존'의 문제다. 이 책을 닫는 당신이 리더라면, 이제 스스로에게, 그리고 조직에게 더 날카로운 질문을 던져야 할 시간이다.

☑ 우리는 지금도 'AI+'라는 이름 아래 부분 최적화의 함정에 빠져 있지는 않은가?

☑ 기술의 화려함이 아닌, 우리가 반드시 풀어야 할 단 하나의 비즈니스 문제는 무엇인가?

☑ AI를 통해 우리 업의 본질을 재정의한다면, 10년 뒤 우리 회사는

어떤 모습이어야 하는가?

☑ 경쟁사가 모방할 수 없는 우리만의 데이터 플라이휠을 어떻게 설계하고, 지금 당장 무엇부터 시작해야 하는가?

☑ 이 위대한 전환을 이끌 '올인 팀'을 위해, 나는 리더로서 무엇을 파괴하고, 무엇을 지원해야 하는가?

AX는 완성된 지도를 들고 떠나는 편안한 여행이 아니다. 목적지만을 아는 채, 나침반 하나에 의지해 팀원들과 함께 직접 지도를 그려나가야 하는 험난한 탐험과 같다. 그 과정에서 수없이 길을 잃고, 예상치 못한 장애물을 만나게 될 것이다.

하지만 AI라는 거대한 파도는 이미 우리 앞에 와 있다. 이 파도 앞에서 누군가는 허우적거리다 사라질 것이고, 누군가는 서핑보드에 올라타 파도를 즐기며 새로운 목적지로 향할 것이다. AX는 바로 그 서핑보드를 만들고, 파도를 타는 기술을 익히는 과정이다. 기술의 발전 속도는 우리의 상상을 초월하고 있다. 망설일 시간이 없다.

당신의 AX 여정은 바로 오늘 시작되어야 한다.

로보틱스

제조·유통·소매·서비스에서의
도입 현황과 효과

박진용

　로보틱스는 제조 자동화를 넘어 AI·데이터·클라우드·IoT와 결합한 물리적 AI로 진화하면서, 기업의 운영과 고객 경험, 조직 구조를 함께 재설계하는 핵심 인프라로 부상하고 있다. 본 장은 로보틱스 도입을 단순한 기술 채택이 아니라 제조·유통·물류·소매·서비스 전 과정의 가치 창출 구조를 바꾸는 전략적 전환으로 정의한다.

　로보틱스의 효과는 운영 효율성 개선, 고객 경험 고도화, 인력·직무 구조 재편, 브랜드 가치 강화로 나타나며, 이들은 분리된 결과가 아니라 데이터 흐름과 프로세스 표준화, 고객 접점 혁신이 연결되는 과정에서 상호 강화된다. 제조·물류에서는 공정·이송·피킹 자동화로 속도·정확도·안전성이 개선되고, 이는 공급망 가시성과 납기 신뢰, 서비스 품질로 확장된다. 소매·서비스에서는 안내·보조·서빙 등 접점 혁신을 통해 편의와 안정감을 제공하며, 인간을 대체하기보다 보완하는 설계에서 만족과 신뢰가 강화되는 경향이 나타난다. 조직 측면에서는 반복 업무가 줄어들며 인력은 기획·관계관리·데이터 기반 의사결정으로 이동하고, 로봇 운영·유지 및 시스템 통합 같은 신규 역량이 중요해진다.

　또한 로보틱스는 기업의 혁신성과 지속가능성을 가시화하는 신호로 작동해, 고객뿐 아니라 투자자·정부·사회가 기업을 미래지향적 조직으로 재인식하게 만든다. 로보틱스의 경쟁력은 도입 규모가 아니라 효율·경험·조직·브랜드가 연쇄적으로 순환하도록 설계하는 역량에 의해 결정된다.

── 1. 로보틱스와 산업 구조 변화

로봇이라는 단어는 본래 체코어의 '로보타(robota)'에서 유래했는데, 이는 강제 노동을 의미하는 단어였다. 20세기 중반까지 로봇은 주로 제조 현장에서 반복적이고 위험한 노동을 대체하는 단순한 기계 장치로 이해되었다. 그러나 오늘날의 로보틱스는 그 의미와 활용 범위가 크게 확장되었다. 인공지능, 빅데이터, 사물인터넷, 센서 네트워크, 클라우드 컴퓨팅 등과 결합하면서 로봇은 단순 기계에서 벗어나 지능적 판단과 물리적 행동을 동시에 수행하는 '피지컬 AI(Physical AI)'로 진화하고 있다(박진용 외, 2025b). 이러한 변화는 글로벌 산업 전반에서 매우 빠른 속도로 진행되고 있다.

국제로봇연맹(IFR)에 따르면, 2024년 기준 전 세계 산업용 로봇의 설치 대수는 약 420만 대를 넘어섰으며, 서비스 로봇 시장은 연평균 20% 이상의 성장률을 보이고 있다. 특히 협동 로봇(Cobot), 물류 로봇, 서비스 로봇이 로봇 산업의 성장을 견인하고 있으며, 로봇은 이제 특정 산업의 보조 장치가 아니라 제조, 물류, 유통, 소매, 서비스 전반을 관통하는 범용적 기술 플랫폼으로 자리 잡았다.

글로벌 시장에서도 로봇은 기업의 비즈니스 모델 자체를 변화시키고 있다. 아마존은 키바 시스템을 인수한 뒤 물류센터에 수십만 대의 로봇을 배치하여 피킹 효율을 3배 이상 높였고(Bloomberg, 2023), 월마트는 매장 내 재고 스캐닝 로봇으로 SKU 관리 정확도를 95% 이상 달성했다(McKinsey, 2023a). 테슬라와 폭스콘은 인간 중심의 생산라인을 로봇 중심 스마트 팩토리로 전환하며 완전 자동화 체계를 구축 중이다. 일본 스타벅스는 로봇 바리스타를 통해 운영 효율성과 고객 경험을 동시에 혁신하고 있으며, 패밀리마트와 로손은 무인 계산·진열 로봇을 도입해 노동 절감과 ESG 경영을 병행하고 있다. 한국에서도 교촌치킨의 조리 로봇, 쿠팡의 자동화 물류센터, 이마트의 서빙·청소 로봇 등 다양한 사례가 빠르게 확산되고 있다.

산업의 경계 또한 허물어지고 있다. 의료 분야에서는 간호·수술보조 로봇이 표준화되고 있으며, 농업에서는 드론과 로봇을 결합한 정밀농업 시스템이 도입되고 있다. 관광과 외식산업에서도 서비스 로봇이 고객 응대, 청소, 음식 서빙 등 다기능을 수행하며 '로보틱 서비스 경험'이라는 새로운 소비문화를 형성하고 있다. 이러한 확산은 로봇이 단순한 자동화 수단을 넘어, 데이터 기반의 지능적 의사결정과 인간의 경험을 보완하는 새로운 산업 인프라로 기능하고 있음을 보여준다.

결국 로보틱스는 효율성과 사회적 가치 창출을 동시에 추구하는 패러다임 전환의 한가운데 있으며, 기업의 경쟁우위는 이를 얼마나 전략적으로 활용하는가에 달려 있다. 로봇은 더 이상 기술 혁신의 결과물이 아니라, 산업 전반의 구조와 조직, 그리고 고객 경험을 재설계하는 '지능형 동반자'로서 자리매김하고 있다.

───── 2. 로보틱스의 산업별 도입 현황

로봇 기술은 이제 특정 산업에 국한된 도구가 아니라, 생산과 소비의 전 과정을 재구성하는 핵심 인프라로 자리 잡고 있다. 산업별로 적용 양상은 다르지만, 공통적으로 생산성 향상, 비용 절감, 품질 안정화, 지속가능성 확보라는 목표 아래 빠르게 확산되고 있다. 제조업에서는 로봇이 인간 노동을 대체하는 단순한 자동화 단계를 넘어, 데이터 기반의 스마트 팩토리와 인간·로봇 협업 체계로 진화하고 있다. 유통업에서는 도매 및 중간상 단계의 로보틱스 전환이 본격화되면서, 재고 관리·분류·운송 과정의 효율성이 급격히 개선되고 있다.

또한 물류 산업에서는 자동화 창고와 자율주행 로봇(AMR)이 핵심 경쟁력을 형성하며, 공급망의 탄력성과 속도를 동시에 강화하고 있다. 소매업에서는 고객 접점 혁신이 중심 의제로 부상하고 있으며, 로봇은 계산·안내·진열 등 매장 운영 전반에서 새로운 서비스 품질을 창출하고 있다. 나아가 서비스 산업 전반에서는 로봇이 일상 속으로 스며들며, 단순노동 대체를 넘어 감정적·경험적 가치를 제공하는 새로운 서비스 가능성을 열고 있다.

이처럼 로보틱스의 산업별 도입은 기술의 단순한 확산이 아니라, 산

"

업 구조 자체의 재편과 경쟁 논리의 변화를 동반하는 '전략적 전환'으로 볼 수 있다. 이하에서는 제조, 유통, 물류, 소매, 서비스의 다섯 산업을 중심으로 각 분야에서 로봇이 어떤 방식으로 도입·활용되고 있으며, 그 경제적·조직적 파급효과가 어떻게 나타나고 있는지를 구체적으로 살펴본다.

| 제조업: 스마트 팩토리와 협동 로봇의 확산 |

제조업은 로보틱스가 가장 먼저 도입되고 가장 뚜렷한 성과를 거둔 분야이다. 20세기 후반 자동차 산업과 전자 산업에서 산업용 로봇은 조립, 용접, 도장과 같은 고위험·고정밀 작업을 담당해 왔다. 초기에는 거대한 산업용 로봇이 인간과 분리된 공간에서 반복 작업을 수행하는 형태였지만, 최근에는 협동 로봇이 확산되면서 로봇과 인간이 같은 공간에서 협업하는 양상이 일반화되고 있다. 국제로봇연맹(IFR)의 2024년 통계에 따르면 전 세계 제조업 현장에 설치된 로봇은 약 350만 대에 이르며, 특히 아시아 국가가 전체의 70%를 차지하고 있다. 한국은 1만 명당 약 1,000대의 로봇이 설치된 세계 최고 수준의 로봇 밀집도를 기록하고 있는데, 이는 스마트 팩토리 정책과 기업들의 적극적 투자가 맞물린 결과이다(IFR, 2024a; 박진용 외, 2025b).

협동 로봇의 확산은 제조업의 패러다임을 바꾸고 있다. 기존에는 로봇이 단순 반복 작업을 대체했다면, 이제는 제품 맞춤화와 소량 다품종 생산 체계 속에서 로봇이 유연성과 생산성을 동시에 보장하는 존재가 되었다. 예를 들어 삼성전자는 반도체 공정에서 협동 로봇을 활용해 사람과 기계가 함께 정밀 공정을 수행하게 하고 있으며, 현대자동차는 완성차 조립 공정에서 협동 로봇을 배치해 근로자의 안전을 확보하면서 생산 효율성을 높이고 있다. 유럽의 선진 사례에서는 소규모 제조업체가 중소형 협동 로봇을 임대해 활용하는 공유경제형 로봇 비즈니스 모델도 등장했다. 이러한 현상은 제조업에서 로봇이 더 이상 거대 자본 기업만의 전유물이 아니라, 모든 기업이 접근할 수 있는 범용 기술로 자리 잡아가고 있음을 보여준다(박진용 외, 2025a).

제조업에서의 로보틱스 도입은 단순한 자동화가 아니라 경영 전략의 문제다. 노동비용 절감은 물론, 품질 향상 및 납기 단축, 글로벌 공급망 불확실성 대응 등 다양한 차원의 효과를 만들어낸다. 동시에 일자리 감소에 대한 우려, 초기 투자 비용 부담, 로봇과 기존 인력 간의 역할 조정이라는 과제가 병존한다. 따라서 로보틱스는 제조업에 있어 '효율성과 사회적 수용성 간 균형'을 요구하는 새로운 경영 과제가 되고 있다.

| 유통업: 도매·중간상의 로보틱스 전환 |

유통업을 B2B 도매와 중간상 중심으로 정의하면 로봇의 역할은 소매업과는 명확히 다르다. 도매상은 대량의 상품을 관리하고 소매점이나 기업 고객에게 안정적으로 공급하는 기능을 수행한다. 따라서 이 영역에서의 로봇 도입은 소비자 경험보다는 발주·재고 관리, 거래 프로세스 최적화, 공급망 안정성 확보에 초점이 맞추어진다.

대표적인 사례는 대형 도매기업의 자동 발주 시스템과 로봇 기반 재고 관리다. 도매 창고에서는 수만 가지 상품이 취급되는데, 로봇은 이를 자동으로 스캔하고 데이터화하여 적정 재고 수준을 유지한다. 또한 발주 과정에서 AI와 결합된 로봇 시스템은 판매 데이터를 분석해 소매상에 필요한 수량을 자동으로 산출하고, 이를 기반으로 거래 프로세스를 자동화한다. 이는 도매업이 단순 중개자가 아니라 공급망 전체의 조율자 역할을 수행하게 만들며, 거래 비용을 크게 절감하는 효과를 낳는다(Ellithy, Salah, & Fahim, 2024).

국내에서는 농수산물 도매시장에서 로봇 기반 자동 분류 시스템이 도입되어 상품의 신선도를 유지하고, 거래의 투명성을 높이는 데 기여하고 있다. 또한 일부 대형 B2B 플랫폼은 로봇 시스템을 통해 거래 데이터를 분석해 중소 소매업체에 최적화된 주문 제안을 제공하고 있다. 이는 과거 경험과 직관에 의존했던 도매 거래가 데이터 기반의 합리적 의사결정으로 전환되고 있음을 보여준다(박진용 외, 2025a).

그러나 도매업에서의 로봇 활용은 아직 초기 단계라는 평가도 있다. 특히 재고 관리와 발주 자동화 외에 고객사와의 협상, 관계 관리 등 복잡한 상호작용 영역은 여전히 사람의 몫이다. 따라서 도매업의 로보틱스는 인간의 업무를 대체하기보다는 거래 효율성을 보완하고, 대량 거래의 안정성을 높이는 보조 역할에 머물러 있다고 할 수 있다.

❘ 물류업: 자동화 창고와 AMR의 급성장 ❘

물류업은 제조업과 함께 로보틱스 도입이 가장 빠르게 확산되는 분야로, 자동화 창고, 자율 이동 로봇(AMR), 무인 유도 차량(AGV), 피킹 및 포장 로봇, 자동 분류 시스템 등 다양한 영역에서 활발히 활용되고 있다. 물류 산업은 속도와 정확성이 생명인 만큼, 이러한 로봇 시스템은 운영 효율과 안전성을 동시에 극대화한다. 대표적으로 자동 저장·검색 시스템(AS/RS)은 공간 활용을 최적화하며, 큐브 저장 로봇은 빈을 밀집 배치해 보관 밀도를 높이는 동시에 재고를 정밀하게 관리한다(Mecalux, 2023a).

이동과 운송 분야에서는 AGV와 AMR이 핵심 역할을 수행한다. AGV는 정해진 경로를 따라 상품을 운반하면서 일관성과 안전성을 제공하고, AMR은 센서와 자율 주행 알고리즘을 활용해 동적으로 경로를 조정하며 보다 유연한 물류 흐름을 가능하게 한다(InVia Robotics, 2023). 실제로 기업들은 AMR을 주문 피킹, 제품 분류, 내부 수송 등에 활용하여 인력 의존도를 줄이고 작업 속도를 크게 높이고 있다.

피킹과 포장 과정에서도 로봇 팔 기반 자동화가 확산되고 있다. ABB 로보틱스는 분산형 피킹, 탈팔레타이징, 개별 포장 등 물류센터의 세부 공정을 담당하는 모듈형 솔루션을 제공하여 처리 속도와 정확성을 높이고 있다(ABB Robotics, 2025). 또한 협동 로봇은 인간 작업자와 협력하여 반복적이거나 무거운 작업을 대신 수행함으로써 안전사고를 줄이고 노동 효율을 증대시킨다(Mecalux, 2023b).

트럭 적재와 하역 분야도 혁신이 일어나고 있다. 앰비 로보틱스(Ambi Robotics)의 앰비스택(AmbiStack)과 보스턴 다이나믹스(Boston Dynamics)의 스트레치(Stretch) 로봇은 트럭에서 화물을 자동으로 내리고 쌓는 작업을 수행하는데, DHL은 스트레치 로봇을 이미 도입해 인간보다 약 두 배 빠른 속도로 하역을 진행하고 있으며 향후 1,000대 이상 확대 도입 계획을 밝히고 있다(Fung, 2025).

AI와 결합된 물류 자동화도 각광받고 있다. 우버 프레이트(Uber Freight)는 기계학습 기반의 운임 결정과 경로 최적화 시스템을 도입해 트럭의 공차율을 기존 30%에서 10~15% 수준으로 줄였고, 이는 물류 효율성과 탄소 배출 절감에 동시에 기여했다(Burnham, 2024). 이러한 AI와 로봇의 융합은 물류를 단순한 자동화 단계에서 지능형 최적화 단계로 끌어올리고 있다.

세계적 전자상거래 기업들은 로봇을 적극적으로 활용해 경쟁력을 확보하고 있다. 아마존 로보틱스(Amazon Robotics)는 수만 대의 로봇을 물류창고에 배치해 주문 처리 속도를 크게 개선했으며, 영국의 오카도(Ocado)나 이스라엘의 패브릭(Fabric)도 자동화 창고를 통해 효율성을 강화하고 있다(Stord, 2020). 나아가 GXO와 같은 글로벌 물류기업은 디짓(Digit) 같은 인간형 로봇을 물류센터에 시험 도입해, 반복적이지만 다양한 형태의 업무에 적용하며 인간과 로봇 협업의 새로운 가능성을 탐색하고 있다(Stone, 2025).

이처럼 물류업에서 로보틱스는 공간 최적화, 피킹과 포장 고도화, 자동 적재와 하역, 자율 내비게이션, AI 기반 경로 최적화 등 다층적 혁신을 만들어내고 있다. 그 효과는 비용 절감, 운영 품질 향상, 안전 확보라는 세 가지 측면으로 나타난다. 소매업과 서비스업에서 로봇이 고객 경험을 혁신하는 도구로 쓰인다면, 물류업에서는 보이지 않는 곳에서 기업 운영의 경쟁력을 결정짓는 중추적 기술로 자리매김하고 있다고 평가할 수 있다.

| 소매업: 고객 접점 혁신과 매장 관리 자동화 |

소매업은 고객과 직접 맞닿는 영역이기 때문에 로보틱스 도입 효과가 가장 직관적으로 드러난다. 최근 글로벌 시장에서 다양한 리테일 기업들이 로봇을 도입하면서 고객 경험, 매장 운영 효율, 브랜드 이미지 개선을 동시에 추구하고 있다. 특히 재고 관리, 매장 진열, 계산 및 고객 응대 등 고객 접점의 주요 활동에서 로봇의 역할이 점차 확대되고 있다(박진용 외, 2025b).

첫 번째로, 재고 및 진열 관리 영역에서 로봇은 점점 더 필수적인 존재가 되고 있다. 미국 시장에서는 매장 재고 정확도가 평균 63% 수준에 불과하다는 조사 결과가 있으며, 이는 품절 문제와 매출 손실로 이어진다. 이러한 상황에서 브레인코퍼레이션(Brain Corp)이 제공하는 재고 스캐닝 로봇은 하루 수천만 장의 매장 이미지를 캡처해 재고 상태를 모니터링하면서 손실을 크게 줄이고 있다(Mottl, 2024). 영국 모리슨 슈퍼마켓은 '탈리(Tally)'라는 자율 이동 로봇을 도입하여 시간당 최대 3만 개의 상품을 스캔하도록 하여 직원의 수작업 부담을 줄이고 재고 정확성을 획기적으로 높였다(The Sun, 2024). 한국에서도 대형마트와 편의점에서 자동 스캐닝 로봇이 빠르게 확산되며, 무인점포 실험이 본격화되고 있다. 이처럼 로봇은 재고 관리의 신뢰성을 높여 소비자에게 필요한 상품을 적시에 제공할 수 있는 기반을 만든다.

두 번째로, 고객 경험을 혁신하는 데에도 로봇은 중요한 역할을 한다. 소비자의 61%는 로봇이 있는 매장을 더 방문하고 싶다고 답변했으며, 63%는 로봇을 사용하는 매장에 대해 긍정적 평가를 내렸다(Mottl, 2024). 일본 세븐일레븐에서 선보인 '뉴미(newme)'라는 원격 제어 로봇 아바타는 직원 부족 문제를 보완하면서 고객에게 색다른 매장 경험을 제공했다(The Times, 2024a). 중국 선전에서는 인간형 로봇이 매장을 운영하는 '로봇 몰'이 등장해, 손님을 맞이하고 주문을 처리하며 카페까지 운영하는 전 자동화 매장을 구현했다(The Times of India, 2025). 이러한 사례들은 로봇이 단순히 운영 효율성을 확보하는 장치를 넘어, 고객에게 미래적이고 혁신적인 브랜드 경험을 제공하는 매개체로 작동하고 있음을 보여준다.

세 번째로, 소매업에서 로봇은 마케팅과 감성적 경험을 강화하는 역할도 한다. 폴란드 카르푸의 '커푸스(Kerfus)'라는 고양이 얼굴을 한 로봇은 단순히 간식을 배달하는 기능을 넘어서 친근한 마스코트로 자리매김하며 브랜드에 대한 호감도를 끌어올렸다(Wikipedia, 2024). 이는 로봇이 정서적 접점을 만들어내는 도구가 될 수 있음을 시사한다. 더 나아가 AI 카메라와 로봇 시스템을 활용해 고객의 동선과 상품 반응 데이터를 분석하면 매장 운영자는 상품 배열과 프로모션을 맞춤형으로 설계할 수 있게 된다(Grewal, Roggeveen, & Nordfält, 2023). 이러한 데이터 기반 운영은 로봇이 고객 행동을 파악하고 소비자 경험을 정밀하게 디자인하는 단계로 발전하고 있음을 보여준다.

종합하면, 소매업에서의 로보틱스는 단순한 인력 대체가 아니라 고객 경험 강화, 운영 효율성 증대, 브랜드 이미지 혁신이라는 세 가지 측면에서 변화를 이끌고 있다. 일본 스타벅스의 로봇 바리스타나 한국의 무인 로봇 카페 사례는 로봇이 소비자에게 새로운 체험을 제공함으로써 재방문율과 충성도를 높이는 효과를 보여준다(Shankar et al., 2021). 앞으로 소매업은 로봇을 통해 매장 운영의 표준 패턴을 재구성하게 될 것이며, 소비자와의 감성적 상호작용을 보장할 수 있는 하이브리드 경험 디자인이 핵심 전략으로 자리매김할 것이다. 결국 소매업의 로보틱스는 효율성과 감성을 동시에 추구하는 산업 혁신의 실험장이자, 미래 리테일의 방향성을 미리 보여주는 거울이라고 할 수 있다.

| 서비스업: 일상적 체감과 새로운 가능성 |

서비스업은 소비자가 가장 직접적으로 로봇을 체감하는 산업이며, 로봇 도입이 브랜드 경험, 운영 효율, 혁신적 이미지를 동시에 강화하는 핵심 영역으로 성장하고 있다(박진용 외, 2025b). 호텔업에서는 룸서비스, 수하물 운반, 하우스키핑 등 여러 업무를 로봇이 담당하면서 운영 효율성과 고객 만족도를 함께 높이고 있다. 미국의 사비오크(Savioke)가 개발한 릴레이(Relay) 로봇은 수하물 이송, 룸서비스 전달, 세탁물 운반 등을 자동으로 수행하고 있으며, 힐튼 체인은 전체 호텔 중 약 20%에 해당하는 지점에서 이 로봇을 도입해 활용하고 있다(PR Newswire, 2025; Accio, 2025). 이와 함께 체크인과 프런트 업무에서도 AI 챗봇과 안내 로봇이 결합되고 있다. 메리어트 호텔은 페이스북 기반 AI 채팅봇을 통해 고객 문의와 예약 절차를 자동화하며, 응대 시간을 단축하고 직원 부담을 경감시켰다(Wadini, 2025). 최근 개발된 멀티

모달 서비스 로봇은 시각·음성·촉각 센서를 결합해 더 인간처럼 환경에 반응하고 있으며, 레스토랑 현장에서는 로봇 웨이터가 그릇의 온도를 감지하거나 고객의 음성 지시에 반응하는 수준까지 발전하고 있다(ASMO 2025).

외식업에서도 로보틱스 도입은 활발하다. 로봇 바리스타와 셀프 카페는 단순히 자동화된 음료 제조를 넘어 고객에게 엔터테인먼트적 경험을 제공한다. 뉴욕 허드슨 야즈 쇼핑몰에 도입된 로봇 바리스타 '자비스'는 고객 주문을 직접 처리하고 음료를 제조하며, 심지어 팁까지 요청하면서 새로운 매장 경험을 만들어낸다(Mitchell, 2024). 미국의 일부 지역에서는 아틀리(Artly)의 AI 바리스타가 커피의 품질을 모니터링하며 주문을 수행하고 있으며, 베어 로보틱스(Bear Robotics)의 서비(Servi) 로봇은 테이블에 음료를 나르고 접시를 회수하는 역할을 담당해 빠르고 일관된 서비스를 제공하고 있다(Built In, 2025). 여기에 더해 몰리 로보틱스(Moley Robotics)가 상업화한 세계 최초의 로봇 주방은 5,000여 가지의 요리를 조리할 수 있는 기능을 제공해 식음료 자동화의 새로운 미래를 보여준다(Moley Robotics, 2025).

푸드 주문과 배달 영역에서도 로봇의 영향력은 빠르게 확대되고 있다. 서브 로보틱스(Serve Robotics)가 개발한 보도 자율 배송 로봇은 미국 여러 도시에서 1,500개 이상의 레스토랑 주문을 수행하며 97.8%의 성공률을 기록하고 있는데, 이는 도심 라스트마일 물류의 비용과 시간을 획기적으로 절감하는 성과로 평가된다(Serve Robotics, 2025). 특히 코로나19 팬데믹 이후 식음료 배달 수요가 급증하면서, 로봇 배송은 비대면과 위생 요구를 충족하는 동시에 기업의 운영비 절감과 서비스 차별화를 가능하게 했다. 일본의 한 베이커리 매장에서는 입구에서 인사하는 로봇보다 내부에서 빵을 추천하는 로봇이 더 높은 구매율을 끌어냈다는 연구 결과도 보고된 바 있다(Song et al., 2022). 이는 로봇이 단순히 시각적 재미를 주는 존재를 넘어 실제 매출 증가에 기여할 수 있음을 보여준다.

결국 서비스업에서 로보틱스의 도입은 단순한 노동 대체를 넘어 고객 맞춤형 경험 제공, 운영 효율화, 비용 절감, 브랜드 혁신을 동시에 달성하는 전략적 자산으로 확장되고 있다. 앞으로 호텔 체인, 외식업, 헬스케어, 교육 등 다양한 서비스 영역에서 로봇은 기술적 도구에서 경영 전략의 핵심 파트너로 전환될 것이며, 감성적 상호작용과 맞춤형 경험을 설계하는 하이브리드 서비스 모델이 표준이 될 가능성이 크다. 이는 서비스업이 인간과 로봇이 협력하는 새로운 패러다임으로 이동하고 있음을 보여주는 징표라 할 수 있다(Wirtz et al., 2024).

———— 3. 로보틱스의 경영적 효과 분석

로보틱스의 확산은 산업 간 경계를 넘어 기업 경영의 핵심 메커니즘을 근본적으로 변화시키고 있다. 로봇은 단순히 생산 효율을 높이는 기술이 아니라, 기업의 가치 창출 방식, 조직 운영 논리, 그리고 고객과의 관계 구조를 동시에 재정의하는 '범용 기술(General-purpose Technology)'로 자리매김하고 있다.

이제 기업들은 로봇을 통해 공정의 자동화뿐 아니라, 데이터 기반 의사결정, 고객 경험의 실시간 맞춤화, 지속가능한 운영체계 구축 등 경영 전반의 혁신을 추구하고 있다. 예컨대 제조 분야에서는 로봇이 품질 관리와 생산 계획의 정밀도를 높이고, 물류·유통 부문에서는 공급망 가시성과 예측성을 강화하며, 소매 및 서비스 산업에서는 고객 만족도와 브랜드 신뢰를 동시에 제고하고 있다.

이러한 변화는 궁극적으로 효율성, 고객 경험, 조직 구조, 브랜드 가치라는 네 가지 축을 중심으로 기업 성과에 파급효과를 미친다. 더 나아가 로봇 도입은 ESG 경영, 인적자원 재구성, 리더십 스타일 등 비재무적 영역에도 영향을 확장하며, 기술의 수용 능력이 기업의 전략적 유연성과 지속가능한 경쟁우위를 결정짓는 핵심 요인이 되고 있다.

따라서 이번 파트에서는 산업별 확산의 외연적 변화에서 한 걸음 더 나아가, 로보틱스가 기업 내부의 경영성과와 전략적 의사결정 과정에 어떠한 영향을 미치는지를 살펴본다. 이를 통해 로봇 기술이 단순한 생산성 향상의 수단이 아니라, 기업 경영 패러다임을 전환하는 구조적 요인임을 설명하고자 한다.

| 운영 효율성 증대: 비용 절감과 생산성 향상 |

로보틱스의 가장 뚜렷한 효과는 '운영 효율성'이다. 로봇은 단순히 인간의 노동을 대체하는 수준을 넘어, 생산·물류·유통·서비스 전 과정에서 운영 효율의 새로운 기준을 만들어내고 있다. 이는 작업 속도 향상, 품질 일관성 확보, 에너지 절감, 인적 오류 감소, 데이터 기반 의사결정 고도화 등 다차원적인 결과로 나타난다. 즉 로보틱스는 단일 공정의 자동화가 아니라 전사적 프로세스 최적화(End-to-End Process Optimization)를 가능하게 하는 핵심 인프라로 기능하고 있다.

제조업에서는 조립, 용접, 도장, 검수 등 정밀도가 요구되는 공정에서 로봇이 인간보다 빠르고 정확하게 작업을 수행하여 생산성을 획기적으로 높이고 있다. 국제로봇연맹(IFR, 2024a)에 따르면, 2020년 이후 산업용 로봇의 밀집도가 가장 높은 자동차 산업은 생산성이 지난 10년간 25% 이상 향상되었으며, 불량률은 평균 30% 이상 감소했다. 특히 협동 로봇은 인간과 함께 근무하며 유연한 작업 배치를 가능하게 해, 중소 제조기업에서도 고비용 자동화 설비 없이 생산성을 개선할 수 있는 현실적 대안으로 확산되고 있다. 예를 들어 BMW와 현대자동차는 인공지능 기반 협동 로봇을 조립 라인에 도입하여 공정당 평균 작업 시간을 20% 이상 단축시켰고, 제품 품질 일관성 역시 눈에 띄게 향상되었다.

물류업에서는 자동화 창고와 자율이동로봇(AMR)의 확산이 핵심적 변화를 이끌고 있다. 로봇은 피킹 속도를 높이고 동선 최적화를 통해 불필요한 이동을 줄이며, 실시간 데이터로 재고와 출고 흐름을 관리한다. 아마존의 '로보틱 풀필먼트 센터(Robotic Fulfillment Center)'는 기존 인력 중심의 창고보다 약 3배 높은 피킹 효율을 달성했으며, 쿠팡 역시 AMR과 자동 분류 시스템을 도입하여 출고 속도를 기존 대비 40% 이상 향상시켰다. 이처럼 물류 효율성은 단순한 비용 절감을 넘어 배송 신뢰성과 고객 서비스 품질로 이어지고, 결과적으로 매출 증대와 고객 유지율 향상으로 연결된다(박진용 외, 2025b).

유통업과 도매업에서도 로봇 기반 재고 관리와 발주 자동화가 거래 비용을 급격히 절감하고 있다. 과거에는 사람이 수기로 입력하던 발주, 재고, 가격 조정 업무가 로봇과 AI 시스템으로 대체되면서, 오류율이 80% 이상 감소하고, 데이터 정확도가 비약적으로 향상되었다. 이러한 자동화는 단순히 인력 절감에 그치지 않고, 수요 예측 및 가격 최적화와 같은 전략적 의사결정의 기반이 된다. 예컨대 일본의 이온(AEON)과 한국의 이마트는 로봇 기반 데이터 수집을 통해 SKU 회전율과 진열 효율성을 실시간으로 모니터링하며, 공급업체와의 협업 주문 체계를 자동화하여 거래 신뢰성을 높이고 있다(McKinsey & Company, 2023b; The Times, 2024b).

이러한 운영 효율성 증대는 결국 비용 절감과 매출 증대라는 효과로 귀결된다. 비용 측면에서는 인건비·에너지·불량·재고 손실이 줄어드는 반면, 매출 측면에서는 생산 속도와 고객 만족이 동시에 향상되어 판매 성장으로 이어진다. 더 나아가 로봇은 기업 내부의 운영 표준화를 촉진해 글로벌 다공장·다지점 운영에서도 일관된 품질과 속도를 유지하게 한다. 이는 단기적 효율을 넘어 장기적인 조직 학습과 지속가능한 경영 체계로 연결된다.

결국 로보틱스는 기업의 생산성과 효율성을 동시에 끌어올리는 가장 직접적이고 측정 가능한 기술로써, 경영성과의 기초를 재정의하고 있다(박진용 외, 2025a).

| 고객 경험 개선과 개인화 서비스 |

로봇은 고객 경험을 혁신하는 도구이기도 하다. 오늘날 소비자는 단순히 제품이나 서비스를 구매하는 것을 넘어, 브랜드와의 상호작용 전 과정에서 경험 가치를 기대한다. 로봇은 이러한 고객 경험의 질을 재정의하는 새로운 매개체로, 효율성과 감성의 두 축을 동시에 강화한다. 특히 비대면, 비접촉 소비가 확산된 이후, 고객은 빠르고 정확한 서비스뿐 아니라 안정감, 친밀감, 새로움을 제공하는 기술 경험을 선호하게 되었다. 이에 따라 기업은 로봇을 고객 서비스의 말단이 아니라 브랜드 경험의 중심으로 활용하기 시작했다.

소매업에서는 매장 안내 로봇과 무인 계산대가 고객의 이동 동선을 단축시키고, 대기 시간을 줄여 구매 경험의 편의성을 높인다. 예를 들어, 한국과 일본에서 스타필드와 유니클로 매장은 로봇이 진열 안내와 재고 확인을 실시간으로 수행해 고객이 스스로 정보를 탐색할 수 있는 자율 쇼핑 경험을 제공한다. 스타벅스의 로봇 바리스타 사례처럼 로봇이 단순한 기능 수행을 넘어 고객과 자연스럽게 상호작용할 때 소비자는 이를 브랜드의 정체성과 연결된 경험으로 인식한다(Nain, Awasthi, & Vaid, 2022). 이는 단순한 편의성 개선을 넘어, '기술을 통해 감정적으로 연결되는 경험'으로 전환되며 브랜드 충성도로 이어진다.

서비스업에서도 고객 경험은 중요한 성과 지표로 부상하고 있다. 호텔 산업에서 로봇이 체크인, 룸서비스, 수하물 운반을 담당하면 고객은 신속하고 비대면적인 서비스를 통해 '미래적이고 혁신적인 브랜드 이미지'를 체험한다. 일본의 헨나호텔(Henn-na Hotel)과 싱가포르의 마리나베이샌즈는 로봇을 프런트 운영에 적극 투입해 인건비 절감뿐 아니라 고객 만족도 향상 효과를 입증했다. 의료 서비스에서는 로봇이 환자의 이동, 약품 전달, 검사 지원을 수행하며 의료진의 부담을 줄이고, 환자의 안정감을 높인다. 예를 들어 한국의 세브란스병원은 자율주행 배달로봇을 도입해 병동 내 약품 전달 시간이 절반으로 줄었고, 일본의 후지타의대병원은 재활 로봇을 사용하자 환자의 심리적 회복 속도가 20% 이상 향상됐다.

Shankar et al.(2021)의 연구는 코로나 팬데믹을 계기로 로봇과 AI 기반 서비스가 고객의 신뢰·안전·만족도에 긍정적 영향을 미쳤다는 점을 실증적으로 보여준다. 이는 단순히 비대면 서비스의 필요성 때문만이 아니라, 고객이 로봇을 예측 가능하고 일관된 서비스 제공자로 인식했기 때문이다. 즉, 로봇은 감정적 상호작용이 제한되더라도 '신뢰 기반의 관계 품질(Trust-based Relationship Quality)'을 강화하는 역할을 수행한다.

결국 로봇은 고객 접점에서의 효율을 넘어, 브랜드 정체성, 고객 관계, 경험 가치를 총체적으로 재설계하는 전략적 수단이 되고 있다. 고객은 로봇을 통해 단순한 서비스 편의를 넘어, 기술이 주는 안정성과 혁신의 감정을 경험한다. 이러한 경험은 브랜드 이미지와 감정적 충성도를 강화하며, 나아가 로봇 기술을 활용한 고객 관계 혁신이 기업 경쟁력의 새로운 핵심 축으로 부상하고 있다.

| 조직 구조와 인력 운영의 변화 |

로보틱스는 조직 구조와 인력 운영 방식에도 근본적인 변화를 불러온다. 과거의 기업은 노동집약적 구조를 기반으로 다수의 인력이 단순하고 반복적인 작업을 수행했다. 그러나 로봇의 본격적인 도입은 이러한 구조를 근본적으로 재편하고 있다. 기업은 더 이상 인력을 단순히 생산의 투입 요소로 간주하지 않고, 로봇과 인간의 역할을 상호 보완적으로 설계하는 '하이브리드 워크플로(Hybrid Workflow)' 체계를 구축하고 있다. 이는 단순한 자동화의 확산을 넘어, 조직 운영의 철학 자체를 바꾸는 변화다.

로봇이 단순노동을 대체함에 따라 일부 일자리는 감소하지만, 동시에 로봇 유지·관리, 데이터 분석, 시스템 통합, 사용자 경험(UX) 설계, 서비스 운영 기획 등 새로운 형태의 직무가 빠르게 등장하고 있다. 이른바 '로봇 생태계 고용'이라 불리는 이러한 구조는 엔지니어링과 인문 사회 역량이 융합된 인재를 요구한다. 예를 들어 제조 현장에서는 생산 오퍼레이터 대신 로봇 운영 매니저(Robot Supervisor)가 필요해졌고, 물류기업에서는 AMR 동선 최적화와 AI 피킹 알고리즘을 관리할 데이터 애널리스트의 수요가 급증했다. 따라서 로보틱스는 '일자리 감소와 창출이 동시에 일어나는 이중적 효과'를 가져오며, 고용 구조를 단순 축소가 아닌 질적 전환의 국면으로 이끈다(박진용 외, 2025b).

조직 구조 차원에서도 변화가 뚜렷하다. 반복적이고 표준화된 업무가 자동화되면서 인력은 보다 창의적·전략적 업무에 집중할 수 있게 되고, 이는 기업의 혁신 역량을 강화하는 계기로 작용한다. 업무의 중심이 수행에서 기획으로 이동하면서, 중간관리층의 역할 또한 통제에서 조정과 협력 중심으로 바뀌고 있다. 예를 들어 도매업에서는 발주와 재고 관리가 자동화되면서, 거래 파트너와의 관계 관리, 공동 마케팅, 수요예측 협력 등 가치사슬상의 관계적 자산 구축에 집중할 수 있다. 소매업에서도 매장 직원은 재고 진열이나 계산 처리 대신, 고객 상담, 체험 서비스, 브랜드 커뮤니케이션 등 고부가가치 상호작용에 참여한다. 이는 로봇이 조직의 단순노동을 흡수함으로써 인간이 보다 의미 있고 창조적인 업무로 이동하는 구조적 전환을 의미한다(KPMG, 2025). 또한 로보틱스 도입은 조직문화와 리더십에도 변화를 촉발한다. 자동화된 환경에서는 명령형 탑다운 구조보다 데이터 기반 자율조직(Data-driven Autonomy)이 효율적이기 때문에, 기업은 수평적 소통과 신속한 의사결정을 강조하게 된다. HR 전략 측면에서는 로봇 친화형 인력 재교육(Re-skilling)과 디지털 리더십 육성이 핵심 과제로 부상한다. 예컨대 도요타와 DHL은 전 직원의 20% 이상을 대상으로 로봇 협업 교육을 시행하며, 인간이 로봇과 협력하는 능력을 새로운 핵심 역량으로 정의했다.

결국 로보틱스는 단순히 인간 노동을 대체하는 기술이 아니라, 조직 구조, 직무 설계, 인적 자원 관리, 리더십 문화를 아우르는 총체적 경영혁신을 유발한다. 인간은 로봇이 담당할 수 없는 창의, 공감, 판단 영역으로 이동하고, 로봇은 효율성과 정밀성의 영역을 담당함으로써, 기업은 인간-로봇 공진화 조직(Human-Robot Co-evolution Organization)으로 진화하고 있다.

| 브랜드 가치와 기업 이미지 제고 |

로보틱스는 기업의 브랜드 가치와 이미지 제고에 기여한다. 로봇을 도입한 기업은 단순히 생산성을 높이는 기술적 혁신 주체가 아니라, 사회적으로 혁신적이고 미래지향적인 기업이라는 인식을 얻게 된다. 즉 로봇은 기업의 기술 역량을 상징하는 동시에, 그 자체로 브랜드 정체성의 일부가 된다. 소비자는 로봇을 통해 기업의 첨단성과 신뢰성, 지속가능성을 직관적으로 체험하게 되며, 이는 브랜드 선호와 충성도로 이어진다.

일본 헨나호텔(Henn-na Hotel)은 '세계 최초의 로봇 호텔'이라는 콘셉트로 강력한 브랜드 포지셔닝을 구축했다. 투숙객들은 단순한 숙박이 아닌 기술과 미래를 경험하는 체험형 브랜드 가치를 소비하며, 이는 경쟁 호텔과의 명확한 차별화를 가능하게 했다. 한국의 무인 로봇 카페 '비트박스(BitBox)' 역시 단순한 효율성의 상징을 넘어, '인공지능이 만든 커피'라는 새로운 소비 경험을 제공함으로써 젊은 세대의 호기심과 브랜드 충성도를 동시에 확보했다(박진용 외, 2025a). 이처럼 로봇은 단순히 고객 접점의 장식물이 아니라, 브랜드의 서사를 구성하는 상징적 장치가 되고 있다.

브랜드 가치 제고 효과는 고객을 넘어 투자자와 정부, 사회 전반으로 확장된다. 혁신적 이미지와 자동화 역량은 투자자에게 기업의 기술 리더십과 위험관리 능력을 보여주는 신호로 작용한다. 실제로 글로벌 ESG 평가기관인 MSCI와 서스테이널리틱스(Sustainalytics)는 로봇 기반의 안전·효율 혁신을 ESG 평가 항목 중 사회(S) 및 거버넌스(G) 요소에 반영하고 있다. 또한 정부 정책 차원에서도 로봇 활용이 많은 기업은 스마트 팩토리 보조금, R&D 세제 혜택, 디지털 전환 지원사업 등에서 우선 지원 대상이 되는 경우가 많다.

특히 ESG 경영이 중시되는 환경에서 로봇은 기업의 지속가능성을 실현하는 핵심 수단으로 자리 잡고 있다. 자동화 시스템을 통한 에너지 절감, 안전사고 감소, 고령자·장애인 근로 지원, 청정 생산 환경 구축 등은 모두 사회적 책임 수행의 가시적 결과로 평가된다. 예를 들어 도요타는 로봇 생산라인을 통해 산업재해 발생률을 30% 이상 감소시켜 안전과 인간 존중의 기업 이미지를 강화하였으며(Toyota Motor Corporation, 2025), 삼성전자 역시 반도체 클린룸 내 물류 로봇 시스템 도입으로 청정 생산성과 안전성을 확보하여 글로벌 투자자들로부터

ESG 선도기업으로 평가받고 있다(Samsung Electronics, 2023). 이러한 사례들은 로봇이 단순한 기술 효율성을 넘어, 지속가능성과 사회적 신뢰를 동시에 딜싱한 싱과형 혁신 도구임을 보여준다. 로봇 기술은 또한 기업의 '혁신 내러티브(Innovation Narrative)'를 형성하여 미디어와 대중 담론 속에서 기업의 존재감을 확장한다. 기술 도입을 선도하는 기업일수록 산업 발전을 이끄는 대표 브랜드로 인식되며, 이는 단순한 이미지 제고를 넘어 장기적인 기업 평판 자본 형성으로 이어진다.

결국 로보틱스는 단순한 운영 도구가 아니라, 기업의 정체성과 가치를 형성하는 전략적 브랜드 자산이다. 기술 혁신을 상징하는 동시에 사회적 책임을 실천하는 매개체로써, 로봇은 기업이 시장과 사회 양측의 신뢰를 동시에 얻을 수 있는 핵심 동력이 된다. 다시 말해, 로보틱스를 도입한 기업은 효율적인 조직이 아니라 의미 있는 혁신을 구현하는 브랜드로 진화하는 것이다.

—— 4. 로보틱스 도입의 도전과 과제

로보틱스는 기업 경쟁력 강화의 핵심축으로 자리 잡았지만, 그 확산 과정에는 여전히 다양한 도전과 과제가 존재한다. 기술의 발전 속도가 산업 현장의 제도, 사회, 조직의 변화 속도를 앞지르면서, 로봇의 경제적·사회적 효과는 그 잠재력만큼 균등하게 실현되지 못하고 있다. 다시 말해 로보틱스의 성과는 기술 그 자체가 아니라 법적 기반, 사회적 인식, 경제적 타당성이라는 세 가지 환경 요인에 의해 크게 좌우된다.

첫째, 법·제도적 쟁점이다. 로봇은 산업 간 융합 속에서 기존 법체계의 경계를 넘어 작동하지만, 이에 대한 법적 정의와 규제 체계는 여전히 미비하다. 로봇의 사고 책임, 데이터 처리, 안전 인증, 노동 대체에 대한 규제 등은 아직도 국가별로 상이하며, 산업 현장에서는 법적 불확실성이 투자와 혁신을 제약하는 요인으로 작용하고 있다.

둘째, 사회적 수용성 문제가 있다. 기술의 효용성이 높더라도 소비자와 노동자, 그리고 사회 전체가 이를 어떻게 인식하고 받아들이느냐에 따라 실제 도입 성과가 달라진다. 자동화로 인한 일자리 축소 우려, 인간과 로봇 간의 감정적 거리감, 프라이버시와 윤리 논쟁 등은 로보틱스 확산의 속도와 범위를 제한하는 주요 사회심리적 장벽이다.

셋째, 기술적 한계와 ROI(Return on Investment) 측정의 어려움이다. 로봇 기술은 빠르게 발전하고 있지만 현실적으로는 여전히 시스템 통합의 복잡성, 표준화 미비, 유지보수 비용, 데이터 보안 등으로 인해 완전한 상용화에 제약이 따른다. 또한 투자 대비 성과를 단기간에 정량화하기 어렵기 때문에, 특히 중소기업으로서는 로봇 도입의 경제성을 입증하기 쉽지 않다. 이처럼 로보틱스의 확산은 법적 정합성, 사회적 수용성, 기술적 실현 가능성이 상호작용을 하는 복합적 과제이다. 따라서 본 장에서는 이 세 가지 측면에서 로보틱스 도입이 직면한 한계와 구조적 문제를 심층적으로 분석하고, 향후 지속가능한 로봇 생태계 조성을 위한 개선 방향을 모색하고자 한다.

| 법·제도적 쟁점 |

첫째, 안전 규제 문제다. 산업용 로봇은 고도의 힘과 속도를 내기 때문에 근로자의 안전 확보가 필수적이다. 국제표준화기구(ISO)와 각국 정부는 협동 로봇의 안전 규격(예: ISO 10218, ISO/TS 15066)을 지속적으로 강화하고 있지만, 기술 발전 속도를 따라가기에는 한계가 있다. 실제로 로봇이 사람과 같은 공간에서 함께 작업하는 협업 환경이 증가하면서, 기존의 물리적 차단 중심의 안전 기준만으로는 사고를 완전히 방지하기 어렵다.

한국 역시 산업안전보건법을 개정해 로봇 안전 관련 조항을 포함했으나, 실제 현장에서 발생할 수 있는 복합적인 사고 유형, 예컨대 인공지능 판단 오류, 자율주행 충돌, 센서 인식 실패 등을 포괄하기에는 여전히 미흡하다(KIRIA, 2024). 앞으로는 단순한 기계적 안전기준을 넘어, AI 알고리즘의 투명성, 예측 가능성, 데이터 편향 관리 등을 포함한 '지능형 로봇 안전 프레임워크'로의 전환이 필요하다.

둘째, 개인정보 보호 문제다. 안내 로봇이나 서비스 로봇은 고객의 음성, 이미지, 위치 정보, 심지어 행동 패턴 데이터까지 수집하고 처리한다. 이는 단순한 기술 문제가 아니라 인간의 프라이버시와 데이터 주권(Sovereignty)을 다루는 핵심 법적 이슈다. 개인정보보호법, EU의 GDPR(General Data Protection Regulation), 일본의 APPI(Act on the Protection of Personal Information) 등은 데이터 수집과 활용에 명확한 규제를 두고 있으나, 로봇의 실시간 데이터 처리와 AI 기반 의사결정 과정에서는 그 적용 범위가 불분명하다.

특히 생성형 AI가 결합된 로봇의 경우, 학습 과정에서 개인 데이터가 무단으로 활용될 가능성이 있으며, 이로 인한 책임 주체가 제조사인지 운영 기업인지 명확히 규정되지 않은 문제가 제기된다(Batool, 2023). 이러한 상황은 기술 기업과 서비스 제공자 간의 '데이터 공동관리 체계' 정립을 요구하며, 장기적으로는 데이터 윤리 기준 수립과 알고리즘 감사 체계를 포함하는 포괄적인 제도적 설계가 필요함을 시사한다.

셋째, 노동법적 쟁점도 있다. 로봇 도입이 일자리 감소 또는 고용 구조 변화를 초래할 가능성이 높다는 점에서, 근로자 권익 보호와 고용 전환을 위한 제도적 장치가 절실하다. 단순히 로봇 도입을 제한하거나 규제하는 방식이 아니라, 고용 구조 재설계와 직무 재교육을 병행하는 접근이 필요하다. 예를 들어 독일과 덴마크는 로봇 및 자동화 기술 도입이 산업 전반에 확산되는 과정에서 노동 전환에 대응하기 위해 국가 차원의 전략 및 정책 논의에서 인력 재교육과 기술 역량 강화의 필요성을 강조하고, 관련 지원과 논의를 지속적으로 추진하고 있다. 또한 일본에서도 산업용 및 협업 로봇의 도입과 활용이 확대되는 작업 환경에서의 안전성 확보가 중요한 정책 이슈로 다뤄지고 있다.

한국 역시 정부와 기업이 협력하여 교육훈련, 직무전환, 사회안전망 강화를 통합적으로 추진해야 한다. 로봇이 단순노동을 대체하더라도 사람은 창의적·관리적 역할로 전환할 수 있도록 지원해야 하며, 이러한 균형이 확보될 때 로봇 도입의 사회적 정당성이 강화된다. 따라서 법과 제도는 로봇 활용을 촉진하면서도 사회적 부작용을 최소화하는 혁신과 보호의 균형적 프레임워크로 진화해야 한다(박진용 외, 2025a).

| 사회적 수용성 문제 |

로보틱스의 성공은 기술적 가능성만으로 보장되지 않는다. 소비자와 근로자, 그리고 사회 전반의 인식이 로봇 도입의 성패를 좌우하는 핵심 변수로 작용한다. 로봇이 아무리 정교하고 효율적이라 하더라도 인간이 그것을 편안하게 받아들이는가 혹은 위협으로 인식하는가에 따라 결과는 전혀 달라진다.

우선 소비자 측면에서 일부 고객은 로봇 서비스를 혁신적·미래지향적 경험으로 받아들이지만, 다른 일부는 인간적 상호작용의 부재를 차갑고 비인간적으로 느낀다. 특히 소매업과 서비스업처럼 접객이 핵심 가치인 산업에서는 로봇이 인간을 완전히 대체할 경우 오히려 고객 만족도가 하락할 위험이 있다(Nain, Awasthi, & Vaid, 2022).

일본 도쿄의 한 무인호텔 사례에서 로봇 프런트의 기계적 응대가 고객 불만으로 이어졌고, 이후 인간 직원이 재배치되는 조정이 이루어졌다. 반면 미국의 한 레스토랑 체인에서는 서빙 로봇이 직원과 함께 협업하면서 서비스 속도는 개선되고, 직원의 친절도 평가도 동반 상승하는 결과가 나타났다.

이처럼 고객 경험은 '대체'가 아닌 '보완'의 구조일 때 긍정적으로 작용한다. 따라서 기업은 로봇을 단순히 전면에 내세우기보다, 인간과 로봇이 함께 고객 경험을 설계하는 하이브리드 서비스 모델을 고민해야 한다. 로봇이 효율을 담당하고 인간이 감정을 담당하는 역할 분담이 이루어질 때, 서비스 품질은 오히려 향상된다.

근로자 측면에서도 수용성은 중요한 과제다. 로봇이 일자리를 빼앗는다는 불안감은 심리적 저항으로 나타나며, 이는 조직 내 신뢰 저하와 생산성 하락으로 이어질 수 있다. 실제로 제조업 및 자동화 환경에서 로봇 도입이 직원들의 퇴사 의도 상승으로 관찰되었다. 이러한 현상은 단순히 고용 불안 때문이 아니라, 기술에 대한 통제감 상실과 역할 정체성의 위기에서 비롯된다. 따라서 경영진은 로봇을 단순히 비용 절감 도구로 제시하기보다, 직원이 더 창의적이고 고부가가치 업무에 집중할 수 있게 하는 보완적 도구로 명확히 인식시켜야 한다. 이를 위해서는 기술 도입 이전에 조직 차원의 커뮤니케이션, 참여적 의사결정, 재교육 프로그램이 병행되어야 하며, 이를 통해 구성원이 변화의 주체로 참여하도록 만들어야 한다. 그렇지 않으면 기술적 성공이 오히려 조직적 실패로 귀결될 수 있다(박진용 외, 2025b).

마지막으로 사회 전반의 인식도 간과할 수 없는 요소다. 로봇이 확산할수록 사회는 생산성 향상과 함께 고용 불안, 계층 격차, 기술 접근성의 불평등이라는 새로운 도전에 직면한다. 특히 ESG가 강조되는 시대에 로봇 도입이 사회적 양극화를 심화시키거나 일자리의 질을 저하한다면, 기업의 평판과 사회적 정당성은 오히려 악화할 수 있다.

따라서 로봇 도입은 기술적 타당성뿐 아니라 사회적 신뢰와 제도적 정당성 확보 과정과 병행되어야 한다. 기업은 로봇이 인간을 대체하는 존재가 아니라, 인간의 안전, 복지, 삶의 질을 높이는 도구임을 명확히 보여주어야 하며, 정부와 사회는 이를 뒷받침할 정책·교육 및 윤리 기준을 함께 마련해야 한다. 결국 로보틱스의 사회적 수용성은 기술과 조직, 사회가 함께 진화하는 '공진화적 협력 생태계'가 구축될 때 비로소 확보된다. 기술의 진보보다 더 중요한 것은, 그것을 어떻게 이해하고 함께 살아갈 것인가에 대한 사회적 합의이다.

| 기술적 한계와 ROI 측정의 어려움 |

로보틱스는 여전히 몇 가지 기술적 한계를 안고 있다. 첫째, 복잡한 환경에서의 자율적 판단 한계다. 로봇의 센서나 비전, 인공지능 알고리즘이 비약적으로 발전했음에도 불구하고, 인간처럼 맥락을 이해하고 즉흥적으로 대응하는 수준에는 아직 도달하지 못했다. 예를 들어 물류 센터에서는 피킹 로봇이 정형화된 환경에서는 탁월한 효율성을 보이지만, 박스 크기, 무게, 형태가 불규칙하거나 포장 상태가 전형적이지 않으면 오류율이 급격히 상승한다. 서비스업에서도 마찬가지다. 호텔의 룸서비스 로봇이나 매장 안내 로봇은 미리 학습된 시나리오에는 잘 대응하지만, 예기치 못한 고객 요청이나 언어적 유희, 복합적 감정 표현에는 여전히 제한적이다. 이는 로봇이 물리적 자율성은 확보했지만 의미적 이해나 사회적 맥락 인식이 부족하기 때문이다. 결국 로봇의 인공지능은 규칙 기반 자동화 수준을 넘어 '상황 인식 기반 판단'으로 발전해야 하며, 이는 향후 로보틱스 산업의 기술적 돌파구가 될 것이다.

둘째, 초기 투자비용의 부담과 ROI 측정의 불확실성이다. 로봇 도입에는 장비 구매비뿐 아니라 설치, 시운전, 시스템 통합, 데이터 연동, 인력 재교육 등 다양한 부수비용이 발생한다. 여기에 유지보수 및 소프트웨어 업그레이드 비용까지 더해지면, 실질적인 초기 투자 규모는 단순 장비 가격의 2~3배에 달하기도 한다. 특히 기술 발전 주기가 짧아 감가상각 기간이 점점 단축되고 있어, 장비의 경제적 수명이 예측보다 훨씬 짧아지고 있다(KPMG, 2024). 예를 들어 물류용 자율주행 로봇(AMR)의 경우, 평균 교체 주기는 5~7년이지만 AI 플랫폼 변화나 소프트웨어 버전 업그레이드로 인해 3년 만에 재투자가 필요한 사례도 보고되고 있다. 이로 인해 많은 기업이 로봇 도입의 명확한 경제적 근거를 제시하기 어렵고, ROI 측정 역시 단순한 비용 절감 기준으로는 불충분하다. 실제로 글로벌 컨설팅사들은 ROI 평가에서 '직접 효과(비용 절감)'보다 '간접효과(생산성, 품질, 고객 만족)'를 포함해야 한다고 제안하지만, 이를 정량화할 표준 모델은 아직 정립되지 않았다. 결국 기업은 단기적 회계 효율성보다 장기적 가치 창출 관점에서 로봇 투자를 판단해야 한다.

셋째, 표준화와 상호운용성의 부족도 심각한 제약 요인이다. 제조업과 물류업에서는 다양한 브랜드와 공급업체의 로봇이 동시에 작동해야 하지만, 통신 프로토콜, 데이터 포맷, 제어 시스템이 제각각이라 협업 효율성이 떨어지는 경우가 많다. 예를 들어 한 공장 내에서 협동·운반·검사 로봇이 함께 작업할 때, 각 장비의 소프트웨어가 호환되지 않으면 전체 시스템의 속도와 안정성이 저하된다. 이는 특정 '벤더 종속' 문제로 이어져, 기업의 기술 선택권과 협상력을 제한한다. 이러한 문제를 해결하기 위해, 국제표준화기구(ISO)의 로보틱스 분야 국제표준화 활동과 OPC-UA(Open Platform Communications-Unified Architecture)와 같은 산업 데이터 통신 표준을 통한 상호운용성 확보 시도가 진행되고 있으나, 산업별 이해관계와 기술 생태계의 다양성으로 실질적 통합은 더딘 편이다. 따라서 향후 로보틱스의 지속가능한 발전을 위해서는 표준 기반의 모듈화와 개방형 플랫폼 접근이 필수적이다.

요약하면, 로보틱스는 기술적 정교함과 경제적 효율성, 그리고 시스템적 호환성이라는 세 축의 과제를 동시에 해결해야 한다. 단일 기업의 기술 역량만으로는 이러한 복합 문제를 극복하기 어려우므로, 산업 생태계 전반의 협력, 즉 정부의 표준화 정책, 학계의 기술 검증, 기업 간 데이터 공유가 병행되어야 한다. 기술의 한계를 극복하는 동시에 실질적인 ROI를 확보할 수 있을 때, 로보틱스는 비로소 산업 전반의 '지속가능한 생산 인프라'로 자리매김할 것이다.

—— 5. 미래 전망과 전략적 제언

로보틱스는 이제 단순한 자동화 기술의 범위를 넘어, 인공지능·데이터·플랫폼과 융합된 지능형 인프라로 진화하고 있다. 기술의 경계가 사라지고, 산업 간 연결성이 강화되면서 로봇은 기업 경쟁력과 산업 생태계의 미래를 결정짓는 핵심 기반으로 자리매김하고 있다. 앞으로 10년은 로보틱스가 효율성 중심의 기술 혁신 단계에서, 가치 중심의 전략적 전환기로 이동하는 시기이다. 기업은 로봇을 생산 도구가 아닌 가치 창출의 매개체이자 비즈니스 플랫폼으로 재인식해야 한다. 특히 향후 로보틱스의 발전은 네 가지 방향에서 전략적으로 전개될 것으로 전망된다.

먼저, 로보틱스와 인공지능·데이터·플랫폼의 융합을 통해 기술 생태계가 통합적으로 진화할 것이다. 로봇이 데이터를 생성하고 AI가 이를 해석하며, 플랫폼이 연결을 매개하는 순환 구조가 기업의 핵심 운영 체계로 자리 잡는다. 또한 가치 제고를 위한 전략적 활용이 필요하다. 단순한 비용 절감이 아닌, 혁신, 지속가능성, 고객 가치의 동시 실현을 목표로 로봇을 기업 전략에 내재화해야 한다. 각 산업은 적용 로드맵과 실행 체크리스트를 구체화함으로써, 기술 도입의 방향성과 우선순위를 명확히 설정해야 한다. 이는 산업별 규모와 디지털 역량에 따라 상이한 전략 경로를 제시하게 될 것이다. 마지막으로, 로보틱스의 지속가능한 발전을 위해 기업, 정부, 학계 간 역할 분담이 필수적이다. 기업은 혁신과 투자, 정부는 제도와 인프라, 학계는 지식과 인재 양성의 책임을 분담함으로써 생태계의 균형 발전을 이끌어야 한다.

따라서 이번 파트에서는 위 네 가지 관점을 중심으로 로보틱스가 향후 산업 전반에 미칠 변화를 전망하고, 기술 융합, 전략 활용, 실행 로드맵, 거버넌스 구축 측면에서 지속가능한 가치 제고 전략을 제안하고자 한다.

| 로보틱스와 인공지능·데이터·플랫폼의 융합 |

미래 로보틱스의 가장 중요한 특징은 인공지능 및 데이터와의 융합이다. 기존의 로봇은 사전에 프로그래밍된 명령을 수행하는 수준에 머물렀지만, 최근에는 AI와의 결합으로 스스로 학습하고 판단하는 단계에 들어서고 있다(Mendez et al., 2024). 즉 로봇은 더 이상 명령을 수행하는 기계가 아니라 데이터로부터 스스로 행동 전략을 만들어내는 자율적 주체로 발전하고 있다.

예를 들어 피킹 로봇은 단순히 지정된 위치에서 물건을 집는 것이 아니라, 수천 건의 피킹 데이터를 학습해 최적의 이동 경로와 손동작 패턴을 스스로 도출하고 상황에 따라 유연하게 대응한다. 또한 AI 비전 알고리즘은 객체 인식률을 높이고, 센서 융합 데이터는 로봇이 인간의 시각과 촉각을 동시에 모방할 수 있게 하여 인지 기반 행동을 가능하게 한다.

이와 함께 로봇은 방대한 데이터와 연결되면서 클라우드 기반의 지능 공유 구조(Cloud Robotics)로 진화하고 있다. 다수의 로봇이 서로 데이터를 공유하고 학습 결과를 실시간으로 업데이트함으로써, 한 대의 로봇이 경험한 상황이 전체 네트워크의 성능 향상으로 이어진다. 구글의 '로보틱스 트랜스포머(Robotics Transformer)' 프로젝트와 아마존의 로봇 물류 네트워크 '딥플릿(Deep Fleet)'은 이러한 데이터 순환형 로보틱스의 대표적인 사례이다.

또한 로보틱스는 플랫폼과 결합해 새로운 산업 생태계를 형성하고 있다. 아마존은 로봇 물류 플랫폼을 기반으로 서드파티 판매자와 소비자를 연결하며, 이를 통해 단순한 소매기업이 아니라 글로벌 물류·데이터 플랫폼 기업으로 진화했다(Bloomberg, 2023). 알리바바와 JD닷컴 역시 로봇 기반 풀필먼트 센터를 중심으로 B2B, B2C, O2O를 통합한 옴니채널 물류 네트워크를 구축했다. 국내에서도 쿠팡은 로켓배송 시스템을 로봇 물류와 연계하여 소비자 충성도를 높이는 플랫폼 전략을 전개하고 있으며, 네이버 역시 스마트 스토어 물류 자동화에 로봇을 결합해 데이터와 물류, 소비자 경험의 선순환 구조를 구축하고 있다(박진용 외, 2025b).

이러한 융합은 단순한 기술 혁신을 넘어 비즈니스 모델과 가치사슬 전체를 재편하는 구조적 변화를 의미한다. 로봇은 이제 독립적으로 작동하는 기계가 아니라, 데이터, AI, 클라우드, IoT가 유기적으로 얽힌 플랫폼 생태계의 '지능형 노드(Intelligent Node)'로써 작동하고 있다.

결국 로보틱스의 미래는 하드웨어의 성능 경쟁이 아니라, 데이터와 알고리즘을 기반으로 한 가치 창출 경쟁으로 전환될 것이다. 이는 기업이 로봇을 단순한 생산 도구가 아니라, 새로운 비즈니스 인텔리전스의 핵심 축으로 활용해야 함을 시사한다(박진용 외, 2025a).

| 가치 제고를 위한 전략적 활용 |

기업은 로보틱스를 단순한 비용 절감 수단이 아니라 가치 창출과 제고의 전략적 수단으로 활용해야 한다. 기술의 성숙도가 높아질수록 경쟁의 초점은 '얼마나 자동화했는가'가 아니라, '얼마나 새로운 가치를 만들어내는가'로 이동하고 있다. 로봇은 생산성과 효율성뿐 아니라, 기업의 비즈니스 모델, 조직 문화, 고객 경험을 혁신하는 촉매로 작용한다.

첫째, 운영 모델의 혁신이다. 제조업에서는 단순한 생산라인 자동화를 넘어, 데이터 기반 맞춤형 생산과 지속가능한 제조 시스템으로 전환해야 한다. 예컨대 BMW와 삼성전자는 로봇과 AI 분석 시스템을 결합해 생산 데이터를 실시간 관리하며, 불량률을 30% 이상 줄이는 동시에 에너지 사용량도 절감하고 있다. 물류업에서는 배송 최적화를 넘어, 고객 경험과 직접 연결되는 옴니채널 서비스로의 확장이 필요하다. 쿠팡의 로봇 물류 시스템은 재고·배송 데이터가 고객의 주문 경험과 실시간으로 연동되어, 물류 효율이 곧 서비스 품질 향상으로 이어지는 선순환 구조를 만들어냈다.

둘째, 고객 경험 중심 전략이다. 소매업과 서비스업에서는 로봇이 고객에게 단순한 편의를 제공하는 수준을 넘어, 감성적 경험과 브랜드 스토리텔링의 매개체로 기능해야 한다. 일본 로봇 바리스타의 예시에서 볼 수 있듯이, 자동화된 커피 제조 시연은 '미래형 카페'라는 브랜드 이미지를 시각적으로 전달한다. Borghi(2023)의 연구에서도 로봇 기반 서비스가 고객의 신뢰, 만족, 브랜드 충성도에 긍정적 영향을 미친다고 지적한다. 기업은 고객이 로봇을 통해 '혁신을 경험하고 브랜드와 감정적으로 연결되는 순간'을 전략적으로 설계해야 한다.

셋째, 조직 역량의 강화다. 로봇 도입은 단순히 기계를 들여오는 일이 아니라, 조직 프로세스, 인력 구조, 데이터 역량을 재편하는 경영 혁신의 과정이다. 따라서 기업은 로봇 운영, 데이터 분석, 시스템 통합을 담당할 디지털 인재를 확보하고, 기존 인력을 재교육 하여 인간과 로봇 협업이 가능한 조직으로 전환해야 한다. LG전자는 로봇 도입과 동시에 전사적인 AI 아카데미를 운영하며, '기술 친화형 조직문화'를 확립하고 있다(Park, 2024). 이러한 변화는 로봇이 단순한 효율성 도구를 넘어, 조직의 학습 능력과 혁신 역량을 강화하는 핵심 자산으로 기능하게 하는 전제조건이다.

넷째, 지속가능성(ESG) 전략과의 연계다. 앞으로 기업은 로봇을 단순한 효율성 수단이 아니라 '지속가능한 경영 인프라'로 내재화해야 한다. 로봇은 에너지 절감형 공정, 안전 확보, 환경 모니터링, 고령 근로자 보조 등 다차원적 기능을 통해 사회적 신뢰 자본을 축적하는 전략적 도구로 발전하고 있다. 예컨대 도요타와 포스코는 로봇 기반 친환경 공정 및 물류 체계를 확장하며, 이를 ESG 보고서, 지속가능 경영

공시와 연계해 투자자에게 '기술을 통한 책임경영'이라는 미래 비전을 제시하고 있다(KPMG, 2024). 앞으로 로보틱스는 탄소 절감, 안전·포용성 강화, 데이터 기반 환경관리를 통해 ESG 패러다임을 구체적으로 실현하는 차세대 경영전략 축이 될 것이다. 결국 기업이 로보틱스를 전략적으로 활용한다는 것은 단순히 기술을 도입하는 것이 아니라 경영의 패러다임을 재설계하는 것이다. 로봇은 효율의 상징이 아닌, 혁신·경험·지속가능성을 통합하는 가치 창출 플랫폼이 되어야 한다.

| 산업별 적용 로드맵과 체크리스트 |

로보틱스의 전략적 활용은 산업별로 상이한 경로를 가진다. 산업마다 로봇이 담당하는 역할, 기술 성숙도, 운영 환경이 다르기 때문에 '일률적 도입'보다는 맞춤형 전략 경로가 필요하다.

제조업은 스마트 팩토리의 고도화를 넘어, 지속가능한 생산과 품질 예측 기반 운영체계를 구축해야 한다. 단순히 공정을 자동화하는 수준을 넘어서, 로봇과 AI 센서가 데이터를 수집 분석하여 예지 정비, 품질 이상 탐지, 공정별 에너지 최적화를 수행하도록 설계해야 한다. 이를 통해 생산성과 환경 효율성을 동시에 달성할 수 있다.

유통업(도매)은 재고 관리 자동화와 B2B 거래 효율화를 기반으로, 데이터 기반 예측 발주 시스템과 협업형 공급망 플랫폼으로 진화해야 한다. 로봇이 수집하는 거래 및 물류 데이터를 활용해, 공급업자와 유통업자 간 실시간 협업 체계를 구축하면 시장 대응 속도를 높일 수 있다. 향후에는 물류 로봇과 ERP, CRM 시스템을 통합해 전방(고객 수요)

과 후방(재고 관리) 간의 정보 비대칭을 최소화하는 방향으로 발전해야 한다.

물류업은 피킹, 분류, 운반, 출고를 통합한 지능형 풀필먼트 센터를 구축해야 한다. AMR, AGV, 컨베이어, 드론, 자율주행차량 등을 하나의 네트워크로 연결하는 멀티로봇 협업 환경을 실현함으로써, 속도와 정확도, 비용의 균형을 달성할 수 있다. 특히 라스트마일 관리 영역에서는 드론 배송과 로봇 배송이 하이브리드로 운영되는 새로운 유통 패러다임이 본격화될 전망이다.

소매업은 무인 매장과 하이브리드 매장 모델을 확대하면서 고객 경험 혁신을 전면에 내세워야 한다. 로봇이 고객 동선을 분석하고 맞춤형 서비스를 제공함으로써, 점포 체류 경험(Retail Experience) 중심의 스마트 리테일을 구현할 수 있다. 또한 고객이 로봇을 브랜드의 일부로 인식하도록, 디자인, 소리, 행동 등 인터페이스를 세밀하게 설계하는 것이 중요하다.

서비스업은 서빙, 청소, 안내 로봇을 넘어 의료, 헬스케어, 교육 등 고부가가치 분야로 확장하고 있다. 의료로봇은 정밀수술과 환자 재활을 지원하고, 헬스케어 로봇은 고령자 돌봄과 원격 모니터링을 담당한다. 교육 분야에서도 로봇은 맞춤형 튜터링과 감정 인식 기반 학습 코칭 등 휴먼케어형 서비스 모델로 진화하고 있다(박진용 외, 2025b).

| 기업·정부·학계의 역할 분담 |

로보틱스의 지속가능한 확산을 위해서는 기업, 정부, 학계의 유기적 역할 분담과 협력 생태계 구축이 필수적이다. 단일 주체의 노력만으로는 기술 발전의 속도와 사회적 수용성 간의 격차를 해소하기 어렵기 때문이다. 로봇 기술은 산업 구조, 제도, 인력, 문화가 맞물려 작동하는 복합 시스템이므로, 정책, 시장, 기업역량이 함께 진화하는 거버넌스 구조가 필요하다.

기업은 로봇을 단순한 비용 절감 장치로 보는 시각에서 벗어나, 새로운 비즈니스 기회를 창출하는 혁신 파트너로 활용해야 한다. 이를 위해 로봇 도입을 단기 효율 중심이 아니라, 데이터 축적에서 서비스 차별화, 브랜드 가치 제고로 이어지는 중장기 전략과 연계해야 한다. 또한 중소기업의 경우 개별 투자를 넘어 산업단지나 협업 플랫폼 단위에서 공동 도입 모델을 추진함으로써 규모의 경제를 확보할 필요가 있다. 나아가 기업은 기술 혁신 과정에서 윤리적 기준을 준수하고, 근로자 전환교육과 안전한 협업 환경을 조성함으로써 '책임 있는 혁신(Responsible Innovation)'의 주체가 되어야 한다.

정부는 로보틱스 산업의 제도적 기반을 정비하고, 기술 확산의 불균형을 완화하는 조정자 역할을 수행해야 한다. 법·제도적 측면에서는 로봇 안전 기준, 데이터 보호, 노동 전환과 관련된 통합 로봇 정책 프레임워크를 구축해야 하며, 재정적 측면에서는 초기 투자비용이 큰 로봇 도입을 지원하기 위해 세제 혜택, 저리 융자, 공공 조달 연계 등 구체적 인센티브를 마련해야 한다. 또한 로봇 도입이 고용 구조를 변화시키는 만큼, 정부는 재교육, 직무 전환, 사회안전망 강화를 병행하여 노동시장 충격을 완화해야 한다. 나아가 산업 간 표준화, 인증제도, 윤

리 가이드라인을 마련해 로봇 산업의 신뢰성을 높이는 것도 정부의 중
요한 과제이다.

학계는 로보틱스 도입의 경제적·사회적 파급효과를 체계적으로 분
석하고, 기업과 정부가 활용할 수 있는 이론적·실증적 지식 기반을 제
공해야 한다. 이를 위해 공학·사회학·경영학 등 학문 간 융합연구를
강화하고, 로봇 도입 효과를 측정할 수 있는 경영학적 성과지표와 정
책 평가모델을 개발해야 한다. 또한 학계는 로봇 관련 전문 인재를 양
성하고, 기업과 정부, 시민사회가 참여하는 산학연 협력 플랫폼(Triple
Helix Model)을 통해 지속적인 지식 순환 구조를 만들어야 한다.

이와 같은 삼자 협력은 기술 발전의 속도와 사회적 수용성 간의 간극
을 줄이고, 로보틱스가 효율성과 포용성을 동시에 실현하는 지속가능
한 경영 도구로 자리매김하는 데 기여할 것이다(박진용 외, 2025a; 박진
용 외, 2025b). 결국 로봇의 미래는 기술 그 자체보다, 이를 누가, 어떻
게 함께 운용하느냐에 달려 있다.

토큰 경제

블록체인과 토큰 경제를 이용한
비금융 산업 밸류업

강형구

분산원장과 스마트 계약은 정보 비대칭과 계약집행 비용을 낮추고, 기록의 불변성과 공개 검증 가능성은 신용·감사·규정준수에 수반되는 거래비용을 절감한다. 이로써 제조·콘텐츠·유통에서 품질관리, 정산, 관리 배분의 마찰이 줄어들고, 네트워크 효과를 활용한 플랫폼 확장이 가능해진다. 시장 규모 전망(2024년 약 201억 달러에서 2032년 3,934억 달러, 연평균 43.6% 성장)은 이러한 비용 절감과 수요자 측 네트워크 효과가 동시에 작동하고 있음을 시사한다.

토큰 경제는 기술 인프라 위에 인센티브와 지배구조를 설계하는 메커니즘으로 기능한다. 유틸리티 토큰은 접근·참여 보상을 통해 이용자 행동을 유인하고, 자산 토큰은 권리의 세분화와 거래비용 축소를 통해 유동성과 가격 발견을 개선한다. 발행량·분배·락업·소각 등 통화규칙을 경제모형으로 정교화할수록 가치희석과 참여 편중을 완화하고, 지속적 이용을 유발하는 동태적 균형을 만들 수 있다.

도입에 대한 제약들은 기술 확장성과 상호운용성, 개인정보·애플리케이션 보안, 증권성·AML·조세 등 규제 적합성, 레거시 시스템 연계, 변화관리와 ROI 측정으로 요약된다. 최적 전략은 '목적 정의-토큰 역할-경제모델-인프라 선택-거버넌스-규제 점검-발행·배포-운영·모니터링'의 순환을 따르되, 파일럿을 통해 단계별 실증과 학습을 축적하는 실물 옵션 접근을 추천한다. 네트워크 외부성이 큰 분야일수록 초기 분배·락업·시장조성 규칙이 장기 균형에 미치는 영향이 크므로, 초기에 인센티브를 과다 지급하기보다 지속가능성을 우선해야 한다.

결론적으로 블록체인과 토큰 경제는 신뢰 형성과 계약집행을 자동화해 거래비용을 낮추고, 올바른 인센티브 설계를 통해 참여를 내생적으로 확대하는 수단이다. 합리적인 의사결정 기준은 과장된 기술 낙관이 아니라, 특정 공정·권리·정산의 마찰을 얼마만큼 수량화해 제거할 수 있는지, 그리고 그 이익이 조정·규제·보안 비용을 상회하는지에 달려 있다. 가장 현실적인 경로는 마찰이 큰 지점부터 작은 실험으로 시작해 측정·학습·확대로 이어가는 방식이며, 이를 통해 기업은 디지털 신뢰를 자본화하고 경쟁우위를 지속가능하게 축적할 수 있다.

———— 1. 블록체인의 산업적 진화

블록체인 기술은 비트코인처럼 암호자산 기반의 기술로 처음 주목받았지만, 오늘날 금융을 넘어 다양한 산업에서 디지털 신뢰 인프라로 주목받고 있다. 분산원장에 거래와 정보를 투명하게 기록하고 공동 검증하는 블록체인은 중앙기관 없이도 데이터의 무결성과 신뢰성을 확보한다. 이러한 특징 덕분에 제조·콘텐츠·유통 등 비금융 분야 기업들도 블록체인을 활용한 새로운 비즈니스 모델과 운영 혁신을 모색하고 있다. 실제로 글로벌 블록체인 기술 시장 규모는 2024년 약 201억 달러에서 2032년 3,934억 달러 이상으로 성장할 것으로 전망되며, 향후 10년간 연평균 43.6%의 높은 성장률을 보일 것으로 예측된다.[1] 이는 다양한 산업에서 블록체인과 토큰 경제에 대한 수요가 빠르게 증가하고 있음을 보여준다.

본 장에서는 블록체인 기술의 개념과 구조적 특성을 간략히 살펴보고, 토큰 경제가 무엇인지 그 역할을 설명한다. 이어서 이러한 개념들이 제조나 콘텐츠, 유통(소매) 산업에서 어떻게 적용되어 실질적인 가

---

[1] Fortune Business Insights, (2024), 블록체인 기술 시장 규모, 점유율, 가치 | 성장 보고서 [2032]

치를 창출하고 있는지 실제 사례를 중심으로 분석한다. 마지막으로 블록체인 도입 시 기업이 고려해야 할 과제와 전략적 시사점을 정리한다. 이를 통해 비금융 기업의 중간관리자가 블록체인 및 토큰 경제를 디지털 전환 전략의 하나로 활용하는 데 필요한 통찰을 제공하고자 한다.

블록체인은 분산형 디지털 원장 기술로써, P2P 네트워크상의 모든 참여자가 거래 내역이 담긴 데이터를 공동 저장·검증함으로써 소수에 의한 임의조작을 방지하는 시스템이다. 새로운 거래 정보는 암호학적 링크로 연결된 블록(block) 단위로 기록되며, 각 노드(node)에 분산 저장되어 투명하게 공유된다. 이러한 구조적 특성으로 인해 블록체인은 중앙 서버나 중개자 없이도 데이터 무결성과 신뢰를 담보할 수 있는 것이 가장 큰 강점이다. 블록체인의 핵심 특성을 정리하면 다음과 같다.

- **탈중앙화된 데이터 관리:** 거래 기록이 네트워크 참여자 모두에게 분산 저장되므로 특정 기관에 의존하지 않는다. 이로써 한 주체의 데이터 독점이나 임의 변경 가능성이 차단되고, 시스템의 투명성이 높아진다.

- **변조 불가능성과 투명성:** 한번 기록된 블록은 암호화 연결고리와 합의 알고리즘에 의해 변경이 극도로 어렵다. 모든 참여자가 동일한 원장을 공유하기 때문에 어느 한쪽의 조작 시도가 즉시 발견된다. 그 결과 데이터의 신뢰성이 확보되고, 이해관계자 모두가 기

록을 열람할 수 있어 투명한 정보 공유가 가능하다.

- **보안성과 무결성**: 블록체인은 해시 함수, 전자서명 등 암호학적 기술과 합의 프로토콜(예: PoW, PoS)을 통해 데이터 위변조를 방지한다. 네트워크 합의에 의해 블록이 검증·추가되므로 이중지불이나 기록 위조가 원천 차단된다. 이를 통해 거래나 데이터에 대한 무결성이 유지된다.

- **스마트 계약 기능**: 이더리움 등의 블록체인 플랫폼에서는 스마트 계약(Smart Contract)을 지원하여 블록체인상에서 자동화된 조건부 거래를 구현할 수 있다. 스마트 계약은 미리 정해진 규칙에 따라 자동으로 실행되는 프로그램으로, 중앙 통제 없이 신뢰성 있는 비즈니스 로직 수행이 가능하다. 예를 들어 상품이 배송되면 대금이 자동으로 지급되는 계약을 블록체인으로 구현하면 사람의 개입 없이도 거래 정산이 이행된다.

이러한 특성들 덕분에 블록체인은 그간 중앙 데이터베이스나 중개 기관이 맡아왔던 신뢰 관리 기능을 기술로 대체하며, 비용 절감과 효율성 향상을 꾀할 수 있는 기반으로 부상하고 있다. 기업으로서는 데이터 투명성 강화, 프로세스 자동화, 보안성 증대 등의 이점을 얻을 수 있어 공급망 관리부터 데이터 공유, 계약 이행까지 다양한 영역에 적용을 검토하고 있다.

——— 3. 토큰 경제의 개념과 역할

'토큰 경제(Token Economy)'란 블록체인 네트워크에서 디지털 토큰을 매개로 경제적 인센티브 구조를 설계하는 것을 의미한다. 쉽게 말해, 참여자들에게 토큰이라는 보상 수단을 제공하여 생태계 참여를 유도하고 유지하는 경제 시스템이다. 블록체인 기반 서비스에서 토큰 경제를 도입하면 온라인 네트워크상에서 프로그래밍 가능한 경제 규칙을 통해 서비스 운영부터 참여자 보상까지 일련의 체계를 구축할 수 있다.[2] 다시 말해, 토큰은 단순 결제 수단을 넘어 블록체인 생태계의 지배구조와 인센티브 메커니즘의 핵심 요소로 작용한다.

토큰에는 다양한 유형이 있지만, 주로 유틸리티 토큰(Utility Token)과 자산 토큰(Asset Token)으로 구분할 수 있다. 유틸리티 토큰은 특정 플랫폼이나 서비스에서 사용되는 포인트처럼 접근 권한이나 기능 활용의 수단으로 쓰이며, 참여자에게 권한을 부여하거나 보상을 지급하는 데 활용된다. 반면 자산 토큰은 부동산, 미술품, 원자재 등 실물자산이나 주식, 채권 등의 권리를 디지털화한 것으로, 토큰화(Tokenization)를

---

2 이중엽 (2018), 토큰 경제와 블록체인의 미래 – SPRi

통해 거래의 유동성과 투명성을 높여준다. 예를 들어 부동산 지분을 토큰으로 발행하면 소액 투자자도 부동산 투자를 할 수 있고, 거래 내역이 블록체인에 기록되어 권리 귀속 관계가 명확해진다.

기업이 토큰 경제를 도입하면 기존의 포인트 제도나 멤버십 프로그램을 한층 발전시킬 수 있다. 토큰은 블록체인상에서 발행·유통되므로 상호 운용성이 높아, 서로 다른 서비스나 기업 간에도 교환·사용이 가능하다. 예컨대 여러 제휴사가 공동으로 사용하는 연합 포인트를 토큰화하면, 고객은 하나의 통합된 토큰으로 다양한 혜택을 누릴 수 있고 기업들은 고객 충성도를 높이는 생태계를 구축할 수 있다. 또한 토큰은 프로토콜 참여 보상에 활용되어, 플랫폼 사용자나 기여자가 일정 조건을 충족하면 자동으로 토큰을 지급받는 구조를 설계할 수 있다. 이는 참여자의 활약이 곧 경제적 보상으로 이어지게 함으로써 이용자 참여를 지속적으로 동기부여 하는 효과가 있다.

성공적인 토큰 경제를 설계하기 위해서는 여러 요소를 고려해야 한다. 우선 토큰의 발행량과 분배 방식이 서비스의 규모와 목표에 맞게 적절해야 한다. 토큰 공급이 지나치게 많으면 가치 희석이 우려되고, 반대로 지나치게 적으면 유동성이 떨어질 수 있다. 또한 참여자 보상 체계를 정교하게 구축해야 한다. 기여도에 따라 공정한 보상이 주어지도록 하고, 토큰 보유의 편중이 생겨 일부 참여자가 과도한 영향력을 갖지 않도록 방지하는 메커니즘이 필요하다. 마지막으로 토큰 경제는 지속적인 서비스 참여 유도를 목표로 해야 한다. 일시적 이벤트성 보상에 그치지 않고, 장기적으로 사용자들이 생태계에 머물며 가치를 창출하도록 경제적 균형을 유지해야 한다. 정리하면, 토큰 경제는 블록체인의 기술적 특징과 결합하여 새로운 경제 시스템을 구축하는 접근법이며, 이를 통해 기업은 참여자의 자발적 협력을 유도하고 네트워크 효과를 극대화하는 혁신을 모색할 수 있다.

———— 4. 제조 산업에서의 블록체인과 토큰 경제 활용

제조업은 다단계의 공급망과 다수의 협력 업체가 관여하는 복잡한 가치사슬을 가지고 있다. 원자재 조달에서부터 부품 생산, 조립, 물류, 납품에 이르는 전 과정에서 데이터의 정확성과 프로세스 효율성, 그리고 참여자 간 신뢰 확보가 중요하다. 블록체인 기술은 이러한 제조 산업의 고질적인 난제들, 즉 공급망 가시성 부족이나 위조 부품 유통, 비효율적인 수기 프로세스 등을 해결할 수 있는 도구로 주목받고 있다. 다음으로 제조 분야의 주요 활용 사례와 기대 효과를 정리한다.

| 공급망 투명성과 추적성 강화 |

제조 공급망에서는 제품의 원자재 출처와 이동 경로를 추적하는 일이 매우 중요하다. 블록체인을 도입하면 복잡한 공급망 네트워크상의 데이터를 '단일 진실원(Single Source Of Truth)'으로 공유할 수 있다. 모든 거래와 상품 이동 기록이 참여 노드들의 분산원장에 변조 불가능한 형태로 기록되기 때문에, 엔드투엔드(End-To-End)로 제품 진위와 위치를 추적할 수 있다. 이를 통해 제조사는 원산지 증명, 부품 이력 관리, 재고 흐름 등을 실시간 투명하게 파악하게 된다. 예를 들어 한 자동차 제조사의 부품 공급망에 블록체인을 적용하면 각 부품의 생산 일자와 품질 인증 정보, 물류 이동 경로가 모두 체인에 기록되어 위조 부품 유입이나 부품 불량 추적이 용이해진다. 블록체인을 활용한 탈중앙화 공급망 시스템에서는 모든 참여자가 동일 데이터를 검증하므로 위조나 사기 시도가 발견 즉시 차단되어 소비자에게까지 투명하게 정보를 제공할 수 있다. 그 결과 최종 소비자로서도 제품에 대한 신뢰가 높아지며, 브랜드 품질 관리에도 긍정적인 효과를 준다.

| 스마트 계약을 통한 운영 효율화 |

제조 업계에서는 자재 발주나 재고 관리, 품질 검수와 같은 다수의 프로세스가 사람의 개입으로 이루어지며 복잡한 문서 작업을 수반한다. 블록체인 기반 스마트 계약을 활용하면 이러한 프로세스들을 자동화하여 운영 효율을 크게 높일 수 있다. 스마트 계약은 사전에 정해진 조건이 충족되면 해당 업무 절차를 자동 실행하므로, 예컨대 공급업체가 납품을 완료하면 블록체인상에서 자동으로 검수 확인과 대금 지급이 이루어지도록 설정할 수 있다. 실제로 일부 선진 제조기업들은 조달과 재고 관리에 스마트 계약을 도입하여 비용 절감과 서류 작업 감소 효과를 거두고 있다. 블록체인에 기록된 데이터는 변경 불가능하므로 공급업체와 제조사 간 분쟁 소지를 줄이고 지불·정산 시간을 단축시키는 부수 효과도 있다. 아울러, 제조사와 부품사, 물류사, 고객 간 데이터 공유를 안전하게 구현하여 협업을 강화한다. 예를 들어 제조사와 부품 공급업체가 블록체인으로 생산 일정을 공유하면 실시간으로 재고 정보와 수요 예측을 교환할 수 있어 재고 최적화 및 납기 단축에 기여한다. 이처럼 블록체인의 자동화 및 투명화 기능은 제조 운영 프로세스를 재설계(BPR)하여 생산성 향상과 신뢰 기반 협업을 가능케 한다.

| 지적재산권(IP) 보호 및 관리 |

제조 기업은 기술 혁신을 위해 연구개발(R&D)에 막대한 투자를 하며, 그 성과물인 특허와 영업비밀 등의 지적재산 보호가 경쟁력의 핵심이다. 블록체인은 분산 네트워크에 IP 관련 데이터를 저장하고 관리함으로써 안전하고 투명한 IP 관리 플랫폼을 제공할 수 있다. 예를 들어 신제품의 설계도나 공정 노하우에 대해 타임스탬프를 찍어 블록체인에 기록해 두면 추후 분쟁 시 해당 아이디어나 디자인이 언제 누구에 의해 창작되었는지 변조 불가능한 증거로 활용할 수 있다. 실제로 제조사는 새로운 기술에 대한 전자 노트를 블록체인에 저장해 선행기술을 입증하고, 이를 통해 특허 분쟁 발생 시 유리한 위치를 선점할 수도 있다. 또한 블록체인을 활용하면 지적재산의 거래와 라이선싱도 원활해진다. 스마트 계약으로 라이선스 조건을 설정하고 로열티 지급을 자동화함으로써, 라이선스 계약이 투명하고 정확하게 집행된다. 블록체인 기반 IP 관리 시스템은 중개자 없이도 소유권 증명과 이전이 가능하므로 기업들은 불필요한 법적 절차나 신뢰 문제 없이 기술 협력을 추진할 수 있다. 요약하면, 블록체인은 제조업 분야의 지적자산을 안전하게 보호하면서 가치 극대화를 지원하는 인프라가 될 수 있다.

| 지속가능성 데이터 관리와 인증 |

최근 제조업에서는 ESG 경영의 중요성이 커지며, 탄소 배출 감축, 친환경 원료 사용, 윤리적 생산 등 지속가능 경영활동에 대한 투명한 관리가 요구된다. 블록체인은 이러한 지속가능성 관련 데이터를 추적 가능하고 검증 가능한 형태로 기록하는 데 적합한 기술로 평가된다.[3] 예를 들어 공장의 에너지 사용량이나 탄소 배출량을 IoT 센서로 측정해 블록체인에 저장하면, 조작 없이 실시간 환경 데이터를 축적하게 된다. 이를 당국이나 이해관계자가 열람할 수 있어, 환경 규제 준수를 증명하는 자료로 활용된다. 실제 몇몇 글로벌 제조사는 원자재의 윤리적 조달을 위해 블록체인을 도입했다. 광산에서 생산된 원료의 운송 경로와 인권·노동 관련 준수 여부를 블록체인으로 추적하여, 최종 제품에 해당 정보(디지털 이력서)를 연계하는 식이다. 이러한 시스템을 통해 소비자는 자신이 구매한 상품의 탄소발자국이나 공급망의 투명성을 직접 확인할 수 있고, 기업은 친환경 노력을 대외적으로 입증할 수 있다. 블록체인의 변경 불가능한 기록 특성은 감사의 용이성을 높여주므로, 향후 제조물 책임이나 지속가능성 보고에서 신뢰받는 데이터 소스로 자리매김할 것이다.

이처럼 블록체인과 토큰 경제는 제조 분야에서 공급망 관리 혁신, 운영 프로세스 자동화, IP 자산 보호, ESG 데이터 투명성 등의 영역에 응용되어 실질적인 가치를 창출할 수 있다. 다만 제조 현장에서의 성

---

3 김석규 (2023), [기자칼럼] 블록체인 기술로 제조 혁신 - 뉴스밸류

공적인 도입을 위해서는 기술 인프라 구축뿐 아니라 협력사 간 표준 합의, 데이터 공유에 대한 신뢰 구축, 그리고 변화 관리 등이 병행되어야 한다. 다음으로는 콘텐츠 산업에서 블록체인과 토큰 경제가 가져오는 변화와 기회를 살펴본다.

5. 콘텐츠 산업에서의 블록체인과 토큰 경제 활용

콘텐츠 산업은 디지털 시대에 급격한 변화를 맞고 있으며, 블록체인과 토큰 경제는 창작자 중심의 새로운 패러다임을 제시하고 있다. 전통적으로 예술가나 작가, 방송인 등 콘텐츠 창작자는 중개 플랫폼이나 유통사를 통해 수익을 배분받았지만, 블록체인을 활용하면 분산형 플랫폼에서 직접 수익화하거나 팬과 상호작용하는 모델을 구현할 수 있다. 특히 NFT(Non-Fungible Token, 대체불가토큰)의 등장은 디지털 콘텐츠에 유일성과 희소성을 부여함으로써 새로운 시장을 열었다. 아래에 콘텐츠 산업에서 블록체인과 토큰 경제가 활용되는 주요 사례를 살펴본다.

| NFT를 통한 디지털 자산화와 수익 창출 |

NFT는 블록체인 기술을 기반으로 디지털 창작물에 고유한 식별 값을 부여한 일종의 증명서이다. 이미지, 음악, 영상, 게임 아이템 등 어떤 디지털 콘텐츠라도 NFT로 발행하면 원본성(Authenticity)과 소유권을 공증할 수 있다. 이는 복제가 용이했던 디지털 작품에도 희소가치를 부여하여, 창작자가 새로운 수익을 창출할 길을 열어준다. 예를 들어 디지털 아티스트는 자신의 작품을 NFT로 만들어 경매에 부칠 수 있고, 팬이나 수집가는 그 NFT를 구매함으로써 해당 작품의 공인된 소유자가 된다. 이때 거래 이력은 모두 블록체인에 기록되어 투명하게 공개되고, 작품의 진위나 소유 변천을 누구나 검증할 수 있다. 실제로 2021년 전후로 전 세계적으로 NFT 아트 열풍이 불며 수많은 디지털 그림과 음원이 NFT로 판매되었고, 유명 가수나 스포츠 리그도 NFT 상품을 출시하였다. 이러한 흐름 속에 국내 콘텐츠 기업들도 NFT 사업에 적극적으로 나서고 있다. 대표적으로 CJ ENM은 자사가 보유한 드라마, 음악 등 IP(Intellectual Property)를 활용해 NFT를 발행하고 블록체인 기반 팬 플랫폼을 구축하는 사업을 시작했다. CJ ENM 산하 스튜디오드래곤의 인기 드라마나 아이돌 그룹(JO1, INI 등)의 콘텐츠가 NFT로 만들어져 팬들과 소통하는 데 활용되고 있으며, OTT 플랫폼 티빙의 오리지널 콘텐츠까지도 아우르는 광범위한 NFT 활용 전략을 수립하고 있다. 이처럼 NFT를 통한 디지털 자산화는 콘텐츠 기업에 새로운 수익원이자 브랜드 강화 수단으로 부상하고 있다.

| 팬덤 경제와 커뮤니티 보상 |

블록체인은 콘텐츠 창작자와 팬(시청자) 사이의 관계를 재정립하고, 팬덤 경제를 활성화하는 데 활용되고 있다. 예를 들어 음악 아티스트나 스포츠팀은 자체 팬 토큰을 발행하여 팬들에게 배포함으로써, 일

---

4 최정우 (2022), 콘텐츠업계, '블록체인·NFT'에 빠졌다…CJ ENM 가세

종의 참여형 멤버십을 구축할 수 있다. 팬 토큰을 보유한 팬들은 투표를 통해 아티스트의 일부 의사결정에 참여하거나, 토큰을 사용해 한정판 상품이나 이벤트에 접근하는 특별 권한을 얻을 수 있다. 이는 팬들에게 소속감과 보상을 주는 동시에, 아티스트에게는 충성도 높은 팬층을 확보하는 효과가 있다. K팝 산업에서도 이러한 움직임이 나타나고 있다. JYP엔터테인먼트는 국내 가상자산 거래소와 제휴하여 K팝 기반 NFT 및 토큰 플랫폼 사업에 뛰어들겠다고 발표하였고, 자사 아이돌의 세계관을 메타버스와 연계하는 등 팬덤 확장 전략을 추진하고 있다. 실제로 JYP는 2022년 블록체인 기업 두나무(업비트 운영사)와 파트너십을 맺고 아티스트의 팬 활동을 토큰화하는 방안을 모색하고 있다고 밝혔다. 이러한 사례들은 콘텐츠 업계 전반이 블록체인 기술을 활용해 팬덤을 경제화하려는 추세임을 보여준다. 아울러 보상형 소셜미디어 플랫폼들도 등장했는데, 이용자가 글을 쓰거나 동영상을 올려 조회수를 얻으면 해당 플랫폼의 토큰으로 보상하는 식이다. 이러한 모델은 사용자의 기여도에 따라 공정한 보상을 지급함으로써 양질의 콘텐츠 생산을 장려하고, 참여자들은 활동이 곧 경제적 이익으로 연결되므로 더 활발하게 플랫폼에 기여하는 선순환이 기대된다.

| 저작권 관리 및 로열티 투명성 제고 |

블록체인은 콘텐츠 저작권자의 권리 보호와 사용료 정산 분야에도 혁신을 가져오고 있다. 전통적인 디지털 콘텐츠 유통에서는 저작권 관리가 중앙화된 저작권 기관이나 플랫폼에 의존했는데, 블록체인을 활용하면 분산된 저작권 원장을 통해 투명하고 자동화된 관리가 가능하다. 예를 들어 음악 한 곡의 유통 경로와 사용 횟수를 블록체인에 기록하고 스마트 계약으로 로열티 배분 조건을 설정해 두면, 스트리밍 발생 시마다 권리자들에게 자동으로 수익이 배분된다. 이 경우 중개사의 개입 없이도 저작권자, 작곡가, 제작자 등 이해관계자 모두에게 사전에 합의된 비율로 실시간 정산이 이루어지므로 불투명하거나 지연된 정산 문제가 해소된다. 또 하나의 예로, 영화나 방송 분야에서는 저작권을 조각 투자 형태로 토큰화하는 시도가 있다. 영화 제작에 투자한 사람들이 토큰 보유 비율만큼 향후 수익을 돌려받는 구조를 스마트 계약으로 구현하면, 투자금 회수와 수익 분배가 자동으로 이행되고 투자자들 역시 블록체인상에서 투명하게 결과를 확인할 수 있다. 더 나아가 콘텐츠 이용 라이선스를 NFT로 만들어 거래하는 사례도 나타나고 있다. 한 예로, 사진작가는 자신의 사진 저작권을 NFT화 하여 판매하면서 구매자에게 일정 기간 상업적 활용 권리를 부여할 수 있다. 이때 NFT 스마트 계약에는 이용 기간, 용도, 대가 등이 명시되고 만료 시 자동으로 권리가 회수되도록 프로그래밍 된다. 이러한 블록체인 기반 저작권 관리는 콘텐츠의 불법 유통을 방지하고 정당한 권리 행사를 보장하는 수단으로써 주목받고 있다.[5] 블록체인에 기록된 저작물의 사용 내역은 공개 검증이 가능하므로, 권리 침해 발생 시 증거로 활용되거나 징수된 사용료의 유통 경로를 투명하게 추적하는 데에도 유용하다.

---

5 이지영 (2018), 블록체인이 만드는 콘텐츠 산업의 미래

요약하자면, 블록체인과 토큰 경제는 콘텐츠 산업에서 창작자에게 힘을 실어주고 팬과 소비자에게 새로운 경험을 제공하는 방향으로 활용되고 있다. 디지털 콘텐츠의 자산화(NFT), 팬덤 참여 강화(토큰), 저작권 투명성 등은 모두 중개자를 줄이고 참여자들에게 더 많은 가치와 권한을 돌려주는 탈중앙화 효과를 보여준다. 다만, 이러한 변화과정에서 기술 활용에 따른 저작권 법적 쟁점이나 투기 과열 가능성 등에 대한 면밀한 검토도 필요하다. 다음 절에서는 유통 및 소매 분야에서의 블록체인 활용 사례를 살펴본다.

——— 6. 유통 및 소매 산업에서의 블록체인과 토큰 경제 활용

유통·소매 분야는 생산자와 소비자를 연결하는 산업으로, 상품의 출처 정보와 유통 이력, 고객 신뢰 구축이 핵심이다. 블록체인은 이 분야에서 공급망의 투명성 강화, 제품 진품 인증, 고객 로열티 프로그램 혁신 등 다양한 용도로 응용되고 있다. 전 세계 유통기업들은 식품 안전 관리부터 명품 인증, 포인트 프로그램 개선에 이르기까지 블록체인을 도입해 운영 효율과 신뢰 향상을 추구하고 있다. 주요 사례와 효과를 살펴보면 다음과 같다.

| 식품 유통 이력 추적을 통한 안전성 제고 |

신선식품이나 식품 소재의 경우 생산지부터 식탁에 오르기까지의 경로를 투명하게 추적하는 것이 식품 안전과 품질 관리에 중요하다. 블록체인을 활용하면 농장, 가공공장, 물류센터, 마트 등 공급망 각 단계의 데이터를 하나의 공유 원장에 기록하여, 식품 이력을 실시간으로 파악할 수 있다. 예컨대 미국의 월마트(Walmart)는 식품 이력 추적 시스템에 블록체인을 도입하여, 과거에는 문제가 있는 제품의 원인을 찾는 데 6일 이상 소요되던 것을 불과 2.2초 만에 역추적할 수 있게 만들었다.[6] IBM과 협력한 이 프로젝트를 통해 월마트는 상하기 쉬운 식품에서 이상이 발견될 경우 원인을 즉각 규명하고 해당 로트(batch)만 선별 폐기함으로써, 이전처럼 전량 리콜하는 비효율을 해소하였다. 블록체인 기반 식품 이력 시스템은 단계별 센서(IoT) 데이터까지 결합하여 온도 유지 정보, 배송 시간 등이 자동 기록되므로, 부적절한 취급이나 조작을 사전 차단한다. 이러한 투명성은 유통 기업에게는 품질 관리 효율화를, 소비자에게는 안전한 먹거리 제공을 의미한다. 실제로 네슬레, 돌(Dole) 등 글로벌 식품기업들이 참여하는 IBM의 '푸드 트러스트(Food Trust)' 플랫폼에는 대형 유통사들이 연이어 합류하며 식품 공급망의 공동관리 생태계를 구축하고 있다. 블록체인을 통해 식품 이력을 관리하면 문제가 생겼을 때 책임 소재를 명확히 규명할 수 있어 업계 전체의 신뢰 향상으로 이어진다.

| 제품 정품 인증과 위조품 방지 |

명품 패션, 화장품, 주류 등 소매 분야에서는 정품 인증이 중요한 이슈다. 고가 상품일수록 위조품 유통으로 인한 소비자 피해와 브랜드 신뢰도 하락을 막기 위해, 업계는 정품 여부를 디지털로 증명하는 방안을 모색해왔다. 블록체인을 활용한 대표 사례로, 프랑스의 루이뷔통 모에헤네시(LVMH)와 이탈리아의 프라다(Prada), 스위스의 까르띠에(Cartier) 등이 연합해 출범시킨 아우라(Aura) 블록체인 컨소시엄이

---

6 이호승, 심희진, 강민호 (2020), 블록체인으로 식품이력 관리…문제 발생 역추적 2.2초면 끝

있다. 아우라 컨소시엄은 명품 제품 하나하나에 대해 디지털 보증서 (Digital certificate)를 블록체인에 발행하는 공동 플랫폼이다.[7] 이 디지털 보증서에는 해당 상품의 제조 일자와 장소, 한정판의 경우 생산 수량 등 제품 신원정보가 모두 담긴다. 소비자는 명품 구매 시 부여된 QR코드 등을 통해 블록체인에 등록된 제품 정보를 직접 확인함으로써 정품 여부를 손쉽게 검증할 수 있다. 이는 종전의 종이 보증서나 홀로그램 스티커보다 훨씬 신뢰도가 높고 위·변조가 불가능한 인증 수단이다. 명품 업계가 이러한 최신 기술까지 도입한 것은 그만큼 위조품 문제가 심각하기 때문이다. 아우라와 같은 블록체인 인증은 중고 거래 시장에서도 중요해지고 있는데, 온라인 명품 리세일 플랫폼들이 중고품 판매 전에 해당 제품의 NFT 보증서를 확인하는 절차를 도입하는 추세다. 이를 통해 중고 거래에서도 진품만이 유통되도록 함으로써 소비자 신뢰와 중고 명품의 자산 가치를 유지하고 있다. 요약하면, 블록체인은 유통산업에서 제품의 출생증명서 역할을 수행하며, 브랜드 가치를 보호하는 동시에 소비자에게 투명한 정보를 제공하는 도구로 자리 잡고 있다.

| 고객 로열티 프로그램의 혁신 |

유통·소매 기업들은 고객 충성도를 높이기 위해 오랫동안 포인트 적립이나 멤버십 등급 제도를 운용해왔다. 블록체인과 토큰 기술은 이

---

7 구정모 (2022), 세계 명품브랜드들 위조품 공동대응…블록체인으로 정품인증 | 〈연합뉴스〉

러한 로열티 프로그램을 한 단계 발전시킬 수 있는 가능성을 보여준다. 우선 포인트를 토큰화함으로써 얻는 이점이 있다. 서로 다른 브랜드 간 포인트 교환이 어려웠던 기존과 달리, 토큰은 상호 운용성이 높아 여러 플랫폼에서 통용될 수 있다. 예를 들어 백화점, 마트, 온라인몰의 포인트를 각각 쌓던 것을 하나의 공통 토큰으로 묶으면, 고객은 각기 다른 가맹점에서 동일한 가치 단위로 혜택을 누릴 수 있어 편의성이 증대된다. 실제 사례로 국내 한 유통 그룹은 계열사 공통의 블록체인 기반 포인트 토큰을 시범 도입하여, 고객이 온오프라인을 가리지 않고 통합 포인트를 적립·사용할 수 있게 한 바 있다. 또한 NFT 멤버십이라는 개념도 등장했다. 세계적인 커피 전문점인 스타벅스는 2022년 스타벅스 오디세이 프로그램을 선보이며 NFT 기반의 고객 리워드 시스템을 도입했다. 오디세이에서는 고객들이 일정 미션을 수행하면 한정판 디지털 스탬프(NFT)를 보상으로 지급하며, 이 NFT를 보유하면 특별 이벤트 참여나 상품 할인 등의 혜택을 얻을 수 있다. 이처럼 NFT를 활용하면 고객들에게 소장 욕구를 불러일으키는 동시에, 브랜드 커뮤니티 참여를 유도할 수 있다. 국내 유통업계에서도 백화점이나 편의점 등에서 NFT를 마케팅에 접목하고 있다. 예를 들어 신세계백화점은 자사 캐릭터 '푸빌라(Poohvila)'를 활용한 NFT를 발행하여 젊은 고객들의 관심을 끌었고, 보유 고객에게 쇼핑 할인 및 제휴사 혜택을 제공하였다.[8] 이러한 NFT 멤버십은 겉보기에는 기존의 포인트·멤버십과 유

---

8 토스피드 (2022), 스타벅스, 신세계, 롯데까지, 기업이 NFT에 빠진 이유는?

사하지만 디지털 자산으로서의 교환 가능성과 커뮤니티적 요소를 지니고 있어 차별화된다. 요컨대 블록체인을 통해 유통기업들은 고객 경험을 새롭게 디자인하고, 충성도 높은 팬 고객을 확보하기 위한 전략을 전개하고 있는 것이다.

종합하면, 유통 및 소매 분야에서 블록체인과 토큰 경제는 상품과 고객 데이터를 연결하여 신뢰와 참여를 끌어내는 방향으로 활용되고 있다. 공급망의 투명한 관리는 제품 안전과 품질을 담보하고, 정품 인증 솔루션은 브랜드와 소비자를 보호하며, 토큰화된 로열티는 고객에게 새롭고 재미있는 참여 동기를 부여한다. 이러한 혁신을 통해 유통사는 운영 효율과 고객 충성도를 동시에 제고하고, 소비자는 안전하고 개인화된 서비스를 누릴 수 있게 된다.

7. 블록체인 도입의 과제와 고려 사항

블록체인과 토큰 경제가 제공하는 기회가 크지만, 기업이 실제 도입하고 운영하는 과정에는 여러 현실적인 도전과제가 존재한다. 혁신 기술을 성공적으로 활용하기 위해서는 이러한 한계점을 인지하고 대비책을 마련하는 것이 중요하다. 주요 고려사항은 다음과 같다.

| 기술적 확장성과 표준화 문제 |

현재 많은 블록체인 플랫폼들이 초당 거래 처리량(TPS)이나 네트워크 확장성 측면에서 한계를 가진다. 기업용 응용에서는 대량의 거래를 빠르게 처리해야 하는데, 퍼블릭 블록체인의 경우 합의 알고리즘 특성상 지연이 발생하거나 비용(수수료)이 증가할 수 있다. 또한 이종 블록체인 간 상호 운용성(Interoperability) 부족과 데이터 표준 미비로 인해, 다양한 시스템을 연결하는 데 장애가 있다.[9] 예를 들어 공급망 전체를 하나의 체인에 담기 어려워 여러 플랫폼을 쓸 경우, 각 체인의 기록을 연결하고 통합 분석하기가 쉽지 않을 수 있다. 따라서 기업은 프라이

---

9 김석규 (2023), [기자칼럼] 블록체인 기술로 제조 혁신 - 뉴스밸류

빗 블록체인이나 컨소시엄 체인 등을 활용해 성능과 데이터 접근을 제어하거나, 레이어2 솔루션 등 확장 기술을 검토하여 기술적 한계를 극복할 방안을 고려해야 한다. 아울러 산업 표준 단체를 통해 데이터 규격과 상호운용 프로토콜을 정립하고, 향후 표준화된 플랫폼이 나오면 유연하게 전환할 수 있도록 준비하는 것이 바람직하다.

| 데이터 프라이버시와 보안 이슈 |

블록체인은 참여자가 데이터를 공유하는 구조이므로 민감 정보의 프라이버시 문제가 제기된다. 기업용 블록체인에서는 거래 내역이나 계약 내용이 모두 노출되지 않도록 접근 권한 관리와 암호화 기술이 병행되어야 한다. 예컨대 의료나 제조 품질 데이터처럼 기밀성이 요구되는 정보는 프라이빗 체인에 저장하거나, 온체인에는 해시만 기록하고 상세 데이터는 오프체인 저장소에 두는 하이브리드 방식을 고려할 수 있다. 또한 사이버 보안 역시 중요한 과제다. 블록체인 자체는 위변조가 어렵지만, 애플리케이션 계층이나 사용자 단의 취약점(예: 지갑 해킹, 키 유실 등)은 여전히 존재한다. 스마트 계약 코드의 버그로 인한 해킹 사례도 보고되고 있다. 따라서 보안 감사와 운영상의 통제를 강화하고, 사용자 교육을 통해 키 관리에 만전을 기하는 등의 조치가 필요하다. 아울러 합법성과 규제 준수 측면도 간과할 수 없다. 산업에 따라 데이터 주권이나 개인정보보호 규제가 엄격한 경우가 있는데, 모든 거래 불변으로 남는 블록체인 특성이 GDPR 같은 개인정보 규정과 충돌할 수 있다. 토큰을 발행할 때도 증권형 토큰인지, 결제수단으로 간주하는지 등 법적 지위를 검토해야 하며, 해당 국가의 재무규제나 소비자보호법을 준수할 방안을 마련해야 한다.

| 운영 비용과 기존 시스템 통합 |

새로운 IT 인프라를 도입하는 데 따르는 비용 구조와 ROI(투자대비효과) 분석도 필요하다. 블록체인 노드를 운영하고 스마트 계약을 개발·배포하는 데 드는 비용, 그리고 참여자들을 설득하여 시스템을 채택하게 하는 변화 관리 비용을 고려해야 한다. 예를 들어 소규모 협력사까지 포함된 공급망 블록체인을 구축하려면 기술 수준이 다른 참여자 전원이 시스템을 사용하도록 지원해야 하는데, 이는 생태계 조율 비용으로 작용할 수 있다. 또한 기존에 운용 중인 ERP, SCM, CRM 등의 레거시 시스템과의 연계도 중요한 이슈다. 블록체인이 도입되더라도 완전히 기존 시스템을 대체하는 것이 아니라 상호 보완적으로 작동할 가능성이 높다. 이때 API 연동이나 데이터 동기화를 어떻게 효율적으로 할지, 중복 투자나 데이터 불일치 문제는 어떻게 피할지 등을 사전에 계획해야 한다. 마지막으로, 인력 역량 강화도 고려사항이다. 블록체인 전문성 있는 인력이나 개발사가 필요하며, 내부 직원들에게 새로운 프로세스에 대해 교육을 해야 원활한 정착이 가능하다.

8. 토큰 경제 설계 방법론

토큰 경제 설계는 명확한 목적 정의에서 출발한다. 프로젝트가 해결하고자 하는 경제적·사회적 문제, 목표 이용자군, 그리고 장기적 가치 창출 방향을 선명하게 규정해야만 이해관계자 간의 초기 혼선을 방지할 수 있다. 이러한 기획 단계가 끝나면 토큰 자체의 역할을 구체화한다. 토큰을 지불 수단, 거버넌스 도구, 접근 권한, 혹은 보상 메커니즘으로 활용할지 결정하면서 각 기능이 이용자 행동을 어떻게 유인하여 네트워크 효과를 촉진할지 검토한다.

다음 단계에서는 경제 모델을 정교하게 수량화한다. 총공급량, 발행 일정, 인플레이션 및 소각 정책을 포함한 토큰 흐름 구조를 설계하여 장기적인 수요·공급 균형을 도모한다. 이 과정에서 스테이킹 보상, 가격 안정 장치 등 지속가능한 가치 흐름을 마련하면 투기적 변동성을 완화할 수 있다. 이어서 기술 인프라를 선택한다. 퍼블릭 체인, 프라이빗 체인, 레이어2 솔루션 등 다양한 대안을 TPS, 보안성, 상호운용성, 업그레이드 용이성 측면에서 비교하여 병목 위험을 최소화한다.

거버넌스 구조 확립 역시 핵심 과업이다. 온체인·오프체인 의사결정 절차, 투표권 배분, 위임 방식, 거버넌스 공격 대응책을 명확히 규정함

표 6-1 | 토큰 경제 설계 과정

단계	주요 과업	핵심 고려사항	기대 효과
기획 단계	프로젝트의 목적·비전을 명확히 정의하고 이해관계자 간 합의를 도출.	토큰이 해결하려는 경제적·사회적 문제, 목표 이용자군, 장기적인 생태계 가치.	토큰 경제 설계의 방향성을 공유하여 초기 혼선을 방지.
토큰 역할 설정	토큰의 기능(지불, 거버넌스, 접근 권한, 보상 등)을 구체화.	토큰 유형 분류(유틸리티·증권·지불), 사용자 행동 유인, 네트워크 효과.	토큰 사용 시나리오가 명료해져 사용자 참여 가능성 향상.
경제 모델링	토큰 공급량, 발행 일정, 인플레이션·소각 정책을 수량적으로 설계.	고정·변동 공급 모델, 스테이킹 보상 구조, 수요 예측, 가격 안정 장치.	지속가능한 가치 흐름을 통해 투기적 변동성을 완화.
기술 인프라 선택	퍼블릭·프라이빗·레이어2 등 블록체인 구조를 결정.	TPS 요구치, 스마트 계약 언어, 상호운용성, 보안성, 업그레이드 용이성.	기술 병목을 최소화하여 안정적 서비스 제공이 가능.
거버넌스 설계	의사결정 구조와 권한 분배 메커니즘을 확립.	온체인·오프체인 절차, 투표권 배분, 위임 방식, 거버넌스 공격 방지책.	참여자 신뢰 확보와 생태계 자율성이 증대.
법적·규제 검토	관할권별 증권성 여부와 컴플라이언스 요건을 점검.	자금세탁방지(AML), 개인 정보, 조세, 회계 처리, 투자자 보호 규제.	법적 리스크를 사전에 차단하여 프로젝트 지속성을 확보.
발행·배포	토큰 세일, 에어드롭, 유동성 마이닝 등 배포 방식을 실행.	가격 책정 전략, 락업 조건, 유통 물량 관리, 시장 조성 계획.	초기 네트워크 효과를 촉진하며 토큰 분배의 공정성을 확보.
운영· 모니터링	시장·커뮤니티 지표를 분석하고 정책을 주기적으로 조정.	온체인 데이터 대시보드, 사용자 피드백, 보안 업데이트, 토큰 소각·추가 발행 조건.	생태계 건강성을 유지하고 장기적 성장 동력을 강화.

으로써 참여자 신뢰와 생태계 자율성을 확보한다. 동시에 관할권별 규제를 면밀히 검토한다. 증권성 여부, 자금세탁방지, 조세, 회계, 투자자 보호 등의 요건을 선제적으로 준수하여 법적 리스크를 최소화해야

프로젝트 지속성이 담보된다.

이후 발행 및 배포 단계에서는 토큰 세일, 에어드롭, 유동성 마이닝 등 구체적 방식을 실행한다. 가격 책정 전략과 락업 조건, 시장조성 계획을 정교하게 설계하면 초기 네트워크 효과가 극대화되고 분배 공정성도 높아진다. 마지막으로 생태계 운영과 모니터링을 통해 온체인 데이터, 커뮤니티 피드백, 보안 업데이트 등을 지속적으로 분석하며 토큰 소각·추가 발행 조건을 조정한다. 이러한 순환적 관리가 토큰 경제의 건강성과 장기 성장 동력을 강화한다. 아래 표는 이러한 토큰 경제 설계 과정을 요약한다.

———— 9. 토큰 경제를 통한 사회 혁신 사례

일본 기후현 히다시는 고령화율이 30%대 후반에 달하고 연간 순유출 인구가 1% 안팎으로 지속되던 2010년대 중반, 소득의 역외 유출을 억제해 지역경제를 선순환시키겠다는 목표 아래 2017년 '사루보보 코인(Sarubobo Coin)'을 도입하였다. 시청, 상공회의소, 그리고 지역 신용금고가 공동 추진 주체로 참여하면서, 사업 초기부터 "디지털 지역통화가 지역소멸 위험을 완화할 수 있는가"라는 정책 실험의 성격을 분명히 하였다.[10]

사루보보 코인은 1엔과 1:1로 고정된 명목가치를 유지하며, 발행·소각 과정에서 충전준비금을 100% 예치하도록 설계하였다. 기술적으로는 저비용의 폐쇄형 분산원장 구조와 오프라인 결제 기능을 병행하여, 고령층 사용자의 접근성과 소규모 상점의 수수료 부담을 동시에 완화하였다. 가맹점 수는 2024년 3월 기준 약 2,000곳으로 확대되었고, 같은 시점까지 누적 결제액이 1,040억 엔을 넘어섰다.[11]

10　Tashiro, M. (2018), Major Japanese corporation driving cryptocurrency usage – Brave New Coin

11　STOCK POINT株式会社. (2025), 地域金融機関のサステナビリティに向けた取り組み (Report No. 10). https://www.stockpoint.co.jp/news/pdf/20250327_report.pdf

인센티브 설계 역시 상당히 합리적이다. 시청과 지역 기업은 급여의 일부를 코인으로 지급하여 초기 유통을 보장하였고, 축제 기간에는 충전액의 5%를 즉시 적립해 소비를 촉진하였다. 백신 접종이나 자원봉사 참여에 대해서도 코인 보너스를 제공해 사회적 편익을 금전적 보상과 연결하였다. 이러한 '행동 기반 보상' 체계는 고정가치 토큰의 안정성을 유지하면서도 지역 내 소비를 반복적으로 유도하였다.[12]

거버넌스는 지방정부, 금융기관, 상공회의소, 주민 대표가 참여하는 운영협의회가 담당한다. 이 협의회는 발행 한도, 가맹점 심사, 거래 데이터 활용 방안을 공동 의결하며, 의결 결과는 스마트 계약으로 자동 집행된다. 온오프라인 투명성을 동시에 확보한 이러한 구조 덕분에 가맹점 수수료는 기존 카드 결제 대비 평균 40%가량 낮아졌고, 지역 상점의 현금흐름 안정성도 개선되었다.[13]

정책 효과는 의미 있는 수준이라고 판단된다. 2017년부터 2023년 사이 히다시의 순유출 인구 비율은 -1%대에서 -0.3%대로 완화되었으며, 가족 단위 관광객의 체류 일수와 1인당 소비액도 상승세를 보였다. 현금성 소득의 67%가 지역 안에서 한 차례 이상 재사용된다는 조사 결과는 토큰 경제가 자금 체류 시간을 실질적으로 늘렸음을 방증한다.[14]

결과적으로 사루보보 코인은 디지털 결제망, 행동 유인, 데이터 기

---

12 公益財団法人 ハイライフ研究所. (2021). https://www.hilife.or.jp/cities/data.php?case_id=297

13 김석규 (2023). [기자칼럼] 블록체인 기술로 제조 혁신 – 뉴스밸류

14 公益財団法人 ハイライフ研究所. (2021). https://www.hilife.or.jp/cities/data.php?case_id=297&utm_source=chatgpt.com

반 행정의 세 축을 합친 모델로서, 지역소멸 위험을 "관리 가능한 수준"으로 낮춘 일본형 토큰 경제의 대표 사례로 평가된다. 한국의 농산어촌이나 소도시가 유사 사업을 추진할 경우, 단순 할인형 지역화폐에서 나아가 행동 기반 보상과 행정 데이터 연계를 결합하는 '히다 모델'을 참고할 필요가 있다.

——— 10. 블록체인을 경영에 연결하다

블록체인과 토큰 경제는 더 이상 금융업계만의 화두가 아니다. 제조, 콘텐츠, 유통 등 전통적인 비금융 산업에서도 이 기술을 활용한 디지털 혁신이 현실화되고 있다. 본 장에서 살펴본 사례들처럼, 블록체인은 공급망의 투명성 제고, 운영 효율화, 제품 진위 인증, 창작물 수익화 등 다양한 맥락에서 실질적인 비즈니스 가치를 창출하고 있다. 토큰 경제는 참여자들에게 경제적 인센티브를 제공하여 생태계 활성화를 돕고, 기존에 없던 새로운 비즈니스 모델을 가능케 한다. 이러한 장점들로 인해 많은 기업이 경쟁 우위 확보와 미래 준비 차원에서 블록체인 도입을 검토하고 있다.

그러나 한편으로 블록체인 기술의 도입은 단순한 IT 시스템 변경을 넘어 비즈니스 프로세스 재설계와 생태계 조정을 수반한다. 기술적 한계와 규제 문제 등 현실적 제약을 극복하려면 면밀한 검토와 점진적인 접근이 요구된다. 중간관리자들은 과장된 기대나 유행에 휩쓸리기보다, 자사 비즈니스의 고객 가치와 운영 효율 측면에서 블록체인이 가치 있는 해결책을 제공할 수 있는지를 구체적으로 따져보아야 한다. 가장 현실적인 접근은 작은 파일럿 프로젝트를 통해 기술을 시험하고 성과를 측정한 후 점진적으로 범위를 확대하는 것이다. 이 과정에서 사내 이해관계자의 교육과 협력사와의 공조를 끌어내는 변화관리도 병행되어야 한다.

궁극적으로 블록체인과 토큰 경제는 디지털 신뢰(Digital trust)를 기반으로 한 새로운 가치 창출의 장을 열고 있다. 데이터를 투명하게 공유하면서도 보안을 유지하고, 참여자의 노력에 보상이 따르는 구조를 만들어가는 것은 21세기 디지털 비즈니스의 중요한 축이 될 전망이다. 비금융 기업의 관리자들은 이러한 변화 흐름을 주시하며 선제적으로 대응할 필요가 있다. 적절한 분야에 블록체인을 도입하여 투명성과 효율성을 제고한 기업은 빠르게 변모하는 경영 환경 속에서 혁신 기업으로 자리매김하고 경쟁 우위를 확보할 가능성이 높다.[15] 반대로 준비되지 않은 기업은 새로운 디지털 생태계에서 뒤처질 위험이 있다. 결론적으로, 블록체인과 토큰 경제는 산업 전반에 걸친 디지털 트랜스포메이션의 핵심 도구로 부상하고 있으며, 이를 전략적으로 활용하는 기업은 향후 시장에서 지속가능한 성장과 신뢰를 얻는 기반을 다지게 될 것이다.

---

15 김석규 (2023), [기자칼럼] 블록체인 기술로 제조 혁신 – 뉴스밸류

우주 경영

민간 우주시대의 도래와 경영학의 역할

권오병

한눈에 보기

우주경제의 깃발을 올린 하버드 경영대학원 매튜 와인지얼(Matthew C. Weinzierl) 교수가 언급한 대로 "우주는 우리의 마지막 경제 프런티어"이다.[1] 최근 신산업인 인공지능 연관 산업이나 양자 기반 산업과 함께 우주산업도 관심의 대상으로 부각하고 있다. 글로벌 우주산업 규모가 2024년 사상 처음으로 6,000억 달러 대를 넘어섰고, 이중 우주선 발사 지원 서비스, 우주선 제조, 인공위성 및 지구관측 등이 핵심 시장을 형성하고 있다.[2]

앞으로 충분한 수의 지구인이 우주 공간으로 나가게 되면, 이들의 경제 활동을 위한 새로운 기술, 제품, 서비스가 고안될 것이고, 우주산업과 기술의 업클라이밍식 선순환을 통해 정부, 기업과 소비자들에게 의미가 있는 가치를 선사하는 밸류업을 이루도록 하는 것이 매우 중요해질 것이다.

—— 1. 민간 우주시대: 지구를 넘어서는 경제

| 우주로 향하는 기업의 질문 |

옛날 우리는 밤하늘의 달을 바라보며 상상의 나래를 펼치곤 했다. 저 달에는 토끼가 살고 있을지도 모른다는 생각과 함께 말이다. 하지만 발사 및 탐사 기술의 발달로 지구 대기권을 벗어나 달을 바라보게 되고, 더 나아가 달에서 지구를 조망하는 시대를 맞이하게 되었다. 이러한 진보는 정부 및 우주 과학자들과 민간 우주 기업들의 끊임없는 도전과 기술 혁신 덕분이다.

그러나 이 변화는 단지 과학기술의 영역에 머무르지 않는다. 경제 또한 우주로 확장되고 있다. 예전에는 국가 내부에서만 이루어지던 거래, 즉 도메스틱 경제가 중심이었으나, 20세기 이후 국경을 넘어서는 글로벌 비즈니스의 시대를 살고 있다. 여기서 '글로벌(Global)'이란 단어는 지구 내의 국가 간 경계를 넘는 활동임을 내포한다. 하지만 이제 인류는 지구를 넘어서고 있다. 달, 화성, 유로파 등이 새로운 목적지로 등장하고 있다. 이들 사이의 사회경제적 상호작용이 발생하면 점차 '행성 간 경제(Interplanetary Economy)'라는 새로운 시대의 문턱에 서게 될 것이다. 이러한 변화와 함께 국제경영학은 새로운 연구대상에 직면할 것이다. 예컨대 2024년, 민간의 관심을 끈 주요 뉴스 중 하나는 목성의 위성 유로파 탐사 계획이다. 유로파의 얼음 아래 바다가 존재할 가능성이 있다는 점은 많은 이들의 호기심을 자극하며, 그 안에 혹시 생명체가 존재할지도 모른다는 상상은 과학자들을 끌어들이고 있다.

또한 대형 발사체 회수 및 재사용 기술은 지구에서 우주로 물체를 올려보내는 데 소요되는 비용을 혁신적으로 낮추고 있다. 과거에는 상상조차 할 수 없었던 일이지만, 이제는 민간 기업도 개인도 우주에 물자를 보낼 수 있는 시대가 된 것이다. 그렇다면 우리는 묻게 된다.

"기업은 우주선에 무엇을 실어 보낼 것인가?"

이 질문은 경영전략 의사결정의 대상이 될 것이다. 더 나아가, 인류가 달이나 화성에 정착하게 된다면, 그곳에 거주하는 사람들에게 필요한 식량, 의류, 통신장비, 생필품은 누가 어떻게 제공할 것인가? 지구에서 공급할 것인가, 아니면 우주 환경에서 자급자족하게 할 것인가? 이는 단지 우주항공산업에 국한된 문제가 아니다. 패션, 식품, 통신, 바이오헬스, 전자 등 지구에서 활동하던 거의 모든 산업이 우주로의 확장을 고민해야 할 시점이 온 것이다.

| 우주라는 블루오션 |

실제로 세계 최초로 민간 우주 유영을 체험한 제프 베이조스가 지구의 아름다움을 목격하고 감탄만 하다가 온 것은 아니었다. 그가 착용한 우주복은 차세대 기능성 의류로 주목받았고, 우주에서의 데이터 송수신 방식은 미래 통신기술에 대한 새로운 영감을 주었다. 이제는 우주 관련 기업뿐 아니라, 우주와 무관했던 대·중소기업들마저도 우주를 가까운 미래의 시장으로 바라보게 되었다. 그렇다면 진지하게 자문해 보아야 할 질문이 있다.

"미래의 기업은 반드시 지구에만 머물러야 하는가?"

한국의 기업들도 이제는 지구의 소비자만을 상대로 할 필요가 없다. 이렇게 되면 우주는 새로운 블루오션이 될 수 있다. 누군가 먼저 발을 내디딘다면, 그 기업은 우주에서 가장 신뢰받는 식품회사, 가장 인기 있는 전자기기 브랜드, 가장 혁신적인 반도체 제조사로 자리매김할 수 도 있다.

전 세계 우주산업 시장 규모는 빠른 성장을 거듭할 가능성이 크다. 점점 더 안정화되고 있는 발사 및 탐사 기술을 볼 때, 그리고 우주의 광활함과 우주 자원의 광대함을 고려할 때 제로섬과 무한경쟁의 덫 에 쉽게 빠지지 않을 것으로 보일진대, 우주산업 시장이 퇴보할 특별 한 이유가 없다. 특히 주력 시장인 발사체나 인공위성 서비스뿐 아니 라, 같은 토대에 선 금융이나 보험, 법률, 물류, 콘텐츠 산업 등의 비중 이 우주산업 성숙의 어느 구간을 넘어서면 급속히 커질 것으로 보인 다. 그래서 하버드대학조차 이제는 '우주경제학(Space Economics)'이라 는 새로운 분야에 관심을 기울이기 시작했다.[1, 3]

──── 2. 문 레이스 2.0과 달 경제의 시대

20세기 중반, 미국과 소련이 경쟁적으로 우주를 향해 나아가던 시절이 있었다. 인류 최초로 달에 발을 디딘 아폴로 11호의 성공은 '문 레이스(Moon Race) 1.0'의 상징적 사건이었다. 이 시기에는 국가 주도의 기술력과 정치적 위상이 주요한 원동력이었다. 그러나 시간이 흘러, 우리는 지금 문 레이스 2.0이라는 새로운 시대를 살아가고 있다.[4]

이번 달 경쟁은 과거처럼 단순히 "누가 먼저 가느냐?"의 문제가 아니다. 지식과 기술의 발전 의지, 잠재적인 달 자원의 경제적 가치, 그리고 정치·경제학적인 이해관계까지 맞물려, 이제는 민관 협력이 핵심축이 되고 있다. 다시 말해 과거의 문 레이스가 '국가의 자존심'이라면, 오늘날의 문 레이스는 '협력과 투자'의 장이 되어 가고 있다. 이러한 문 레이스 2.0 시대에 함께 부상하는 개념이 바로 '달 경제(Lunar Economy)'다. 단지 기지를 달 표면에 건설하는 것으로 끝나는 것이 아니다. 이것은 단순한 탐사가 아닌, 새로운 경제 생태계의 출발점이 된다.

| 스핀오프를 넘어서 스핀온까지 |

우주기술이 일상생활로 파생되는 스핀오프(Spin-off) 사례는 이미 익숙하다. GPS, 기능성 선글라스, 진공 단열재, 정수 시스템 등은 모두 우주기술의 부산물이다. 그러나 달 경제가 진정으로 자리를 잡기 위해서는 이제는 그 반대 방향의 접근, 즉 '스핀온(Spin-on)'이 필요하다. 이는 전통적인 우주 분야가 아닌, 일반 전공자나 민간 기업, 스타트업 등이 우주산업에 새롭게 진입하는 흐름을 말한다. 일반 산업 분야에서도 우주를 바라보며 비즈니스 모델을 설계하고, 기술을 개발하며, 새로운 시장을 개척하는 시대가 도래하고 있는 것이다.

달 경제가 제대로 자리 잡기 위해서는, 단일 우주 임무의 성공적 수행을 넘어서 지속가능한 생태계를 조성하는 것이 중요하다. 이를 위해 먼저 법과 제도의 정비가 필요하다. 우주 활동에 필요한 행정적 기반과 규범, 금융 및 보험 시스템 등이 마련되어야 하며, 실패를 두려워하지 않고 도전할 수 있도록 안전망 역할을 하는 금융 지원도 필수적이다. 토목, 통신, 산소와 에너지 공급, 상하수도와 같은 기반 인프라역시 구축되어야 하고, 달에서의 인간 거주를 고려한 의료, 식량, 주거 등 생존 조건도 준비되어야 한다.

또한 우주 환경에 적응할 생명체들에 대한 준비도 필요하다. 인간 우주인은 물론, 로봇, 식물, 동물, 미생물 등 다양한 존재들이 달에서 지속가능하게 생존할 수 있도록 선발하고 훈련하며 지원하는 체계가 갖추어져야 한다. 이 모든 과정을 이끌어갈 리더십은 물론, 우주에서 새로운 공동체가 형성되었을 때 필요한 윤리와 규범, 문화적 가치도 함께 고민해야 한다. 특히 고위험 산업인 우주 분야에서 민간 기업이 참여하려면, 하이리스크에 걸맞은 하이리턴이 보장되는 보상 체계가 있어야 한다. 위험만 있고 수익이 없다면 누구도 이 거대한 모험에 뛰어들지 않을 것이기 때문이다. 따라서 국가 차원의 보상 시스템과 리스크 관리 체계 구축은 매우 중요한 과제가 된다.

무엇보다 달에서의 삶은 생존을 넘어 '살 만한 삶'이어야 한다. 물리적 안전과 생물학적 유지 외에도, 인간은 문화와 예술, 신앙, 오락, 교육 등 삶의 질을 구성하는 요소들을 필요로 한다. 달에 정착한 인류가 "지구보다 이곳이 더 행복하다"고 느낄 수 있을 정도의 환경이 조성되어야, 진정한 달 경제 생태계가 완성되는 것이다.

| 달 개척 모델과 시사점 |

달 경제를 상상할 때, 우리는 과거 인류가 경험했던 개척의 역사 속에서 몇 가지 의미 있는 모델을 떠올릴 수 있다. 각각의 모델은 우주라는 새로운 영역을 어떻게 준비하고 접근할 수 있는지에 대한 중요한 통찰을 제공해 준다.

첫 번째는 성경 속 노아 홍수 이후의 세계다. 대홍수 이후 방주에 탑승한 여덟 명의 사람과 동물들은 새로운 땅에 발을 디딘 최초의 존재였다. 그들이 내린 곳에는 문명은커녕 아무것도 존재하지 않았다. 그들에게 허락된 것은 오직 방주 안에 있던 생존 자원뿐이었고, 외부에는 그 어떤 기반 시설도 없었다. 하지만 역설적으로 그들에게는 지구 전체가 하나의 가능성이었다. 모든 땅이 그들 앞에 열려 있었고, 그것은 곧 풍요로운 소유의 잠재성을 의미했다. 이들은 방주 안에 남은 자원으로 생존하며 초기 생활을 영위했을 것이고, 이후 농업과 목축을 시작하며 재생산 구조를 만들어 갔다. 그들은 가족 단위의 소규모 공동체로 시작했지만 시간이 흐르면서 점점 더 복잡하고 조직화된 문명으로 발전해 나갔다. 이는 초기 달 정착의 모습과도 유사하다. 자원이 극히 제한된 환경에서 제한된 인원이 생존을 도모하고, 이후 점차 자립과 확장을 꾀하는 것이다.

두 번째는 미국의 서부 개척 모델이다. 동부에서 서부로 이주한 개척자들의 주요 동기는 자원 확보와 자유로운 삶에 대한 열망이었다. 초기 개척자들은 생존이 최우선 과제였고, 황무지를 일구는 일은 녹록지 않았지만, 그들에게는 분명한 보상이 주어졌다. 제일 먼저 1785년도에 서부에서 토지를 판매할 수 있게 하고, 그 구획을 정리하는 것에 관한 법이 통과된다. 이어서 1862년에 제정된 '홈스테드 법'은 중요한 의미가 있다. 이 법은 개척자들에게 미개발 토지를 일정 면적 무상으로 분배하는 내용을 담고 있었고, 이로써 수많은 사람이 개척의 꿈을 실현할 수 있었다. 더불어 정부는 철도회사를 통해 교통 인프라를 확충하고, 지방정부를 설립해 개척지의 행정 기반을 마련했다. 이에 1862년부터 1864년까지 연이어서 대륙 횡단 철도 회사들에 자금을 지원해 준다. 그다음에 대륙 횡단 철도를 완공하고, 이어서 지방정부를 수립한다. 이러한 일련의 절차는 달 경제에 있어 매우 중요한 시사점을 준다. 곧, 정부 주도의 강력한 계획과 제도적 장치, 그리고 민간의 적극적인 참여를 유도할 수 있는 동기 부여 구조가 필요하다는 것이다. 개척자들에게는 단순한 도전만이 아니라, '정당한 소유'라는 명확한 인센티브가 있었기 때문에 대규모 이주와 정착을 할 수 있었던 것이다.

세 번째 모델은 '신도시 개발' 방식이다. 한국의 경우 신도시는 주로 서울시 인구를 분산시키기 위한 정부 주도의 계획적인 개발 사업으로, 철저하게 인프라가 선행되는 방식이 특징이다. 도로, 상하수도, 전기, 통신, 학교, 병원 등 생활의 기본이 되는 요소들을 먼저 설계하고 구축하며, 초기 입주자와 기업에는 분양 이익이나 운영 수익이라는 분명한 경제적 동기가 제공된다. 특히 이 과정에서 정부와 공공기관, 민간 기업이 함께 참여하고 각자 역할을 분담하는 구조는, 향후 달 거주지 개발에도 매우 유효한 모델로 활용될 수 있다.

이 세 가지 모델은 달 경제 구축을 상상하고 설계하는 데 있어 중요한 시사점을 던져준다. 무엇보다 핵심은 정부 주도의 철저한 계획이다. 초기에는 국가가 방향을 제시하고 제도적 틀을 마련해야 한다. 이때 민간 기업과 개인이 참여할 수 있는 명확한 동기 구조, 즉 소유의 권리와 수익의 가능성도 함께 제공되어야 한다. 또 하나 중요한 점은, 초기 개척이 단순한 거점 확보로 끝나지 않고, 확대 재생산이 가능한 구조를 갖추어야 한다는 것이다. 이를 위해 법률, 금융, 인프라, 행정, 문화 등 전방위적인 시스템이 함께 마련되어야 한다.

결국 문 레이스 2.0 시대의 달 경제는 '누가 먼저 도착하느냐'의 문제가 아니라 '누가 더 잘 정착하느냐'의 문제다. 과거의 개척 모델에서 배우는 것처럼 개척은 고립된 행위가 아니라 시스템적인 협업과 장기적 비전 속에서 완성되는 것이며, 달 역시 그러한 인류 확장의 다음 무대가 될 수 있다.

3. 발사체 이후의 우주산업

| 우주 자원의 재발견 |

달 경제의 본격적인 시작은 달 착륙 임무의 성공에서 비롯될 것이다. 하지만 그 이후 단계에서 더욱 핵심적인 과제는 바로 '우주 자원의 본격적인 활용'이다. 지구에 자원이 존재하듯, 우주 역시 인간이 활용할 수 있는 독특한 자원의 보고라는 점을 인식하는 것이 중요하다.

첫 번째로 주목해야 할 우주 자원은 '우주 환경' 자체다. 예를 들어 미세 중력이나 무중력 상태는 인간에게 생존을 위협하는 요인이 될 수 있지만, 동시에 지구에서는 구현할 수 없는 독특한 물리적 조건을 제공한다. 따라서 기존의 중력 조건에서는 불가능한 약물 제조, 신소재 개발 등이 가능하다. 무중력 상태에서의 결정 성장 기술이나 단백질 구조 해석 등은 이미 제약과 바이오산업에 시사점을 주고 있다. 또한 무중력 상태를 체험하는 관광이나 라그랑주 포인트(Lagrangian point)에서의 고정 관측 임무 등도 모두 우주 환경이라는 자원을 활용하는 사례다.

두 번째 자원은 '우주선(Cosmic ray)'이다. 일반적으로 우주선은 인체에 유해한 존재로 인식되지만, 이를 창의적으로 활용한 사례가 있다. 대표적인 예가 중국의 유전자 변형 기술이다. 중국은 우주선에 노출된

식물 유전자를 기반으로 추위나 가뭄에 강한 종자를 개발하는 데 성공했고, 이 종자는 곧바로 자국의 이커머스 플랫폼인 타오바오에 출시되어 단기간에 매진되는 성과를 거뒀다. 이는 우주선을 새로운 작물 개발에 활용할 수 있다는 가능성을 보여주는 중요한 사례다.

셋째는 행성 및 위성의 '무기질 자원'이다. 최근 주목받고 있는 적층 제조, 즉 3D 프린팅 기술을 활용하면 화성의 토양을 이용해 현지에서 벽돌이나 건축 자재를 생산할 수 있다. 이는 지구에서 무거운 자재를 수송하지 않고도 현지 자원으로 기반 시설을 구축할 수 있다는 점에서 경제성과 효율성을 동시에 충족시킬 수 있다. 또한 달에 존재하는 수분 역시 중요한 자원이다. 물은 단순한 생존 수단을 넘어 산소 및 수소로 분해되어 연료로도 활용 가능하며, 장기 거주와 심우주 탐사의 발판이 될 수 있다. 더 나아가 백금 등 고부가가치 금속을 함유한 소행성을 경제적으로 채굴할 수 있는 기술이 확보된다면, 우주는 새로운 광산으로서의 잠재력을 갖게 될 것이다. 실제로 룩셈부르크는 '플래니터리 리소스'라는 민간 기업을 통해 이러한 우주 채굴 프로젝트를 추진해 왔고, NASA 역시 소행성 포획 임무 연구를 진행해 왔다.

네 번째 자원은 우주 활동체이다. 여기에는 우주인과 로봇, 그리고 지구에서 이송된 동식물 등이 포함된다. 이들 활동체가 지속적으로 기능을 유지하고 활동을 이어가기 위해서는 다양한 소비재, 식량, 에너지, 의약품 등이 꾸준히 공급되어야 한다. 따라서 이들을 위한 우주 물류 시스템, 생명 유지 시스템, 소비재 유통 플랫폼 등도 매우 유망한 산업 영역이 될 수 있다. 이와 함께 현재 수천 개의 인공위성이 생성하고 있는 빅데이터 역시 일종의 디지털 우주 자원으로 간주할 수 있다. 이 데이터들을 정제하고 분석해 새로운 가치를 창출하는 데이터 기반 우주 서비스 또한 미래 유망 분야다.

다섯 번째로, 우주의 광활함 자체도 하나의 자산이다. 아마존 창업자 제프 베이조스는 중화학 산업이나 환경 오염을 유발하는 고위험 산업을 지구가 아닌 우주에서 해야 한다고 주장한 바 있다. 지구라는 행성에 과밀화된 산업을 외부로 분산시키는 이러한 사고는, 단순한 공상과학이 아닌 실질적인 장기 전략으로 논의되고 있다.

이처럼 아직 언급되지 않은 수많은 유무형의 우주 자원이 존재할 것이며, 그것들을 인식하고 가치로 전환하는 것이야말로 진정한 달 경제, 그리고 우주산업의 핵심이 될 것이다. 결국 비즈니스란 자원을 가공하여 새로운 가치를 창출하는 일련의 의사결정 과정이며, 이 정의는 우주에도 그대로 적용된다. 우주 자원을 활용하여 경제적, 과학적, 인류적 가치를 창출하는 행위, 그것이 바로 우주 비즈니스이다.

| 우주산업, 한국 경제의 새로운 기회 |

현재의 우주산업은 주로 발사체, 탐사 임무, 위성 영상 분석에 집중되어 있지만, 이러한 1차 산업형 구조를 넘어, 자원을 적극 활용하는 방향으로 빠르게 확장될 가능성이 크다. 우주 발사체나 탐사선 개발은 당연히 지속되어야 할 일이다. 그러나 똑같은 노력으로 우주 관광, 우주 농업, 우주 물류, 우주 데이터 서비스 등 보다 다양한 영역에서 혁신적인 아이템을 발굴하고 선점할 수 있다면, 우리는 단기간에 새로운 시장의 선두로 올라설 수 있을 것이다.

무엇보다 중요한 것은 이러한 기회를 지금까지의 우주 기업만이 아니라, 일반적인 대기업이나 중견·중소기업도 포착할 수 있어야 한다는 점이다. 오히려 기존에 우주산업과 무관해 보였던 산업군에서 새로운 비즈니스 기회를 발견하고, 보다 유연하게 우주 진입을 시도할 수 있다면, 이들은 글로벌 우주 시장에서 가장 빠르게 성장하는 기업이 될 수도 있다. 그리고 만약 그런 기업이 한국에서 탄생한다면, 한국 경제 전체에도 커다란 전환점이 될 수 있을 것이다.

그러므로 지금 중요한 것은 기업들이 우주를 '남의 일'로 여기지 않고, 실질적인 기회로 받아들일 수 있도록 상상력과 정보, 그리고 정책적 지원을 통해 촉진하는 일이다. 그것이야말로 우리가 달 경제와 우주산업의 미래를 향해 한 걸음 더 다가가는 출발점이 될 것이다.

| 우주항공청의 역할 |

뉴스페이스 시대에 접어든 지금, 나사(NASA)는 이미 여러 중요한 역할을 수행하고 있다. 그중 첫 번째는 민간 기업들의 주요 고객으로서의 역할이다. 나사는 우주 임무에 필요한 다양한 기계와 장비의 제조를 민간에 의뢰하고 있으며, 미국 내에서는 나사와 일반 기업 간의 주문과 납품 관계가 활발하게 이루어지고 있다. 또한 나사가 보유한 우주 식량 연구소와 같은 특수 연구 공간을 민간과 공유하는 것 역시 나사의 중요한 역할 중 하나다.

마찬가지로 한국의 우주항공청(KASA)도 뉴스페이스 시대의 도래에 발맞춰, 국가 우주 전략의 실질적 집행 기관이자 민간 우주산업의 촉진자로서 중추적 역할을 맡아야 한다. 한국은 누리호 개발과 같은 자력 발사체 기술을 확보함으로써 독자적인 우주 진입 역량을 갖춘 몇 안 되는 국가로 발돋움했으며, 위성 개발·활용 기술에서도 점진적 성과를 이루고 있다. 이제 필요한 것은 이 기술적 기반을 산업 생태계로 확장할 제도적 허브다.

우선 KASA는 한국 내 우주 기업들의 '최초의 고객'이 되어야 한다. NASA가 민간에 다양한 발사체 부품과 우주선 관련 장비를 위탁 생산하고 구매하듯, KASA 역시 우주 탐사, 위성 운영, 우주인 훈련과 같은 각종 사업에서 민간 기업에 실질적 주문을 통해 산업 수요를 창출해야 한다. 이는 기업으로서 리스크를 줄이는 동시에, 기술 축적과 시장 확대의 기반이 된다.

또한 KASA는 공공 인프라의 개방자 역할을 해야 한다. 예컨대 NASA가 보유한 우주 식량 연구소나 실험 플랫폼을 외부와 공유하듯, 한국 역시 연구시설, 시험 장비, 데이터를 민간에 제공하고, 대학 및 연구소와의 연계를 통해 공동 기술개발을 촉진해야 한다.

무엇보다 중요한 것은 '민관 협업의 구조화'이다. 지금까지 한국의 우주개발은 주로 정부 주도의 과학기술 사업으로 인식됐다. 그러나 뉴스페이스 시대의 우주는 민간이 창의적 주체로 나설 수 있도록 제도와 자금, 규제 측면에서 유연하고 적극적인 조율자가 필요하다. KASA는 단순한 정부 조직을 넘어, 한국 우주산업 전체의 방향성을 제시하고 연결하는 '국가 우주 플랫폼'으로 진화해야 한다.

—— 4. 문 레이스 1.0과 2.0의 차이

문 레이스 1.0이 "나를 따르라"라고 외치며 앞장섰던 나폴레옹의 모습과 같았다면, 문 레이스 2.0은 개방형 경제 플랫폼에 가깝다. 전자는 국가가 주도한 기술 과시와 체제 경쟁의 무대였다면, 후자는 다양한 주체가 자유롭게 참여할 수 있는 협력과 혁신의 공간인 셈이다. 이 새로운 플랫폼에는 전통적인 우주 분야 종사자들만 참여해서는 안 된다. 기술과 디자인, 인간과 컴퓨터의 상호작용 같은 이질적인 전공자들과의 활발한 교류가 필수적이다.

실제로 ESA(유럽우주국)와 MIT가 주축이 되어 결성된 '스페이스 CHI(Space CHI)'라는 학회는 그러한 융합의 가능성을 잘 보여준다. 학회 참석자는 우주공학자와 IT 및 HCI 분야 관계자들로 이루어져 있다. 우주 전문가들은 "우주에서는 이런 문제와 제약이 있다"라고 설명하고, IT 전문가들은 "그 문제를 해결할 수 있는 기술이 여기에 있다"라고 답한다. 반대로 IT 연구자가 새로운 기술을 제안하면, 우주 쪽에서 그것이 실제 우주 환경에서 구현 가능한지 피드백을 주기도 한다. 이처럼 문 레이스 2.0의 본질은 기술 자체가 아니라, 다양한 관점과 자원이 융합되어 가치를 창출하는 그 '과정'에 있다.

───── 5. 간접 우주산업 아이템

| 위성데이터 분석 서비스 |

위성데이터 기반 분석서비스는 간접 우주산업 분야 가운데에서도 가장 주목받는 영역 중 하나다. 이 분야는 우주기술을 바탕으로 하되, 그 활용은 지구상의 산업에 밀접하게 연결되어 있다. 대표적인 사례로는 '오비탈 인사이트(Orbital Insight)'를 들 수 있다. 이 회사는 인공위성에서 수집한 이미지 데이터를 분석하여 원유 저장 탱크의 그림자 길이를 측정하고, 이를 통해 원유 재고량을 추정한다. 이렇게 분석된 정보는 원유 선물시장에 대한 보다 정밀한 가격 예측을 위해 활용된다. 또 다른 기업 '데카르트 랩(Descartes Labs)'은 위성 영상을 바탕으로 전 세계의 곡물 작황을 조기 예측해 식량 선물시장에 유의미한 데이터를 제공한다.

이 외에도 국방 분야는 위성데이터 활용의 최대 수요처 중 하나다. 대표적인 예로, YOLO(You Only Look Once)와 같은 딥러닝 기반 객체 인식 기술을 활용해 특정 지역의 군사 자산이나 이동 상황을 자동으로 감지하고 추적하는 시스템이 운용되고 있다.

하지만 이와 같은 분석서비스를 본격적으로 확산하기 위해서는 아직 해결해야 할 과제가 많다. 가장 큰 문제는 위성데이터가 바로 사용할 수 있는 형태로 제공되지 않는다는 점이다. 예를 들어 미 항공우주국(NASA)의 랜드셋(Landsat) 위성은 1985년부터 방대한 양의 지구 관측 데이터를 축적해왔으며, 누구나 접근할 수 있도록 공개되어 있다. 그러나 이 데이터는 매우 기초적인 수준의 원본 형식이며, 비전문가나 IT 분야 전공자들에게는 파일 형식이나 데이터 구조 자체가 난해하고 비직관적으로 느껴질 수밖에 없다. 위성데이터를 수십 테라바이트씩 저장하고 있는 기관들은 "모두 무료이니 마음껏 활용하라"라고 말한다. 그러나 현실에서 이 데이터를 실제로 활용할 수 있는 사람은 많지 않다. 분석 이전 단계인 '데이터 가공과 준비'에서 이미 진입장벽이 생겨버리는 것이다. 따라서 위성 원본 데이터를 목적에 맞게 전처리하고 커스터마이즈 하여, 일반 산업계나 개인 사용자도 쉽게 접근할 수 있도록 도와주는 기업의 역할이 절실하다. 단순한 데이터 제공자를 넘어, 원석을 시장 가치가 있는 정보로 가공해내는 '중개자'로서의 기업이야말로 우주산업을 지구 경제로 연결하는 핵심 고리가 될 것이다.

| 우주 관광 |

우주 관광은 더 이상 영화 속 이야기만은 아니다. 이미 민간 우주 기업들은 다양한 형태의 관광 프로그램을 현실화하고 있으며, 관련 시장은 예상보다 훨씬 넓고 깊다.

이 산업의 이면에는 우리가 흔히 떠올리지 않는 제품과 기술이 자리잡고 있다. 대표적인 예가 우주복이다. 한때는 오직 정부 기관만 제작하고 사용할 수 있었던 이 특수복은 이제 민간의 수요를 고려해, 보다 편리하고 안전한 동시에 디자인까지 고려한 형태로 발전하고 있다. 실제로 제프 베이조스가 착용한 혁신적 우주복은 MIT의 한 교수가 설계 아이디어를 내고, 프라다(Prada)가 디자인과 제작에 참여했다. 이를 미국의 민간 우주 기업 '액시엄 스페이스(Axiom Space)'가 채택하면서, 우주복도 하나의 비즈니스 아이템으로 전환되고 있다. 우주복 한 벌의 제작 단가는 약 2억 원에 이른다고 한다. 100벌만 생산해도 200억 원 규모의 시장이 형성되는 셈이다. 이 대목에서 흥미로운 가능성이 열린다. 한국에는 세계적인 수준의 섬유·패션 기업들이 다수 존재한다. 삼성물산, 신세계인터내셔날, 코오롱인더스트리 같은 기업들은 고기능성 섬유, 첨단 웨어러블 기술, 패션과 산업기술의 융합 역량을 보유하고 있다. 아직 국내 기업들이 이 시장에 본격적으로 뛰어든 사례는 적지만, 기술력과 제조 인프라를 고려할 때 한국 기업이 더 나은 품질의 우주복을 더 저렴하게, 더 대량으로 생산할 가능성은 충분하다.

문제는 이러한 가능성을 아직 산업계가 인식하지 못하고 있다는 점이다. 누군가는 이 잠재력 있는 시장을 향해 한국 기업들을 흔들어 깨워야 할지도 모른다. 이들이 뛰어든다면 단지 제품 납품에 그치지 않고, 우주복 설계, 기능 혁신, 심지어는 우주 패션이라는 새로운 영역을 선도할 수 있다. 액시엄 스페이스나 NASA와의 계약도 결코 불가능한 일은 아니다.

그렇다면 왜 사람들은 우주여행을 꿈꾸는가? 그것은 단순한 여행이 아니다. 무중력이라는 지구에서는 결코 경험할 수 없는 초현실적 감각, 그리고 소수만이 누릴 수 있는 희소하고 배타적인 경험이기 때문이다. 여기에 웰빙, 자기실현, 탐험 본능까지 결합한다면, 우주 관광은 매우 강력한 소비 동기가 된다. 우주 관광은 그 형태에 따라 지상 기반 관광과 지구 상공 기반 관광으로 나뉜다.

지상 기반 관광은 테마파크나 가상현실(VR) 기술을 통해 우주를 간접 체험하는 방식이다. 예컨대 미국 플로리다에 있는 한 디지털 테마파크에서는 소규모 인원이 약 30~40분간 우주선 내부와 유사한 환경을 경험한다. 이처럼 몰입형 콘텐츠는 비용 부담 없이 우주의 감각을 간접 체험할 수 있게 해준다. 그러나 진정한 의미의 우주 관광은 지구 궤도를 넘나드는 체험에서 비롯된다. 예컨대 버진 갤럭틱(Virgin Galactic)은 준궤도 비행을 통해 약 3~5분 동안 무중력을 경험할 수 있는 자유낙하 프로그램을 제공하고 있다.

더 나아가 국제우주정거장(ISS)에서 며칠간 체류하는 프로그램은 이미 운영 중이며, 고액의 비용에도 불구하고 실제 이용자가 생겨나고 있다. ISS가 퇴역한 이후에는 민간 기업들이 이를 대체할 예정이다. 후보자는 액시엄 스페이스가 대표적이다. 이들은 단순히 과학 연구 공간이 아닌, 고급 호텔과 의료 연구소, 광고와 예술 공간으로서의 ISS를 상상하고 있다. 민간 기업은 공익만으로 사업을 지속할 수 없다. 단위 면적당 수익을 고려해야 하며, 이익 구조를 고민해야 한다. 최근 한국의 보령제약이 액시엄 스페이스에 600~700억 원을 투자한 사실은 이를 보여주는 대표적인 사례다. 단지 투자처를 찾은 것이 아니라, 미래 의약 및 재생의학을 위한 우주 환경 기반 연구 플랫폼을 선점하려는 전략적 행보일 수 있다. 장기적으로는 인류가 달이나 화성 같은 행성에서 관광 상품을 만드는 시대도 도래할 수 있다. '화성에서 가봐야 할 명소 베스트 10'이라는 기획이 등장할지도 모른다.

| 우주 자원 개발 |

우주 자원 개발은 한때 공상과학의 소재로만 여겨졌다. 백금, 티타늄, 희토류, 심지어는 헬륨—3까지 우주에는 희귀한 자원들이 대량 존재할 가능성이 꾸준히 제기되어 왔다.[5],[6] 그러나 이 자원들을 실제로 채굴하고 소유하며, 활용하겠다는 논의는 현실감 없는 상상에 불과했다. 하지만 오늘날 이 담론은 점차 구체적인 정책과 산업 전략의 영역으로 이동하고 있다.

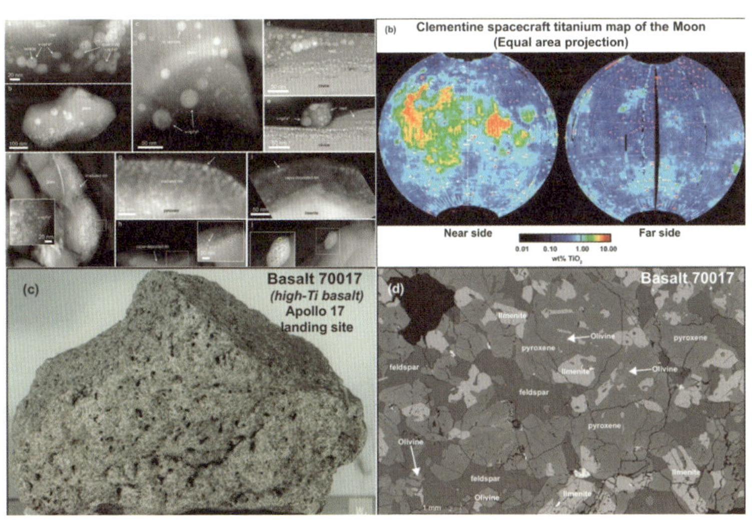

〈사진 7-1〉 달의 지하자원: 헬륨-3, 티타늄

출처: NASA 및 European Geologist Journal

이 흐름의 출발점은 '소유권'이라는 문제다. 우주 공간은 누구의 것인가? 1967년 체결된 '우주조약(Outer Space Treaty)'은 명확했다. 우주는 모든 인류의 공동 유산이며, 어떤 국가도 주권을 주장할 수 없다는 원칙이 핵심이었다. 이는 냉전 시기 미국과 소련이 주도한, 당시로서는 필요한 조치였다. 그러나 21세기의 우주개발은 국가가 아닌 민간의 참여와 투자를 유도해야만 지속가능하다. 그리고 민간의 참여를 가능하게 만드는 전제가 바로 '우주 자원의 소유권'이다.

2015년, 미국은 역사적인 전환점을 맞는다. '미국 상업 우주 발사 경쟁력 법률(Commercial Space Launch Competitiveness Act)'을 통해 민간이 우주에서 확보한 자원에 대해 소유권을 인정받을 수 있도록 한 것이다. 이는 단순한 법 제정이 아니었다. 민간이 기술적 리스크를 감수하고 투자할 유인을 국가가 법적으로 보장했다는 점에서 획기적인 조치였다.[71] 이후 룩셈부르크, 일본, 아랍에미리트(UAE) 등도 유사한 법령을 제정하며 이 흐름에 동참하고 있다.

이제 이 논의는 법적 담론을 넘어 경제적 현실로 옮겨가고 있다. 달에는 핵융합 연료로 주목받는 헬륨-3가 존재하는 것으로 알려져 있다. 이론적으로 헬륨-3는 석탄이나 석유를 대체할 수 있는 강력한 에너지원이 될 수 있다. 또, 달과 일부 소행성에는 티타늄, 백금, 희토류 금속이 집중되어 있다는 과학적 데이터도 있다. 물론 이러한 자원들을 추출하고 지구로 운송하는 데는 상당한 기술적 도전이 따른다. 그러나 자원 확보와 소유가 제도적으로 보장된다면, 민간 기업은 충분한 동기를 가지고 기술개발에 나설 것이다. 그리고 이 혁신은 다시 우주산업의 전체 생태계를 확장시킬 것이다.

NASA는 이미 오래전부터 이러한 가능성을 탐색해 왔다. 이들은 '소행성 포획(Asteroid Capture)'이라는 프로젝트를 통해 실제로 특정 소행성을 지구 근처로 끌어와 자원화하는 방안을 연구해 왔다. 기술적으로는 로봇 팔, 궤도 조작, 자동 회피 기능 등 고도화된 우주항법 기술이 동원되어야 한다. 이 프로젝트는 결국 예산 문제로 중단되었지만, 그 연구에 참여했던 NASA 소속 연구원이 퇴사 후 창업을 통해 민간 영역으로 이 프로젝트를 이어갔다는 사실은 중요한 시사점을 준다. 공공기관의 연구가 민간으로 스핀오프 되어, 더 유연한 환경에서 혁신을 이어가는 방식은 우주 분야에서도 점차 확산하고 있다.

우주 자원 개발은 기술의 문제에서 의지의 문제로 넘어가고 있다. 관련 법령과 제도, 금융과 세제, 연구개발(R&D) 지원까지 체계적인 생태계가 뒷받침된다면, 우주는 더 이상 공상의 공간이 아니라 새로운 시장이 될 수 있다. 그리고 그 시장은 지금 이 순간에도 조용히, 그러나 빠르게 열리고 있다.

| 우주 예술 |

우주에서의 예술은 단순히 무대의 공간적 확장을 넘어선, 그 자체로 독특하고 새로운 예술적 경험의 장이다. 상상해보자. 무중력 상태에서 네 명의 공연자가 음악에 맞춰 춤을 춘다. 이들은 중력의 제약 없이 위아래 구분 없이 붕 떠서 자유롭게 회전하며, 전후좌우로 유영하듯 움직인다. 이 장면은 한편으로는 익살스러울 수도 있지만, 동시에 예술의 본질과 표현 방식에 대한 근본적인 질문을 우리에게 던진다.

지구 위의 예술과 스포츠는 대부분 중력이라는 물리적 조건을 전제로 한다. 무용수의 가벼운 착지와 비상(飛上)은 중력에 저항하는 순간의 아름다움이고, 장애물을 넘는 운동선수의 모습에서도 우리는 그가 중력 없는 공간을 가로지르는 듯한 경이로움을 느낀다. 인간은 늘 중력이라는 한계를 '극복'하며 예술과 스포츠를 구현해왔다.

하지만 무중력 공간인 우주에서는 어떤 새로운 예술 형태가 탄생할 수 있을까? 무중력 환경은 지구에서는 불가능한 퍼포먼스를 가능하게 한다. 그러나 배우의 신체 컨트롤부터 무대 장치, 소품 운용까지 모든 것이 전혀 다른 차원의 기술과 창의력을 요구한다. 떠다니는 소품들은 자석처럼 고정하거나, 새로운 인터랙션 방식과 디자인이 필요하다.

따라서 우주 예술은 단순한 공연 이상의, 첨단 기술과 예술적 창의성이 융합하는 융복합 프로젝트라 할 수 있다. 실제로 칼텍(Caltech)에서는 미술대 교수, 천체물리학자, 수학자가 함께 연구실을 공유하며, 서로의 분야를 넘나드는 협업을 활발히 진행 중이다. 예술가는 과학적 실험에서 영감을 얻어 새로운 작품을 창작하고, 과학자는 예술을 통해 연구에 새로운 시각을 더한다.[8] 이처럼 '코스모스 아트(Cosmos Art)'라는 장르는 이미 일부 시장에서 현실화되고 있으며, 예술적 상상력이 우주 공간에서 실질적 가치로 구현되는 사례가 늘고 있다. 우리에게 필요한 한가지는 한국의 예술가들과 우주 과학자들이 활발히 교류할 수 있는 장을 마련하는 일이다. 상상과 과학이 만나는 그 접점에서, 이전에 본 적 없는 새로운 우주 예술이 탄생할 것이다.

| 우주 의학 |

우주 의학(Space Medicine)은 더 이상 공상과학의 영역에 머무르지 않고, 실제 연구와 투자가 활발히 이루어지는 차세대 융합 분야로 급부상하고 있다. 최근 거액의 투자를 유치한 기업들이 등장하며, 우주 의학이 미래의 현실적인 비즈니스 영역으로 자리매김하고 있음을 분명히 보여주고 있다.

우주 의학은 크게 두 축으로 나뉜다. 하나는 지구인의 건강 증진을 위한 우주 의학으로, 무중력 환경에서만 가능한 의학적 해결책을 모색하는 분야다. 다른 하나는 전통적인 항공 우주 의학(Aerospace Medicine)에 해당하는 우주인의 건강 관리, 즉 실제 우주 환경에서 활동하는 인간과 생명체의 안전과 건강을 지키는 영역이다. 이 두 분야는 서로 목적과 접근법이 다르지만 '우주 의학'이라는 큰 틀 안에서 상호 보완적인 역할을 한다. 예컨대, 지구에서는 3D 바이오프린터를 활용해 정밀한 인공 장기를 제작할 때 중력으로 인한 재료의 변형과 흐트러짐이 큰 장애물이 된다. 반면 무중력 상태에서는 이러한 제약이 사라져, 거의 완벽한 수준의 장기 재현이 가능하다. 실제로 일부 기업들은 ISS에서 관련 실험을 진행 중이며, 앞으로는 소형 위성 큐브샛(CubeSat)에 미니 실험실을 탑재해 저비용으로 무중력 의료 실험을 시도할 계획이다. 이는 ISS에 장비를 보내는 것보다 훨씬 경제적이며 유연한 운영을 가능케 한다.

또한 우주 의학은 원격 의료와 인공지능(AI)의 결합으로 한 단계 더 진화하고 있다. 우주에서 인간, 동물, 식물, 로봇 등이 질병이나 고장을 겪었을 때, 지구에서 직접 의료진을 보내는 것이 불가능하므로 원격 진단과 수술이 필수적이다. 그러나 이때 가장 큰 걸림돌은 지구와 우주 간의 '타임 랙(Time Lag)', 즉 통신 지연 문제다. 긴 시간 지연은 긴급 상황이나 정교한 수술에 치명적일 수 있다. 이를 극복하기 위한 해법으로 AI 기반 자동 프로세싱이 제안되고 있다. 모든 움직임을 지구 의료진이 일일이 지시하는 대신, 반복적이고 예측 가능한 작업은 AI가 미리 학습해 자동으로 처리한다. 중요한 판단이나 결정만 지구에서 내리도록 하는 방식이다. 예를 들어 수술 중 봉합 작업처럼 초기 바늘 꿰매기 이후에는 단순 반복 작업이 많다. 이 과정을 AI가 대신 수행하면 통신 지연 문제를 최소화해, 마치 실시간 수술처럼 대응할 수 있다.

이렇듯 우주 의학은 생명공학, AI, 원격 의료, 위성 기술이 융합된 초융합 산업으로서, 단순히 우주인의 생존을 넘어 지구 생명체 모두의 건강한 삶을 확장하는 혁신적 열쇠가 될 전망이다.

| 우주 농업 |

우주에서 장기간 체류하는 문제는 단순한 공학적 난관을 넘어, 인간의 생존과 직결된 근본적 과제다. 지구에서 미리 준비한 식량, 산소, 물 등은 한정적 자원에 불과하여, 며칠 혹은 한 달 이상 지속하는 데에는 한계가 있다. 따라서 인류가 우주에 지속적으로 존재하기 위해서는 자체적인 재생 시스템, 즉 우주 생태계의 구축이 필수적이다.

이 가운데 우주 농업은 단순한 보조적 역할을 넘어, 우주 생존의 핵심 인프라로 자리매김한다. 음식은 단순한 에너지 공급원이 아니라 인간의 심리적 안정과 신체 건강을 유지하는 데 중요한 요소이며, 식단의 다양성은 우주인의 정신적 만족감과 직결된다. 반복적이고 단조로운 식단은 스트레스와 우울, 피로 누적을 초래할 수 있어, 우주에서 직접 식량을 재배하고 조리하는 기술은 기술적 문제를 넘어 삶의 질을 좌우하는 인문학적 도전이기도 하다.

그러나 ISS 같은 무중력 환경에서는 지구에서 당연시된 농업 조건들이 성립하지 않는다. 무중력은 배수 문제를 일으키고, 공기 흐름이 제한되어 증발이 어려우며, 뿌리로의 산소 공급이 원활하지 않은 등 다양한 난관이 존재한다. 이처럼 복합적이고 까다로운 환경에서 안정적인 식물 재배는 오랜 시간에 걸친 연구와 도전의 결과물이다.

그럼에도 불구하고 의미 있는 성과들이 나타나고 있다. 2020년 NASA 우주비행사 케이트 루빈스는 ISS에서 무(무채) 재배에 성공했고, 20포기의 무를 수확하여 일부는 지구로 냉동 운송하는 데에도 성공했다. 이후 상추, 배추 등 잎채소류뿐 아니라 고추와 같은 열매채소류 재배까지 영역이 확대되고 있다.

한편, 중국은 우주 농업 분야에서 유전자 돌연변이 촉진을 위한 인공위성 실험을 진행, 200여 종의 작물 재배 승인을 받는 등 독자적인 농업 혁신을 추진 중이다. 이는 지구를 넘어 우주 환경을 새로운 농업 실험실로 활용하는 신선한 시도로 평가받는다. 결국 우주 농업은 단순한 식량 생산을 넘어서, 인류의 자급자족 생태계 구성 능력을 시험하는 중요한 장이다. 자급자족이 가능하다는 것은 우주 공간에서 살아남는 것을 넘어, '지속적으로 살아갈 수 있는 환경'을 창출한다는 의미다.

앞으로 우주개발의 미래에서 농업은 더 이상 부차적 고려 대상이 아니며, 우주 이주와 장기 거주, 나아가 우주도시 건설을 가능하게 하는 가장 근본적이고 결정적인 기술 중 하나로 자리할 것이다.

| 우주 토목건축 |

화성이나 달과 같은 천체에서 인간이 장기간 생존하고 이주를 실현하기 위해서는 단순한 캡슐형 거주 모듈을 넘어서는 인프라 구축이 필수적이다. 이 가운데 토목과 건축 기술은 가장 핵심적인 역할을 담당한다. 하지만 현실은 여전히 가혹하다. 화성의 중력, 대기 조건, 그리고 방사선 환경은 지구와 본질적으로 다르다. 특히 화성의 표면은 고에너지 우주선, 태양풍, 그리고 시속 수십 미터에 달하는 강력한 먼지 폭풍으로 인해 외부에 노출된 공간을 거주지로 삼기가 매우 위험한 환경이다.

이러한 위험에서 벗어나기 위한 대안으로 지하 주택이 주목받고 있다. 암반 깊숙이 거주지를 조성하거나 용암동굴(Lava tube)을 활용하는 방법은 방사선 차단과 온도 안정성 측면에서 유리하다. 다만, 지하 공간은 폐쇄적이고 단조로운 환경으로 인해 인간의 정신 건강과 생활 만족도에 부정적 영향을 줄 수 있다는 점이 문제로 남는다.

이와 관련해 NASA는 북극의 이글루에서 영감을 얻은 '얼음 돔 주택'을 제안했다. 외부에 두꺼운 물층을 둘러 방사선을 효과적으로 차단하고, 낮에는 자연 채광을 활용하며 밤에는 열 손실을 최소화하는 설계다. 이 건축 방식은 단순한 안전을 넘어 에너지 효율과 심리적 개방감을 동시에 고려한 혁신적 접근으로 평가받는다. 특히 화성 내에서 물이 자급 가능하다는 점은 이 방법의 경제성과 지속가능성을 더욱 높이는 요인이다.

한편, 미래 우주 사회에서 '우주부동산'에 대한 관심도 점차 커지고 있다. "화성에 땅을 사두자"라는 말이 농담처럼 들릴 수 있지만, 지구 육지 면적과 화성의 육지 면적이 거의 유사하다는 사실은 단순한 농담을 넘어선 현실적 의미를 가진다. 지구가 약 70%가 바다인 데 비해 화성은 거의 대부분이 육지이며, 그 총면적은 지구 육지 면적과 비슷한 수준으로 분석되고 있다.

일부 분석가는 화성 전체 면적을 에이커당 10달러에 환산했을 때, 그 부동산 가치가 400조 달러를 넘을 수 있다고 전망한다. 물론 현재로서는 실체 없는 가치 평가지만, 우주 도시화가 진전되고 인프라가 구축되면 우주 공간 내 토지와 거주지의 위치, 접근성, 자원과의 거리 등에 따라 부동산 가치가 현실적이고 경제적인 자산으로 자리 잡을 가능성이 높다. 특히 '돔'이나 '돔 시티' 같은 폐쇄형 생태 도시는 미래 우주 도시의 기본 단위가 될 것이며, 그 안에서의 입지 여건에 따라 부동산 시장도 활성화될 것이다.[91]

———— 6. 달 경제와 경영학

　우주 비즈니스라는 새로운 패러다임을 이야기할 때, 종종 "달 경제와 경영학이 무슨 관련이 있느냐"라는 질문을 받는다. 얼핏 보면 달 탐사, 기업 경영, 경제학은 전혀 별개의 영역처럼 보이지만, 이제 그런 경계는 무의미해졌다. 우리는 이미 우주경제 시대의 문턱에 서 있다.

　한국은 아직 초기 단계지만, 미국과 유럽연합은 이미 이 거대한 변화의 중심에 있다. 민간으로 이전된 발사체 기술과 서비스형 위성산업의 확대로 우주는 더 이상 연구실이나 과학자의 전유물이 아닌, 실제 경제 주체들이 활발히 활동하는 시장으로 자리 잡았다. 하버드대학의 마틴 위츠 교수는 이렇게 말한다.

　"우주는 국가, 시장, 개인이 동시에 경제 주체로 참여할 수 있는 새로운 공간이다."

　즉 우주는 경제 활동이 가능하며, 시장으로서 기능하는 실질적 공간임을 의미한다. 이 말은 단순한 이론적 선언이 아니다. 발사 비용의 혁신적 감소, 위성 기술의 소형화, 우주 인터넷 등 신사업 모델의 등장 등은 우주를 경영학적 실험실로 바꾸고 있다.

　우주경제 초기 단계에서 가장 중요한 경제 원리는 의외로 간단하다.

바로 수요와 공급의 원칙이다. 달 표면에서 자원을 채굴하거나 궤도 위 중계위성을 설치하며 기지를 건설하려면, 누가 수요를 창출하고 누가 공급을 담당할지를 명확히 설계해야 한다. NASA, ESA, SpaceX, Blue Origin 등 민간과 정부가 수요와 공급을 조율하며 협력과 경쟁을 벌이는 현재의 구조가 이를 실증한다. 또 하나 주목할 개념은 제약 조건이 많을수록 시스템은 외부 변화에 더욱 민감하게 반응한다는 '루 차트리얼 원리(Lu Chatriel Principle)'다. 우주경제는 아직 인프라 부족, 낮은 자원 접근성, 높은 위험 등 제약이 많다. 이 때문에 초기 우주경제는 내부에서 작고 폐쇄적인 생태계 형태로 출발하며, 점차 외연을 확장하는 마이크로 비즈니스로 성장하게 된다.

우주경제를 설계할 때는 외부경제(External Economy)와 시장실패(Market Failure)에 대한 이해가 필수적이다. 첫째, 외부경제 효과를 최대화하는 전략이 필요하다. 우주산업에 투자된 자금은 단순한 발사체나 위성 제작에만 쓰이지 않는다. 배터리, 복합소재, 자동화, AI, 통신 기술 등 파생 기술은 지상 산업 전반에 긍정적 파급 효과를 미친다. 이를 극대화하려면 정부와 기업, 학계가 협력해야 한다.

둘째, 시장실패를 최소화하는 방안도 중요하다. 대표적 예는 우주 쓰레기 문제다. 위성 발사 증가로 궤도 공간이 포화하고 충돌 위험이 커지면서, 초기 시장 설계가 외부비용을 반영하지 못한 한계가 드러났다. 또한 민간 기업의 독점 가능성도 우려된다. SpaceX가 우주 통신망을 장악하거나 발사 인프라를 독점하면 시장 효율성이 크게 저해될 수 있다. 경제학적으로 독점은 자원의 비효율적 배분과 소비자 후생 감소를 초래한다. 따라서 우주산업은 초기에 강력한 경쟁 환경을 조성하고, 제도적으로 독점 방지 장치를 갖춰야 한다.

우주는 더 이상 '공짜 과학'의 공간이 아니다. 발사체 비용, 운영 지속가능성, 기술 이전과 파생 산업 전략화 등 모든 요소가 경영적 판단을 요구한다. 공학과 과학을 넘어선 경영학적 접근이 절실한 시대가 온 것이다. 지금 우리는 달 경제라는 신질서의 설계자 역할을 맡아야 한다. 과거 산업혁명이 '증기'라는 동력으로 세상을 바꿨다면, 우주경제 시대는 '달'을 기폭제로 새로운 질서를 창출할 것이다. 우주의 경제학은 이제 경영학의 새로운 프런티어로서 그 가능성을 펼쳐가고 있다.

우주 비즈니스 시대가 본격화되고 있음에도 불구하고, 한국의 간접 우주산업은 아직 초기 단계에 머물러 있다. 특히 우주 관광 산업은 체험 위주의 제한적 프로그램에 머물러 있으며, 항공우주박물관, 우주 과학관, 코레일 우주 테마 관광 등은 사람들의 흥미를 자극하는 데 이바지하고 있으나, 본격적인 산업으로서의 성장은 미흡하다. 세계적으로는 이미 서브오비탈 비행과 민간 우주 숙박시설이 추진되고 있지만, 한국은 법적·제도적 기반이 미비하여 실질적 산업화에는 아직 이르지 못하고 있다.

우주 자원 개발 분야 역시 가능성은 있으나 현실적인 제약이 크다. 한국지질자원연구원을 중심으로 한화, 코오롱인더스트리 등 민간 기업들이 관심을 보이고 있으나, 관련 법률이 미비하고 정밀 착륙 기술 등 핵심 기술 확보도 아직 부족하다. 반면 중국은 다수 민간 스타트업이 우주 자원 개발에 뛰어들고 있어, 이들의 사례를 벤치마킹할 필요가 있다.

우주 의학 분야에서는 보령제약이 자회사 설립을 통해 연구를 진행 중이며, 한국은 큐브위성 개발에서 상대적 강점을 가진다. 큐브위성을 활용한 원격 의료, 실험, 제조 기술 등 다양한 가능성이 열려 있으나, ISS 접근 권한 부재로 글로벌 시장과의 격차가 크다. 아스트라제네카, 마로토라, 테크숍 등 선도 기업들이 빠르게 앞서 나가고 있는 가운데, 한국은 다소 뒤처진 실정이다.

우주 농업은 또 다른 유망 분야다. 고흥 등에서는 스마트팜, 수경재배, 수직 농업 등 환경제어형 농업 실험이 진행 중이며, 농촌진흥청도 2017년부터 장기 프로젝트를 준비하고 있다. 제주도는 우주식량 산업을 지역 전략산업으로 지정하고 제주대학교와 협력해 '스페이스 푸드' 개발에 나섰다. 오메기떡 같은 지역 특산물을 우주 식량으로 전환하려는 창의적인 시도도 주목할 만하다. 해외 사례로는 이탈리아 밀라노대학이 달 중력 환경을 시뮬레이션해 벼 재배 실험을 진행 중인데, 벼농사 본고장인 한국으로서는 이러한 연구 이니셔티브를 선점당하는 것이 아쉬운 대목이다.

전반적으로 한국 간접 우주산업은 발사체 및 탐사 기술에 과도하게 편중되어 있으며, 실생활과 연계된 산업적 응용은 상대적으로 부족하다. ISS 및 탐사선 접근성 부족, 법·제도 미비, 민간기업과 학계 협력 체계 부재가 산업화의 큰 걸림돌이다. 간접 우주산업은 기술보다 창의력과 융합 역량이 핵심이다. 식품, 디자인, 의학, 교육, 농업 등 일상 산업을 우주 환경에 맞게 재설계하는 능력이 경쟁력의 핵심이다.

우주는 더 이상 과학자의 전유물이 아니다. 지역과 산업, 기업, 개인이 모두 참여하는 열린 공간이다. 따라서 한국은 기술 중심에서 사고 중심으로, 하드웨어 중심에서 융합 산업 중심으로 전환해야 한다. 지금이 바로 한국형 간접 우주산업 생태계를 조성하고 독창적 우주 브랜드를 구축하기 위한 전략과 투자의 분기점이다.

| 발사와 탐사는 필수, 그러나 그것뿐만은 아니다 |

우주개발의 핵심 기반인 발사체와 탐사 기술은 한국이 꾸준히 발전시켜야 할 필수 요소임이 분명하다. 하지만 이 기초 기술에 집중하는 동안, 지금 당장 현실에서 실행 가능한 다양한 우주 비즈니스 모델 개발은 상대적으로 부족한 상황이다. 제한된 자원과 환경 속에서도 즉시 도전할 수 있는 사업 기회를 모색하려면, 보다 창의적이고 넓은 시야가 필요하다.

현재 여러 우주 비즈니스 사례를 보면, 성공의 관건은 '우주 리터러시(우주 이해력)'의 확산에 있다. 일반 기업인이나 학생 등 비전문가들은 우주를 '무중력' 정도로만 단편적으로 이해하는 경우가 많다. 따라서 우주 환경에 대한 전반적이고 체계적인 이해를 확산시켜야 한다. 이는 단지 우주산업 종사자뿐 아니라, 기존에 우주와 무관했던 기업들도 자신들의 제품과 서비스가 우주 환경에서 어떻게 재해석되고 활용될 수 있는지를 상상할 수 있는 토대를 마련하는 것이다.

또한 '언멧 니즈(Unmet Needs)' 개념도 매우 중요하다. 우주에서 어쩔 수 없이 감내해왔던 불편함과 제약들은, 새로운 기술과 서비스로 해결 가능할 때 거대한 비즈니스 기회로 전환된다. 극한 환경인 우주에는 무수히 많은 언멧 니즈가 존재하며, 이를 해결하는 스타트업이 등장한다면 글로벌 투자 유치도 가능하다.

이러한 니즈를 파악하고 유사 제품·서비스 조사, 환경 분석, 비즈니스 모델 캔버스 작성, 운영 계획 및 금융 전략 수립까지 전 과정을 체계적으로 지원하는 프로그램 개발이 필요하다. 이는 단순한 기술 교육을 넘어, 우주 비즈니스 창출을 위한 전략 교육으로 나아가야 한다.

따라서 지금 한국이 집중해야 할 것은 우주 전문 기술 인력 양성 못지않게, 우주 비즈니스 모델을 기획하고 실행할 수 있는 인재 육성일 수 있다. 기술 인력 양성에 비해 비즈니스 모델 창출은 빠르게 가시적 성과를 낼 수 있기 때문이다. 한국 우주산업은 이제 기술과 상상력이 융합되는 지점에서 새로운 전환점을 맞이하고 있다.

우주로부터 실질적인 경제적 임팩트를 창출하기 위해서는 발사체 개발과 탐사 임무 수행이 우주경제 시대의 필수 전공과목임을 명확히 인식해야 한다. 그러나 단순히 이들 기초 분야에 머무르는 것만으로는 부족하다. 진정한 우주경제를 달성하기 위해서는 다양한 '전공선택 과목'에 해당하는 우주 관련 신산업과 혁신적인 비즈니스 모델 개발이 필수적이다.

│ 우주에 Made in Korea를, 지구에 Made in Space를! │

우주로부터 경제적인 임팩트를 얻으려면, 국내가 수출 경쟁력을 갖출 수 있는 우주기술, 제품, 서비스 등 역량을 적극적으로 발굴하고 육성해야 한다. 이를 위해 과학기술에서 혁신으로, 다시 제조와 서비스로 이어지는 유기적 연결망 구축이 무엇보다 중요하다.

더 나아가 우주산업과 직접 관련이 없다고 여겨지는 지역, 기업, 개인까지도 이 연결망에 포함해야 한다. 이 과정에서 경영학 전문가와 우주 과학기술 전문가 간의 긴밀한 협력이 이루어질 때, 비로소 우주경제의 새로운 지평을 열 수 있을 것이다. 결국 우주경제는 학제적 융합과 혁신을 기반으로 한 창의적 생태계 조성에서 출발하며, 이를 통해 '우주에 Made in Korea'를 실현하는 동시에 '지구에 Made in Space'를 선도할 수 있을 것이다.[10]

PART III

이해관계자 다양성과 경영학

ESG

이해관계자 다양성 시대의 ESG 2.0

한 상 만

한눈에 보기

저자는 ESG를 기업 이익의 일부를 사회에 환원하는 비용 중심의 선행이 아닌, 기업과 사회가 함께 성장하는 구조를 설계하는 전략으로 재정의한다. 기존 ESG 1.0은 기업이 사회에 제공한 가치가 다시 기업의 성장 동력으로 돌아오지 못하는 한계를 가졌다. 기부와 캠페인은 있었지만, 기술과 제품, 비즈니스 모델로 환류되는 구조는 부재했다.

ESG 2.0의 핵심은 '이중 중대성(Double Materiality)'이다. 이중 중대성은 기업이 사회에 미치는 영향(Value to Society, V2S)과 사회와 환경이 다시 기업의 성장에 미치는 영향(Value to Business, V2B)을 하나의 순환 구조로 설계하는 관점이다. 사회적 가치가 시장 기회, 비용 절감, 기술 학습, 표준 지배력으로 되돌아올 때 ESG는 지속가능한 경쟁력이 된다.

또한 엔비디아(NVIDIA), 아마존(Amazon), 테슬라(Tesla), 삼성전자 베트남(SEV)의 사례를 통해 ESG 2.0이 어떻게 작동하는지를 보여준다. 이들 기업은 핵심 기술과 인프라를 개방하고, 생태계 참여를 확대하며(V2S), 그 과정에서 축적된 생태계 역량을 다시 기업의 성장 동력으로 환류(V2B)시켰다.

결론적으로 ESG 2.0은 보고서나 평가지표의 문제가 아니다. 연결하고, 확산하고, 환류하는 생태계 구조를 설계하는 문제다. 이해관계자 다양성 시대에 ESG 2.0을 통해 지속가능한 경쟁력을 갖춘 기업은 더 많은 자원을 가진 기업이 아니라, 사회와 함께 혁신의 속도를 공유할 수 있는 기업이다.

—————— 1. 기존 ESG의 한계

기존의 ESG는 대부분 기업이 사회에 돌려주는 가치를 중심으로 생각했다. 즉 기업이 이익을 내면 그중 일부를 사회공헌 활동으로 돌려주거나, 기업 이미지 개선이나 리스크 관리 차원에서 '좋은 일'을 하는 형태였다. 하지만 이런 방식은 사회에는 일시적인 도움을 주더라도, 그 가치가 다시 기업의 경쟁력으로 돌아오지 않았다. 결국 기업이 '좋은 일'을 했다는 인식에 머물고, ESG에 대한 일반 국민의 관심은 예전과 같지 못하게 되었다. ESG가 기업의 성과와 분리되어 단순한 선행(善行)이나 기업 이미지 개선을 위한 브랜드 활동으로 머물렀던 것이다.

예를 들어, 글로벌 자동차 기업들은 탄소 배출, 교통안전 등의 문제에 대응하기 위해 '녹색 캠페인', '교통안전 캠페인' 같은 CSR 활동을 펼쳤다. 이러한 활동은 기업이 하는 '선행'이나 '기업 이미지 개선'에 머물고, 기업의 제조 설계 역량이나 연비 혁신 기술, 혹은 공급망 생태계 역량 제고로 이어지지 않았다. 즉 기업의 환경 캠페인에 머물고, 실제 제품 전략이나 공정 혁신, 공급망 생태계에는 ESG 가치가 반영되지 않았던 것이다. 소비자 인식은 잠시 좋아졌지만, ESG 활동을 통한 사회적 가치가 기업의 경쟁력과 기업가치 제고로 연결되지 않았다.

다른 예를 들어보자. IT 기업들은 디지털 격차 해소를 위해 컴퓨터를 기부하거나, 임직원들이 교육 봉사를 하는 등의 활동을 이어왔다. 하지만 이런 활동들은 기업의 핵심 기술력이나 플랫폼을 통해서 사회적 가치와 연결되지 못하고, 기업의 성장 전략과도 분리되어 있었다. AI, 데이터, 클라우드 같은 본업의 기술을 사회문제 해결에 연결하지 못했기 때문에 사회적 가치는 '기업 이미지 개선' 효과로 끝났고, 기업의 혁신이나 경쟁력 제고로 이어지지 않았다. 결국 ESG는 비용으로만 인식되어 기업의 가치로 환류하지 못했다. 이러한 연결고리의 부재는 ESG 실행 조직은 기업의 사업 전략 조직과 분리되고, ESG 전략은 기업 외부와의 소통을 담당하는 부서의 역할이 되어왔다.

많은 기업의 ESG에서 사회적 가치의 창출은 대부분 기부와 봉사 중심이었다. 환경정화 활동, 농촌 봉사, 소외계층 지원 등은 분명 의미 있는 일이지만, 이런 활동이 제품과 공정의 혁신이나 기업의 경쟁력과는 무관하게 진행되었다. 그래서 ESG는 기업 전략의 일부가 아닌, 홍보와 이미지 제고의 수단으로 기업 내부에서조차도 인식되는 경우가 많다.

결론적으로 기존 ESG는 다음과 같은 한계를 갖고 있다. 기업이 만들어내는 사회적 가치가 다시 기업의 성과로 연결되지 않고, 사회공헌활동은 기업의 이미지 개선 활동에서 멈추고 있다. 그러다 보니 ESG 활동이 홍보·IR 부서의 업무가 되었고, 전사적 경영 전략으로 연결되는 경우가 거의 없었다.

─────── 2. 기업과 사회 간의 이중 중대성

ESG는 기업의 이미지 개선보다 기업이 만든 사회적 가치가 어떻게 기업가치의 제고로 환류되는가가 중요하다. 즉 기업이 만들어내는 사회적 가치가 혁신 인프라와 생태계 설계의 중심 역할을 함으로써 기업과 사회의 선순환 구조를 만들고, 이는 다시 기업의 경쟁력과 기업가치의 제고로 연결되어야 한다. 본 장에서 이러한 새로운 ESG의 지향점을 ESG 2.0으로 부르고, ESG 2.0의 이론적 배경과 이를 실현하고 있는 대표적 사례들을 소개하고자 한다.

기존의 ESG 논의는 기업이 사회에 어떤 영향을 주는지, 즉 한 방향의 책임(기업 → 사회)에만 초점을 맞췄다. 하지만 이해관계자 다양성 시대의 ESG는 이러한 단선적 관점을 넘어, 기업과 사회가 서로 영향을 주고받는 양방향 구조, 즉 '이중 중대성(Double Materiality)'의 관점으로 전환되어야 한다.

| 이중 중대성이란 무엇인가? |

이중 중대성이란 기업이 사회와 환경에 미치는 영향과 사회와 환경이 기업에 미치는 영향을 모두 고려하는 접근법이다. 구체적으로 이

중 중대성은 두 방향의 중대성(Materiality)을 통합한 것인데, 한 방향인 'V2S(Value to Society)'는 기업이 사회와 환경에 어떤 영향을 미치는지에 대한 것이며, 다른 한 방향은 'V2B(Value to Business)'로 사회와 환경이 기업에 미치는 영향에 대한 것이다.

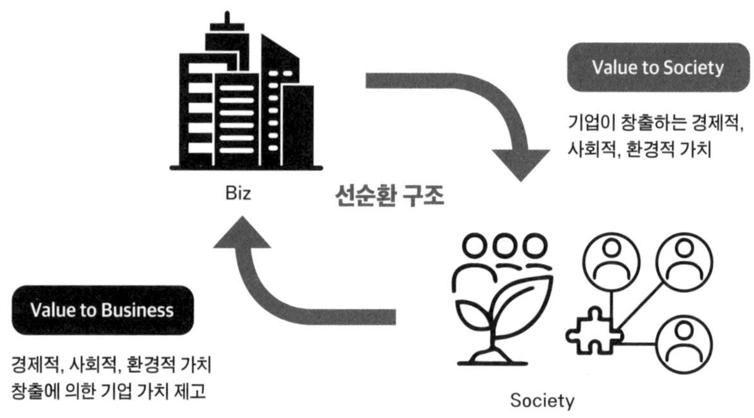

〈그림 8-1〉 Value to Society와 Value to Business를 통한 기업과 사회의 선순환 구조
출처: 《ESG 이해관계자 중심 경영:
이해관계자 자본주의 시대의 ESG 경영》(박영사, 2023)

즉, 위의 그림에서 보듯이 '이중 중대성'은 기업이 사회와 환경에 미치는 영향뿐 아니라, 사회와 환경이 기업의 가치 창출과 리스크에 미치는 영향까지 양쪽 모두를 고려하는 접근법이다.

- V2S(Value to Society): 기업이 사회와 환경에 이바지하거나 영향을 주는 가치.

- **V2B(Value to Business)**: 사회와 환경 변화가 기업의 재무 성과나 사업 경쟁력에 주는 영향.

이 두 방향의 가치 흐름을 분리된 것이 아니라 '하나의 순환 체계'로 묶는 것, 그것이 바로 이중 중대성의 핵심이다.

| 왜 이중 중대성이 중요한가? |

기업이 사회적 가치를 고려하지 않으면 단기적으로는 비용을 줄일 수 있지만, 장기적으로는 사회적 신뢰, 규제 대응력, 시장 확장성 등에서 손실을 보게 된다. 반대로 사회 문제 해결에만 집중하고 기업의 성과와 연결하지 못하면, ESG는 지속될 수 없는 '비용 항목'으로 남는다. 이중 중대성은 이 둘을 하나로 묶는 전략적 관점이다. 즉, 기업이 사회에 가치를 주면(V2S) 그것이 다시 기업의 사업 기회와 혁신으로 돌아오도록(V2B) 설계하는 것이다. 이 순환이 설계될 때, ESG는 더 이상 '선한 행동'이 아니라 '지속가능한 성장의 엔진'이 된다.

| V2S와 V2B의 선순환 구조 |

이중 중대성의 관점에서 ESG는 다음과 같은 순환 구조를 지닌다.

이 선순환이 작동하면 ESG는 기업이 책임을 수행하는 별도의 활동이 아니라 경영 전략 그 자체로 기능하게 된다. 앞으로의 ESG는 사회

> **V2S(기업 → 사회)**
>
> 기업이 혁신과 기술, 인프라, 일자리 등을 통해 사회와 환경에 긍정
> 적 영향을 창출한다.
>
> 예: 탄소 감축, 포용적 기술, 지역 일자리 창출.
>
> **사회적 변화(사회 ↔ 기업)**
>
> 사회의 인프라와 인식이 개선되면서 기업 활동의 기반이 강화된다.
>
> 예: 친환경 인프라 확산 → 재생에너지 조달 비용 하락.
>
> **V2B(사회 → 기업)**
>
> 사회적 가치가 다시 기업의 시장 수요, 원가, 리스크 관리, 브랜드 신
> 뢰도로 회귀한다.
>
> 예: 사회적 신뢰 상승 → 시장 점유율 증가 → 장기 수익성 강화.

문제를 해결하는 데 그치지 않고, 그 과정이 곧 기업의 혁신과 경쟁력
으로 이어지도록 설계해야 한다. 이것이 이중 중대성 기반의 ESG 전
략이다. 기업은 이제 "우리가 사회에 어떤 기여를 했는가?"의 질문에
서 멈추지 말고, "그 기여가 어떻게 우리의 성장과 지속가능성으로 돌
아오는가?"를 함께 물어야 한다. ESG는 단지 공시와 평가의 문제가 아
니라, 가치가 순환하는 구조적 설계의 문제다.

이러한 이중 중대성의 개념은 이미 글로벌 선도 기업들의 전략 속에
서 구체화하고 있다. 다음 절에서는 네 기업의 사례를 통해 이 원리를
살펴본다.

- **테슬라(Tesla)**: 탄소 감축이라는 사회적 목표를 제품·인프라·표준 설계와 통합해 ESG를 시장 전략으로 전환한 사례.

- **아마존(Amazon)**: 물류와 클라우드 자산을 사회 인프라로 개방하여 사회적 포용을 확대하고, 동시에 플랫폼의 자기 가속 구조를 설계한 사례.

- **엔비디아(NVIDIA)**: GPU 기술을 개방형 플랫폼 쿠다(CUDA)로 전환해 AI 생태계의 혁신 속도를 높이고, 그 성장이 다시 기업의 기술 리더십으로 회귀한 사례.

- **삼성전자 베트남(SEV)**: 현지 기업들의 역량을 높여서 삼성의 글로벌 공급망 구조로 편입시킴으로써 사회적 가치와 기업의 글로벌 생태계 경쟁력을 구축한 사례.

이 네 기업은 서로 다른 산업에 속하지만, 공통적으로 V2S와 V2B의 선순환 구조, 즉 이중 중대성을 전략적으로 내재화한 ESG 2.0 모델을 보여준다. 이들의 사례는 앞으로 ESG가 나아가야 할 방향, '사회적 가치 창출이 곧 기업의 지속가능한 성장 엔진이 되는 구조'를 잘 보여준다.

| 엔비디아: CUDA로 만들어낸 AI 혁신 생태계의 선순환 구조 |

엔비디아(NVIDIA)는 자사의 핵심 기술인 GPU와 CUDA(Compute Unified Device Architecture) 플랫폼을 개방형 생태계로 전환함으로써, 사회적 가치(Value to Society, V2S)와 기업가치(Value to Business, V2B)가 동시에 순환하는 구조를 만들었다. 이 사례는 ESG가 기술 기업의 성장 구조 속에서 어떻게 'V2S↔V2B'의 선순환으로 설계될 수 있는지를 보여준다.

사회적 가치(V2S): 지식·기술 접근성을 확장한 AI 혁신 플랫폼

2006년, 엔비디아는 GPU의 병렬처리 기능을 연구자와 개발자가 자유롭게 사용할 수 있도록 CUDA 플랫폼을 공개했다. 이전까지 GPU는 전문가용 하드웨어로, 복잡한 코드 없이 활용하기 어려웠다. CUDA는 이를 오픈 API, 개발 툴, 라이브러리 형태로 표준화하여 누구나 GPU를 이용해 고성능 연산을 수행할 수 있게 했다.

CUDA를 통해 스탠퍼드, MIT, 구글 브레인, 오픈 AI 등 수많은 연구 기관이 새로운 AI 알고리즘을 빠르게 실험·검증할 수 있게 됐다. 과거

CPU 중심 환경에서 수 주일 걸리던 신경망 학습이 GPU 병렬처리로 몇 시간 내 가능해지면서 AI 연구의 속도와 접근성이 획기적으로 향상됐다.

또한 스타트업들은 별도의 대형 컴퓨팅 인프라 없이 CUDA 기반 GPU로 AI 혁신 기술을 실험할 수 있게 되었다. 딥러닝 프레임워크의 기반이 된 TensorFlow, PyTorch 역시 CUDA 위에서 성장했고, 이 생태계는 전 세계 AI 스타트업의 핵심 인프라가 되었다.

이를 통해 GPU 연산은 의료 영상 진단, 기후 모델링, 자율주행, 신소재 탐색 등 다양한 분야로 확산했다. 즉, CUDA는 기술 접근성·연구 생산성·산업 응용성을 높여 전 세계적으로 AI 혁신 역량을 끌어올린 사회적 가치를 창출했다.

기업가치(V2B): 생태계 성장의 과실이 다시 엔비디아로 회귀

CUDA 개방으로 탄생한 사회적 혁신은 단지 '좋은 일'로 끝나지 않았다. 이 혁신이 만들어낸 거대한 AI 생태계의 확산은 곧 엔비디아의 시장 확대·표준화·지배력 강화로 되돌아왔다.

연구 기관과 AI 관련 산업 및 스타트업이 모두 CUDA 기반으로 개발을 진행하면서, GPU는 AI 컴퓨팅의 표준이 되었다. CUDA에 최적화된 소프트웨어 환경은 자연스럽게 GPU 하드웨어 수요를 폭증시켰다.

그뿐만 아니라, AI 프레임워크 대부분이 CUDA에 맞춰 최적화되면서 CUDA는 사실상 AI 산업의 기술 인프라의 표준으로 자리 잡았다. 이는 엔비디아가 시장에서 독점적 위치를 확보하는 강력한 기반이 되었다.

이렇게 외부 개발자와 연구 기관이 CUDA 위에서 새로운 모델·응용기술을 개발할수록, 엔비디아는 그 성과를 하드웨어 설계와 소프트웨어 최적화에 즉각 반영했다. 매년 개최되는 GTC(Global Technology Conference)를 통해 이러한 피드백이 공유되며, 외부 혁신에서 제품 고도화, 시장 확장, 외부 혁신 촉진이라는 완벽한 선순환 고리(Flywheel)가 완성되었다.

결국 엔비디아가 CUDA를 개방함으로써 형성된 사회적 가치가 AI 혁신 생태계의 폭발적 성장을 가져오고, 이는 GPU 판매 확대, 기술 리더십 강화, 브랜드 신뢰 상승을 통해 다시 엔비디아의 기업가치의 상승으로 연결되는 선순환 구조가 만들어졌다.

엔비디아의 ESG 2.0은 다음의 세 가지 설계 원칙으로 정리된다.

- **개방**: 개발자 접근성을 극대화하기 위해 CUDA 플랫폼을 통해 SDK, 라이브러리, 샘플 코드를 전면 공개.
- **확산**: GTC(Global Technology Conference)를 통해 매년 수천 명의 연구자와 산업계 리더가 기술과 성공 사례를 공유.
- **환류**: 외부에서 발생한 연구 성과와 산업 적용 데이터를 CUDA 업데이트와 GPU 하드웨어 개선에 즉시 반영.

엔비디아 사례는 ESG가 기술 개방과 확산을 통한 생태계 전략으로 작동할 때, 사회와 기업의 가치가 서로를 강화하는 구조적 선순환(V2S↔V2B)이 가능하다는 것을 보여준다. 엔비디아는 기술을 사회의 공공재로 개방할수록, 기업의 경쟁력은 오히려 강화된다는 사실을 증명했다. 이것이 바로 ESG가 CSR을 넘어 '지속가능한 생태계 설계 전략'으로 진화해야 하는 이유다.

| 아마존: FBA·AWS로 기업의 성장을 만드는 ESG 설계 |

아마존은 ESG를 단순히 '책임 있는 경영'이 아니라 사업 모델 자체의 확장 구조로 설계한 기업이다. 다른 기업들이 환경 보고서와 CSR 활동으로 사회적 책임을 표현할 때, 아마존은 FBA(Fulfillment by Amazon)와 AWS(Amazon Web Services)라는 핵심 자산을 외부에 공유 인프라처럼 개방함으로써 사회적 가치(V2S)와 아마존 플랫폼 성장(V2B)을 동시에 만들어냈다.

사회적 가치(V2S): 창업 기회의 확대와 디지털 전환 촉진

아마존의 FBA는 중소 상공인과 창업가들이 아마존의 물류 인프라를 그대로 이용할 수 있도록 만든 서비스다. 판매자는 창고, 배송, 고객 대응, 반품 관리 같은 복잡한 절차를 직접 수행하지 않고, 아마존의 시스템에 연결만 하면 된다. 이는 본래 대기업만 가능했던 글로벌 판매와 물류 운영 역량을 누구나 이용할 수 있도록 만든 사회적 인프라 혁신이었다.

이 FBA 플랫폼 덕분에 수많은 스타트업과 소규모 판매자들이 세계

시장에 즉시 진입할 수 있었다. 예를 들어 아시아의 지역 브랜드나 한국의 중소 뷰티 브랜드가 별도의 현지 법인이나 물류 시스템 없이 FBA를 통해 전 세계 소비자에게 상품을 판매하고 있다. 이로 인해 창업과 고용이 늘고, 지역 경제가 활성화되며, 특히 개발도상국에서는 전자상거래 기반의 경제 포용성이 강화되었다.

또한 AWS는 기술적 진입 장벽을 낮춘 사회적 인프라로 작동했다. 스타트업이나 비영리단체는 이제 대규모 서버 구축 비용 없이 클라우드 환경에서 혁신을 실험할 수 있게 되었다. 이는 단순한 IT 서비스의 판매가 아니라 AI 기반의 디지털 전환을 촉진한 사회적 인프라 혁신이었다.

기업가치(V2B): 플랫폼 거래, 데이터 루프, 규모의 경제 강화

아마존의 ESG 구조가 탁월한 이유는 이렇게 만들어진 사회적 가치(V2S)가 기업가치(V2B)로 자연스럽게 회귀하도록 설계되어 있기 때문이다.

FBA 참여 판매자가 늘어날수록 아마존의 물류망과 배송 알고리즘은 더 많은 데이터를 학습하며, 물류 효율과 속도가 향상된다. 이는 물류 단가 절감과 프라임 서비스 품질 개선으로 직결된다. 또한 더 많은 판매자와 소비자가 참여할수록 구매 패턴, 재고, 배송, 후기 데이터가 폭증한다. 아마존은 이 데이터를 바탕으로 추천 알고리즘과 재고 예측 정확도를 개선, 다시 거래량을 높이는 선순환 고리를 구축하였다. 물류망과 클라우드 서버가 커질수록 단위당 에너지 비용이 낮아지고, 탄소 효율성이 높아진다. 아마존은 이를 '기후 약속(Climate Pledge)' 전략으로 연결해, 사회적 가치(탄소 감축)와 비용 경쟁력(에너지 절감)을 동시에 달성했다. 결국 사회적 가치를 통해서 중소기업 성장, 디지털 전환, 탄소 절감을 만들어내고, 다시 아마존의 플랫폼 경쟁력(V2B)으로 선순환하는 구조를 만든 것이다. 아마존의 ESG 전략의 본질은 핵심 자산을 '사회적 인프라'로 재정의한 것이다. FBA는 물류를, AWS는 클라우드를 사회적 인프라로 전환했다.

결국 아마존의 ESG 전략인 '핵심 자산의 사회적 인프라화'가 기업성장의 구조적 동력이 된 것이다. 즉, 아마존은 ESG를 별도의 활동이 아닌 자기 본업의 성장 동력으로 통합한 셈이다.

아마존은 ESG를 사회를 위한 선한 일에서 멈추지 않고, 사회적 가치가 곧 기업 성장을 가속시키는 구조를 설계했다. 즉, ESG 전략을 아마존 사업 모델의 중심축으로 끌어올린 것이다. 이 접근의 교훈은 분명하다. ESG를 공시나 보고서로만 관리하면 기업 경영과 연결되지 않는 부수적인 활동에 머물지만, 기업의 비즈니스 모델의 설계와 연결할 수 있다면 사회적 가치와 기업가치가 끊임없이 선순환하는 구조를 만들어낼 수 있다는 것이다.

아마존의 FBA와 AWS는 ESG의 새로운 정의를 보여준다. 사회적 가치 창출이 기업 본업의 확장으로, 그리고 시장의 확장으로 더 나아가서 이러한 연결이 다시 사회와의 공동 성장으로 되돌아가는 구조. 이것이 바로 이 시대가 요구하는 '이해관계자 다양성 시대의 ESG 2.0'이 추구해야 할 기업과 사회의 선순환 모델이다.

| 테슬라: 특허 개방과 충전망 확산을 통한 생태계 설계 |

테슬라(Tesla)는 탄소 감축이라는 사회적 과제를 단순히 전기차나 배터리 같은 제품으로만 해결하려 하지 않았다. 테슬라는 특허를 공개하고 슈퍼차저 충전망을 확대하면서, 전기차 시장이 성장하는 데 장애요인이었던 충전 인프라 부족과 표준의 혼란을 직접 해결하려 했다. 즉, 충전 편의성과 기술 표준화 같은 문제를 자신들의 사업 전략안으로 끌어들인 것이다.

이 전략으로 테슬라는 사회적으로는 전기차 보급을 가속화하고 탄소 배출을 줄이는 사회적 가치(V2S)를 만들었고, 동시에 시장 규모 확대·생산 효율 향상·데이터 학습 속도 증가 같은 기업가치(V2B)도 함께 얻었다. 테슬라는 '환경을 위한 노력'을 '회사의 성장 동력'으로 바꾸어 놓은 셈이다.

결과적으로 전기차가 많이 팔릴수록 충전소 이용률이 높아지고 충전 데이터가 늘어나며, 이는 다시 차량과 배터리 성능 개선과 생산비 절감으로 이어졌다. 사회적 가치가 기업의 경쟁력으로 자연스럽게 돌아오는 선순환 구조, 그것이 테슬라 ESG 전략의 핵심이다.

사회적 가치(V2S): 전기차 보급의 장벽을 낮추다

테슬라는 자사가 가진 전기차 핵심 기술 특허를 다른 기업에도 자유롭게 공개했다. 덕분에 새롭게 시장에 진입하려는 회사들이 기술 장벽 없이 전기차를 개발할 수 있었고, 업계 전체의 연구·개발 속도가 빨라졌다. 즉, 경쟁이 늘어난 대신 산업 전체의 혁신 속도와 차량 선택의 폭이 커진 것이다.

또한 테슬라는 장거리 주행 시 충전 걱정을 없애기 위해 전 세계에 슈퍼차저 충전소를 빠르게 늘렸다. 충전 시간을 줄이고, 어디서든 쉽게 충전할 수 있게 하면서 소비자의 불안감과 전기차 시장에 대한 진입장벽을 낮췄다. 이로써 사람들은 "전기차로도 충분히 멀리 갈 수 있다"라는 신뢰와 확신을 갖게 되었고, 이는 전기차 시장의 확산을 이끄는 결정적 계기가 되었다.

기업가치(V2B): 수요 증대·비용 감소로 기술 혁신이 빨라지다

충전소가 늘고 전기차 표준이 자리 잡자, 이제 전기차는 일부 마니아층만의 제품이 아니라 일반 소비자들이 쉽게 선택할 수 있는 차가 되었다. 이렇게 '조기 구매자(Early Adopter)'에서 '대중 시장'으로 빠르게 확산하면서, 전 세계 전기차 시장의 규모와 테슬라의 판매량이 함께 커졌다.

이렇게 전기차 판매가 늘어 대량 생산이 가능해지자, 부품과 원자재를 더 싸게 대량 구매할 수 있었다. 이른바 규모의 경제가 작동한 것이다. 그 결과 전기차 한 대당 제조 비용과 배터리 가격이 내려가며 생산 효율이 크게 높아졌다.

또한 더 많은 차량이 도로를 달리고 더 많은 사람이 충전망을 이용하면서, 테슬라는 방대한 주행과 충전 데이터를 실시간으로 수집할 수 있게 되었다. 이 데이터는 자동차의 소프트웨어, 배터리 효율, 주행 경로 최적화 알고리즘을 개선하는 데 활용되었다. 차량은 OTA(무선 업데이트)를 통해 지속적으로 성능이 향상되었고, 고객 만족도가 높아져 재구매와 추천으로 이어지는 선순환이 만들어졌다. 인프라를 확충하고 기술을 개방한 덕분에 테슬라는 '더 많이 팔릴수록 더 싸지고, 더 빨라지고, 더 좋아지는' 구조를 완성했다. 이것이 사회적 가치가 기업 경쟁력으로 되돌아온, 테슬라의 ESG 2.0의 선순환 고리이다.

테슬라의 ESG 전략의 핵심은 제품과 인프라, 기술 표준을 따로 보지 않고 하나의 생태계로 설계했다는 점에 있다. 테슬라는 전기차라는 단일 제품을 팔기보다, 전기차가 일상에서 작동하는 전체 환경, 즉 충전 인프라와 기술 표준, 데이터 플랫폼을 구성하는 통합 생태계를 만들어냈다. 시장의 기반이 되는 통합 생태계를 스스로 구축함으로써 사회적 가치(V2S)와 기업가치(V2B)가 끊임없이 맞물려 순환하는 구조를 완성한 것이다. 이러한 테슬라의 ESG 전략은 세 가지로 요약될 수 있다.

- **첫째, 동시성(Synchronization) 전략:** 테슬라는 신차를 출시하면서 동시에 충전소를 확충하고, 충전망 커버리지를 제품 출시 일정에 맞췄다. 이 덕분에 소비자는 충전 불편을 느끼지 않고 전기차를 경험할 수 있었고, 초기 시장에서 흔히 발생하는 기술과 인프라의 시차 문제를 없앴다. 테슬라는 제품을 팔기 전에 시장을 준비시킨 최초의 전기자동차 회사였다.

- **둘째, 개방을 통한 네트워크(Open Network) 전략:** 테슬라는 특허를 공개함으로써 경쟁사조차도 자사의 충전 프로토콜(슈퍼차저 표

준)을 사용할 수 있게 했다. 이로써 충전망의 상호운용성이 커지고, 전 세계 전기차 생태계가 빠르게 확장되었다. 단기적으로는 경쟁을 늘린 것처럼 보이지만, 결과적으로 '테슬라 표준'이 산업의 표준으로 굳어지며 시장의 중심에 자리 잡는 효과를 가져왔다.

- **셋째, 데이터 루프(Data Loop)를 통한 혁신 전략**: 충전-주행-결제-A/S 데이터를 실시간으로 분석하는 플랫폼을 통해서 테슬라는 차량 성능 개선, 충전 효율 향상, 비용 절감, 서비스 모델 확장(요금·구독)까지 모든 개선 사이클을 한 번에 돌릴 수 있는 혁신 사이클(Innovation Cycle)을 만들었다. 이러한 데이터 루프는 사회적 가치(탄소 감축, 사용자 편의성)가 기업의 제품 경쟁력과 수익성으로 직접 연결되는 회로가 되었다.

결국 테슬라의 ESG 전략은 단순히 더 좋은 전기차를 만드는 전략이 아니라, '시장과 생태계'를 설계하는 전략이었다. 그들은 제품이 아니라 환경을 바꿔 전기차 시장 전체의 확산 속도를 높이는 방식으로 ESG를 실행했다. 특허 개방과 충전망 확산은 단순한 친환경 조치가 아니라, 사회적 가치가 기업의 성장으로 자연스럽게 회귀하도록 만든 생태계 설계 장치였다.

| 삼성전자 베트남: 글로벌 생산 거점을 사회적 인프라로 |

삼성전자 베트남(Samsung Electronics Vietnam, SEV)은 삼성 스마트폰

글로벌 생산의 핵심 허브이자, 베트남 전체 수출 구조와 고용, 제조 역량에 구조적 영향을 미치는 베트남 경제의 중추 기업(Anchor Firm)으로 기능하고 있다.

삼성전자 베트남은 베트남 전체 수출의 14%를 차지하고, 9만 명 가까운 인력을 고용하며 베트남 경제의 중요한 축을 담당하는 기업이다. 특히, 이해관계자 다양성 시대의 ESG 2.0에서 삼성전자 베트남(SEV)은 베트남 경제의 중추 기업으로서 만들어내는 V2S가 다시 어떻게 V2B로 선순환되는지를 보여주는 모범적인 사례이다.

이 기업은 사회에 기여한 만큼 기업이 다시 강해지는 구조, 다시 말해 사회적 역량의 축적이 글로벌 생산 안정성과 품질 경쟁력, 그리고 공급망 생태계의 역량 제고로 선순환하는 메커니즘이 어떻게 작동할 수 있는지를 보여주는 매우 구체적인 사례다. 따라서 삼성전자 베트남은 한국 기업이 해외에서 사업을 확장하면서 현지 사회와의 'CSR' 차원을 넘어서, 기업과 사회의 선순환을 설계하는 ESG 2.0의 중요한 실험장이다.

사회적 가치(V2S): 협력사와 중소기업을 생산 파트너로 만들다

삼성전자 베트남의 협력사 전략은 한국 협력사가 베트남으로 이전해 온 구조에 머물지 않는다. 본질적인 변화는 베트남 현지 기업이 실제로 삼성의 글로벌 공급망에 편입되고, 생산 파트너로 기능하게 되었다는 점이다. 이 변화는 베트남 산업통상부(Ministry of Industry and Trade, MoIT)와 삼성전자가 공동으로 운영해 온 산업 고도화 프로그램을 통해 실증적으로 확인된다.

MoIT와 SEV는 2015년부터 현지 유망 중소·중견 제조기업을 선별해 글로벌 공급망 진입을 지원하는 협력 프로그램을 지속적으로 운영해 왔다. 이 프로그램의 목적은 단순한 기술 교육이나 일회성 컨설팅이 아니라, 베트남 기업이 삼성의 글로벌 생산 체계에 실제로 들어올 수 있는 수준의 역량을 갖추도록 만드는 것이었다.

이 협력 프로그램의 성과는 명확한 수치로 확인된다. 2024년 말 기준, 400개 이상의 베트남 현지 기업이 생산 시스템 진단과 국제 기준에 맞춘 현장 컨설팅을 받았으며, 그중 63개 기업이 삼성의 글로벌 제조 체계에서 Tier-1 또는 Tier-2 공급사로 공식 진입했다. 이는 베트남 기업들이 단순 부품 조달 대상이 아니라, 삼성의 품질·납기·관리 기준을 충족하는 생산 파트너로 인정받았다는 상징적 전환점이다.

MoIT와 삼성 협력의 핵심 수단은 이른바 스마트팩토리 지원 프로젝트였다. 이 프로젝트의 본질은 생산 운영 체계 자체를 글로벌 기준으로 재설계하는 것에 있었다. 삼성과 MoIT는 3~6개월에 걸친 현장 상주형 컨설팅을 통해, 실제 공장에서 불량률을 낮추고 생산성을 끌어올리는 데 집중했다. 그 결과, 참여 기업들은 생산성 30~50% 향상, 불량률의 유의미한 감소, ISO·IATF 등 글로벌 품질·환경 관리 기준의 도입이라는 가시적 성과를 낳았다.

MoIT는 이 협력 모델을 국가 차원의 핵심 산업 전략으로 평가하고 있다. MoIT는 이 모델이 베트남의 무역 구조 개선, 국내 부가가치 비중 확대, 글로벌 제조 네트워크 내 위상 강화에 이바지하고 있다고 명시한다. 즉 SEV의 공급망 전략은 개별 기업의 ESG 활동을 넘어, 국가 산업 전략과 맞물린 사회적 가치(V2S)로 기능하고 있다.

기업가치(V2B): SEV가 만든 기업가치로의 환류 구조

SEV에서 축적된 협력사의 인력과 역량은 사회적 가치로만 남지 않는다. 이 역량은 삼성의 글로벌 생산 네트워크 속으로 다시 흡수되며, 공급망 안정성, 품질 경쟁력, 원가 구조, 조직 학습 속도라는 네 가지 핵심 영역에서 기업가치로 환류된다. 이 환류 구조가 바로 삼성전자 베트남 사례가 ESG 2.0의 실증적 모델로 평가될 수 있는 이유다.

- **공급망 안정성: 현지화된 역량이 리스크를 흡수하다**

삼성은 베트남 현지에서 Tier-1·2 공급사를 단계적으로 확보함으로써, 특정 국가나 특정 기업에 대한 과도한 의존을 줄일 수 있었다. 현지 기업이 글로벌 기준의 품질과 납기를 충족할 수 있게 되면서, 부품 조달과 공정 운영의 '대체 가능성(Redundancy)'이 높아졌다. 이는 위기 상황에서도 생산 라인을 빠르게 조정하고, 전체 글로벌 생산 네트워크의 연속성을 유지할 수 있는 기반이 된다. 즉, V2S로 축적된 현지 역량은 삼성에게 공급망 대체 가능성이라는 전략적 자산으로 되돌아온다.

- **품질 경쟁력: 삼성 베트남의 표준이 글로벌 평균을 끌어올리다**

SEV에서 축적된 품질관리 역량, 불량 원인 분석 능력, 공정 데이터 기반 개선 경험은 다른 국가의 생산 거점으로 이전될 수 있다. 이렇게 되면 베트남 공장은 더 이상 후발 생산기지가 아니라, 표준화된 품질 운영 모델을 검증하고 확산시키는 실험장이 된다. 결과적으로 삼성은 글로벌 시장에서 제품 신뢰도를 유지·강화할 수 있고, 이는 브랜드 가치와 장기 수요 안정성으로 이어진다.

- **원가 구조: 역량 기반 원가 절감 구조를 만들어내다**

  SEV의 경쟁력은 흔히 낮은 인건비에서 설명되지만, ESG 2.0 관점에서 더 중요한 것은 역량 기반 원가 절감 구조다. 공정 개선과 불량률 감소는 재작업 비용과 A/S 비용을 낮추고, 납기 안정성은 긴급 물류와 재고 비용을 줄인다. 또한 현지 조달 비중이 높아질수록 물류·관세·환율 변동에 따른 비용 리스크도 완화된다. 이는 단기적인 원가 절감이 아니라, 구조적으로 안정된 원가 경쟁력을 만들어낸다.

- **학습 속도: 글로벌 제조 학습을 가속하는 허브로 기능하다**

  SEV 사례에서 간과되기 쉬운 V2B는 학습 속도의 가속이다. 삼성은 베트남에서 인력 교육, 공정 혁신, 협력사 역량 개선을 반복하면서 방대한 운영 데이터를 축적해 왔다. 이 데이터와 경험은 특정 지역에 고립되지 않고, 삼성의 글로벌 생산 네트워크 전반으로 이전된다. 즉, 베트남에서 발생한 문제 해결 경험과 개선 노하우는 다른 국가의 공장에서 더 빠르게 적용될 수 있다. SEV는 단순한 생산 거점이 아니라, 글로벌 제조 학습을 가속하는 허브로 기능한다.

SEV에서 만들어진 현지 역량(V2S)은 네 가지 경로를 통해 기업가치(V2B)로 환류된다. 첫째, 공급망 안정성은 리스크를 줄이고, 둘째, 품질 경쟁력은 브랜드 신뢰를 강화하며, 셋째, 원가 구조 개선은 장기 수익성을 높이고, 넷째, 학습 속도 증가는 미래 경쟁력을 만든다. 이것이 바로 ESG 2.0이 말하는 V2S와 V2B의 선순환 구조이며, 삼성전자 베트남 사례가 'ESG로 경쟁력을 설계한 기업'으로 평가될 수 있는 이유다.

——— 4. ESG는 생태계 설계자 전략이다

이제 ESG는 기업의 경쟁력과 사회적 가치의 선순환 구조를 설계하는 전략, 즉 기업과 사회의 공동 성장을 만들어내는 전략으로 바뀌어야 한다. 기존의 ESG 1.0이 지속가능한 사회를 위한 기업의 책임과 역할에 대한 것이었다면, ESG 2.0은 어떻게 기업과 사회가 함께 성장할 수 있는지, 즉 기업과 사회의 선순환 고리를 만들 수 있는가에 대한 질문까지 확장하는 것이다.

오늘날 기업의 경쟁력은 내부 역량만으로 유지되지 않는다. 기술, 인재, 데이터, 인프라 모두가 생태계와 연결되어 있다. 기업이 오늘날 혁신의 속도를 따라잡기 위해서는 외부 생태계의 혁신과 연결되고 외부 생태계의 혁신을 증폭시키고, 외부 생태계의 혁신이 다시 기업으로 환류될 수 있도록 구조를 설계할 수 있어야 한다. 결국 외부 생태계의 혁신을 증폭시키고 외부 생태계와 함께 성장하는 기업이 시장을 지배한다.

테슬라는 환경 문제를 전기차 관련 통합 생태계의 구축으로 풀었고, 아마존은 자신의 물류와 클라우드를 사회의 인프라로 개방함으로써 외부 파트너 생태계의 혁신과 성장의 발판을 구축했으며, 엔비디아는

CUDA를 AI 혁신 생태계의 인프라로 개방함으로써 전 세계의 AI 혁신 속도를 올렸으며, SEV는 현지 협력사의 역량 구축을 통해 글로벌 제조 생태계 경쟁력을 구축하였다. 이러한 기업 사례들은 공통적으로 ESG를 통해서 어떻게 '생태계 설계자(Ecosystem Architect)'의 위상을 만들어내는지, 그리고 이러한 생태계 설계자 전략이 어떻게 기업 성장의 가속 페달이 되는지를 보여준다.

한국 기업들은 이미 기존의 ESG 1.0의 실행 단계에서 글로벌 표준에 도달했다. 하지만 이제는 아마존, 엔비디아, 테슬라, SEV의 사례에서 보여주는 'ESG 2.0'으로의 전환이 필요하다. 기업이 사회에 가치를 만들어 주고, 사회가 다시 기업의 혁신을 가능하게 순환하는 구조, 바로 이것이 ESG 2.0이 지향하는 기업과 사회의 선순환 전략이다. 미래의 강한 기업은 더 많은 자원을 가진 기업이 아니라, 더 빠르게 순환하는 기업, 즉 사회와 함께 혁신의 속도를 공유할 수 있는 기업인 것이다. 이것이 바로 이해관계자 다양성 시대의 새로운 ESG, 기업과 사회가 함께 강해지는 ESG 2.0의 지향점이다.

글로벌 경제

세계 경제 질서 변화와
글로벌 기업의 대응 전략

이종민

<h1 style="text-align:center">한눈에 보기</h1>

오늘날 세계 경제는 지정학·지경학적 긴장, 강대국 간 경쟁 심화, 산업정책의 재부상 속에서 세계화 시대의 전제였던 자유무역과 글로벌 공급망의 안정성이 약화되는 국면에 접어들고 있다. 미·중 갈등, 코로나19 팬데믹, 각종 전쟁과 분쟁은 1990년대 이후 비교적 일관된 방향으로 진전되어 온 세계화가 더 이상 단선적인 경로를 따르지 않으며, 후퇴·둔화·파편화·재구성이라는 다양한 양상이 동시에 나타날 수 있음을 시사한다. 이와 함께 국내외 불평등의 심화, 경제적 상호의존의 무기화, 글로벌 거버넌스의 약화, 국유자본주의 및 국가 개입의 확대는 국제질서를 점차 블록화되고 분절된 구조로 재편하고 있고, 이러한 환경 변화 속에서 지정학은 기업 활동에 부수적으로 작용하는 요인이 아니라, 투자, 생산, 기술, 공급망 전략 전반에 영향을 미치는 핵심 조건으로 작용하고 있다. 특히 기술을 국가 안보와 직결된 전략 자산으로 인식하는 경향의 확산과 수출 통제 강화는 글로벌 가치사슬 재편을 가속하는 주요 요인으로 지적된다.

이러한 상황에서 기업은 기존의 비용 효율성 중심 전략만으로는 중장기 경쟁력을 확보하기 어렵다. 정부 정책과 규제 환경의 변화를 체계적으로 분석하고 대응하기 위한 기업 외교 및 관계자본의 구축이 요구된다. 동시에 진출 국가의 제도적, 정치적, 문화적 특성을 고려한 전략적 현지화를 통해 사업의 정당성과 회복탄력성을 제고할 필요가 있다. 아울러 디커플링과 디리스킹을 구분한 시나리오 플래닝을 통해 다양한 미래 가능성에 대비하고, 비시장 전략과 글로벌 공공정책 대응 역량을 결합함으로써 지정학적 불확실성을 위기가 아닌 경쟁 우위의 기회로 전환해야 한다.

——— 1. 세계화의 균열과 기업의 생존 전략

오늘날 세계 경제는 심화하는 지정학적·지경학적 긴장과 국가 간 힘의 재편으로 인해 그 어느 때보다 불안정성이 고조되고 있다. 여기에 인구 증가 둔화, GDP 성장세 약화, 생산성 저하 등 주요 국제기구들이 제시하는 장기 전망이 더해지면서 이러한 불확실성은 한층 복합적으로 확대되고 있다.

지난 수십 년간 세계 경제는 이른바 '초 세계화(Hyper-globalization)'라 불리는 흐름 속에서 무역 및 투자의 자유화와 글로벌 공급망 확대를 경험했다. 교통과 통신 기술의 발전으로 국경의 의미는 약화했고, 소비문화도 동질화되면서 각국 경제는 긴밀히 연결된 글로벌 시스템으로 통합되었다. 그러나 2010년대 중반 이후 나타난 브렉시트(영국의 유럽연합 탈퇴), 미·중 무역전쟁, COVID-19 팬데믹, 러시아-우크라이나 전쟁 등 연이은 사건들은 세계화가 결코 불가역적인 과정이 아님을 보여주었다.

세계화의 미래를 두고 다양한 해석이 존재한다. 일부는 탈세계화(Deglobalization), 디커플링(Decoupling), 디리스킹(Derisking) 등 세계화의 후퇴를 강조하는 반면(Witt et al., 2023), 다른 시각은 후퇴가 아닌 둔화, 즉 '느린 세계화(Slowbalization)'로 설명한다(Bakas, 2016). 또 다른 연구는 세계화가 여전히 회복력을 유지하고 있으나, 보다 파편화되고 지경학적으로 영향 받은 형태가 될 것이라고 주장하며(Cui et al., 2023), 일부는 새로운 국면의 재세계화(Re-globalization), 즉 국경 간 협력과 투자 패턴의 진화를 강조한다(Linsi & Gristwood, 2024).

이처럼 다양한 내러티브가 공존하지만, 오늘날 글로벌 환경과 세계 경제 질서와 관련해 학계와 실무에서 공통적으로 지적하는 특징이 있다. 첫째, 수십 년간 규제 미비 속에서 심화된 국내·외 불평등(Stiglitz, 2017), 둘째, 경제적 상호 의존의 정치화와 글로벌 거버넌스 약화로 인한 협력 질서의 불안정성(Farrell & Newman, 2019), 셋째, 국유자본주의 및 국가 주도 국제투자 확대, 산업정책의 부활(Aiginger & Ketels, 2024; Bremmer, 2009)로 대표되는 국가 주도의 경제 개입의 귀환이다. 이러한 흐름은 국가안보와 산업 보호를 우선시하며, 국제질서를 자유주의적 협력 체제에서 점점 더 블록화되고 분절화된 체제로 재편시키고 있다(Mariotti, 2025).

이런 격변 속에서 기업들이 직면한 도전은 과거와 본질적으로 다르다. 지정학적 리스크는 더 이상 일부 국가나 특정 산업의 문제가 아니라, 다국적기업의 전략적 의사결정에 직접적으로 작용하는 구조적 현실이 되었다. 예를 들어 최근 주목받는 '기술 민족주의'는 기술을 단순한 경제·산업 자산이 아니라 국가 안보, 주권, 국제적 경쟁력의 핵심으로 간주하는 경향을 의미하며, 이는 글로벌 가치사슬의 근본적 재편을 초래한다(Luo & Van Assche, 2023). 이에 따라 기업들은 단순한 비용 효율성 추구를 넘어서는 새로운 대응 논리를 요구받고 있다.

따라서 기업에 주어진 과제는 분명하다. 더 이상 지역적으로 균일한 글로벌 환경을 전제로 전략을 세울 수 없으며, 본국과 진출국의 제도·정치·문화적 특성을 반영한 맞춤형 전략이 필수적이다. 또한 단순히 정부 정책에 수동적으로 따르는 것을 넘어, 정책 전문가와 네트워크를 적극적으로 확보하고 의사결정 과정에 주도적으로 개입해야 지정학적 리스크를 기회로 전환할 수 있다.

결국 오늘날의 세계는 기업 실무자와 연구자 모두에게 새로운 사고의 틀을 요구한다. 국제경영은 더 이상 시장과 효율성만으로 설명될 수 없으며, 지정학·지경학적 요인을 통합적으로 고려하는 기업 전략, 즉 기업 외교(Corporate Diplomacy), 비시장 전략(Non-Market Strategy), 기업 정치활동(Corporate Political Activity) 등을 아우르는 새로운 접근이 필수적이다. 이를 통해서만 기업은 불확실성과 갈등이 심화하는 시대에 장기적 경쟁우위를 확보할 수 있다.

2. 글로벌 경제 질서의 변화와 기업 도전 과제

세계화의 불균형적 역학은 승자와 패자를 만들어냈으며, 앞으로도 성장 궤적이 고르지 않게 전개될 것으로 전망된다. 과거 저소득 국가는 선진국 주도의 글로벌 가치사슬에 편입되면서 자체 발전 과정을 단축할 수 있었지만(Baldwin, 2012), 오늘날 이러한 메커니즘은 점차 약화하고 있다. 특히 소련 붕괴 이후 미국이 주도해 온 글로벌 경제 질서는 중국의 급격한 부상으로 근본적인 도전에 직면했다. 중국 경제 규모는 이미 미국과 대등한 수준에 이르렀고, 그 결과 두 국가는 경쟁적 전략을 강화하며 기존 강대국뿐 아니라 신흥국들까지 적극적으로 자신의 입지를 주장하고 있다. 이는 글로벌 질서의 재편을 단순한 가능성이 아니라 현실적인 시나리오로 부각시키고 있다.

이러한 구조적 변화는 거시적 지표에서도 뚜렷이 드러난다. OECD는 2060년까지 세계 GDP 성장률이 연평균 2%에 머물 것으로 전망하는데, 이는 현재의 3.5%에서 크게 낮아진 수치다. 인구 증가율도 1963년 2.3%에서 현재 0.9%로 감소했으며, 2075년에는 0에 가까워질 것으로 보인다(United Nations, 2022). 글로벌 생산성 둔화와 인구학적 변화는 해외 시장을 둘러싼 경쟁을 더욱 치열하게 만들며, 국가 간 갈등

위험을 높이는 요인으로 작용한다. 기존 강대국의 지배력 유지 노력과 신흥국의 불평등 시정 움직임이 충돌하면서 갈등 가능성을 한층 고조시킬 것이다. 실제로 이 같은 변화는 단순한 이론적 논의에 그치지 않고 최근 일련의 사건들 속에서 구체적으로 드러난다. 2018년 이후 본격화한 보호무역 조치와 미·중 갈등, 2022년 러시아의 우크라이나 침공, 2023년 이스라엘–팔레스타인 분쟁, 그리고 2025년 트럼프 2기 행정부의 관세 정책은 글로벌 경제 질서를 자유주의적 협력 체제에서 현실주의적이고 지정학 중심의 구도로 빠르게 이동시키고 있다(Li et al., 2022). 이 과정에서 지정학은 더 이상 기업에 간접적 변수가 아니라 글로벌 비즈니스 환경을 바꾸는 '게임 체인저'로 자리 잡았다.

기업 차원에서도 그 충격은 구체적으로 확인된다. 애플은 중국에서 데이터 규제와 앱스토어 검열, 아이클라우드(iCloud) 데이터 이전 압력 등 강화된 통제를 경험했고, 화웨이는 미국의 제재로 핵심 부품과 소프트웨어 접근이 차단되며 스마트폰·5G 사업에 큰 타격을 입었다. 삼성전자 또한 미국의 대중(對中) 반도체 수출 통제 속에서 중국 시장 입지와 미국 규제 준수 사이에서 균형을 찾아야 하는 난제에 직면했다. 이러한 사례는 글로벌 기술 기업들이 미·중 갈등 속에서 얼마나 세밀한 지정학적 줄타기를 해야 하는지를 잘 보여준다.

지정학적 리스크는 전통적인 정치적 리스크와 구분된다. 정치적 리스크가 주로 특정 진출국의 불안정성이 투자에 미치는 영향을 뜻한다면, 지정학적 리스크는 훨씬 광범위하게 글로벌 차원의 사건이 공급망·무역·투자 전반에 걸쳐 충격을 주는 것을 의미한다(Meyer & Li,

2022). 특히 보호무역 조치, 투자 제한, 규제 강화 같은 정책 요인들은 이제 다국적기업의 전략적 의사결정을 좌우하는 핵심 변수로 작동하고 있다.

그렇다고 해서 이러한 위기가 반드시 부정적 결과로만 이어지는 것은 아니다. 준비된 기업이라면 지정학적 불확실성을 경쟁우위 확보와 차별화의 기회로 삼을 수 있다. 핵심은 이를 단순한 혼란이 아니라 전략적 대응의 기회로 전환하는 것이다. 이를 위해서는 미·중 경쟁의 역사적 맥락, 정치·지정학적 역학, 그리고 각국의 제도적 환경을 심층적으로 이해하려는 노력이 필요하다(Luo & Tung, 2025).

——— 3. 다극화 체제의 부상: 중국, 브릭스, 그리고 글로벌 사우스

중국의 경제·정치적 발전을 제대로 이해하는 것은 오늘날 심층적인 지정학 분석에 필수적이다. 그 이유는 단순히 중국이 글로벌 비즈니스에서 차지하는 중심적 위치 때문만이 아니다. 중국은 러시아, 이란, 베네수엘라 등 점점 더 권위주의적 성향이 강해지는 국가들에게도 큰 영향력을 미치고 있기 때문이다. 중국이 발휘하는 영향력은 몇 가지 방식으로 나타난다.

첫째, 중국식 발전 모델이 보여주는 '시범효과(Demonstration Effect)'를 통해 다른 국가들에게 "우리도 중국처럼 성장할 수 있다"라는 신호를 주고 있다. 중국은 개혁 및 개방 이후 8억 명이 넘는 인구를 빈곤에서 벗어나게 하며 세계 2위 경제 대국으로 부상했다. 이는 권위주의 체제하에서도 경제 성장이 가능하다는 강력한 사례로 작용한다. 실제로 아프리카의 에티오피아는 산업단지 조성과 제조업 육성 전략에서 중국 모델을 벤치마킹했고, 르완다는 디지털 행정과 사회 관리 시스템에서 중국의 방식을 참고했다. 이처럼 중국의 발전 경로는 "민주주의만이 성장의 조건은 아니다"라는 메시지를 전달하며, 권위주의적 성향이 강한 국가들에게 매력적인 대안이 되고 있다.

둘째, 막대한 투자 자금과 대규모 인프라 건설 능력을 활용해 이들 국가의 경제 구조에 깊숙이 개입하고 있다. 대표적인 사례가 '일대일로(Belt and Road Initiative)' 정책이다. 시진핑 주석이 2013년에 제안한 이 구상은 아시아, 아프리카, 유럽을 잇는 거대한 인프라 네트워크를 구축하는 프로젝트다. 파키스탄의 '차이나-파키스탄 경제회랑(China-Pakistan Economic Corridor, CPEC)'은 600억 달러 규모의 투자가 진행된 대표적 사례로, 도로와 철도, 항만(과다르항), 발전소 건설이 포함되어 있다. 케냐에서는 32억 달러 규모의 차관으로 건설된 몸바사-나이로비 철도가 국가 물류 시스템을 바꾸어 놓았다. 이런 투자는 단순한 개발 원조가 아니라, 현지 경제를 중국 중심의 네트워크로 묶어내는 구조적 개입이다.

셋째, 국가 경제력을 전략적으로 동원해 글로벌 무역, 기술이전, 공급망 재편의 판을 바꾸고 있다. 중국은 전기차·배터리 산업에서 핵심 원료와 기술을 장악하며 글로벌 공급망의 중심으로 올라섰다. 아프리카 콩고민주공화국(DRC)의 코발트 광산은 세계 생산량의 70% 이상을 차지하는데, 중국 기업들이 상당 부분을 소유·운영하고 있다. 남미 볼리비아에서는 세계 최대 리튬 매장량을 개발하기 위해 중국 기업들이 합작 계약을 체결했다. 동시에 중국은 '디지털 실크로드(Digital Silk Road)'를 통해 화웨이와 ZTE 같은 ICT(Information and Communication Technology) 기업이 아프리카, 아시아, 라틴아메리카에서 4G·5G 통신망을 공급하도록 하여 기술 표준을 확산시키고 있다. 이는 단순한 기술 수출이 아니라, 데이터 관리와 보안, 나아가 정치적 영향력 확대와

도 직결된다.

학계에서도 중국의 부상 과정을 다양한 각도에서 분석해 왔다. 중국은 단순한 '경제 대국'을 넘어, 독특한 기술 민족주의적 초강대국으로 자리 잡아 왔다는 점이 강조된다(Luo & Van Assche, 2023). 또한 현실주의적 관점에서 본 중국의 부상, 그리고 서구의 시장 질서와는 상당히 다른 방식으로 정부와 기업이 시장에 개입하면서 나타나는 '체계적 경쟁(Systematic Competition)'에 대해서도 폭넓은 연구가 진행되었다(Teece, 2022). 최근에는 미·중 양분화 과정에서 어떤 요인이 경쟁을 형성하고, 그 결과 글로벌 가치사슬 탈동조화(Value-chain decoupling)에 어떤 영향을 미치는지 분석하는 연구도 축적되고 있다(Vertinsky et al., 2023).

역사적 맥락으로 보면, 미국의 세계적 지위는 늘 도전을 받아왔다. 제1차 세계대전 이후 독일, 일본, 소련이 차례로 미국의 패권에 도전했으며, 최근에는 중국이 새로운 경쟁자로 부상했다(Nye, 2002). 독일은 제2차 세계대전 당시 군사력과 과학기술에서 미국에 큰 위협이 되었으나 패배로 끝났다. 일본은 전쟁 후 빠른 경제 회복을 통해 1980년대에는 미국과 어깨를 나란히 할 정도의 경제 강국으로 부상했지만, 1990년대 이후 '잃어버린 30년'이라 불리는 장기 침체로 경쟁력을 잃었다. 소련은 냉전 시기 풍부한 자원과 노동력을 기반으로 미국과 치열하게 경쟁했으며, 특히 우주개발 분야에서 양국은 상징적인 경쟁을 펼쳤다. 최근 수십 년간 이 역할은 중국이 이어받아 미국과 경쟁하고 있다. 덩샤오핑의 개혁·개방 정책 이후 중국은 '세계의 공장'으로 자리 잡으며 글로벌 경제와 무역의 중심으로 부상했다. 1979년 미·중 수교와 2001년 WTO 가입은 중국의 성장에 결정적 계기가 되었고, 14억 명에 이르는 인구 규모는 경제·군사·기술 측면에서 미국을 위협하는 동력이 되었다. 이에 대응해 미국은 중국의 전략적 우위를 견제하고 자국 안보와 국제적 영향력을 강화하기 위해 점점 더 적극적인 대중(對中) 정책을 펼칠 것으로 예상된다. 국제관계 연구에서는 특히 시진핑 정부가 "중국이 세계의 중심"이라는 인식을 갖고, 서구의 산업화 모델이 아닌 독자적 방식을 통해 강대국으로 도약하려 한다는 점을 강조한다(Jacques, 2009).

흥미로운 점은 중국과 러시아 같은 국가들이 미국과의 관계를 설명할 때 '양극 체제(Bipolar Competition)' 대신 '다극 체제(Multipolarity)'라는 용어를 선호한다는 사실이다. 이는 곧 미국 주도의 단극 체제가 아니라, 여러 강대국이 동시에 영향력을 발휘하는 다극 세계로의 전환을 의미한다. 이러한 흐름은 2023년 8월 남아공에서 열린 제15차 브릭스(BRICS) 정상회의에서도 잘 드러났다. 당시 중국은 사우디아라비아, 아랍에미리트, 이란, 이집트, 에티오피아 등 여러 국가의 신규 가입을 지지했고, 이들은 2024년 1월부터 정식 회원국이 되었다. 이는 중국이 중동, 아프리카, 남미 지역에서 영향력을 확대하며 다극 질서를 공고히 하려는 전략적 움직임으로 해석된다. 확장된 브릭스는 이제 '반(反) G7 자원 성장 블록'으로 불릴 수 있다. 세계 10대 자원 부국 중 6개국을 포함하게 되었기 때문이다. 자원이 국가 안보와 직결되는 시대에 이는 단순한 경제 연합을 넘어 지정학적 영향력 확대를 의미한다. 더 나아가 브릭스는 역내 무역에서 자국 통화를 적극 활용하고, 공동시장을 형성함으로써 달러 중심의 글로벌 금융 체제에 도전하고 있다.

　새롭게 확장된 브릭스는 그 영향력을 따져보면 이제 G7과 견주어도 결코 뒤처지지 않는다. 브릭스는 인구, GDP, 상품 교역 등 주요 지표에서 이미 G7과 어깨를 나란히 하거나 그 이상으로 부상하고 있다. 첫째, 인구 규모에서 압도적이다. 2023년 기준 확장된 브릭스의 인구는 약 37억 명으로 전 세계 인구의 45%를 차지한다. 기존 브릭스만 보더라도 33억 명(40.5%)이었는데, 확대 이후 그 비중은 더욱 커졌다. 반면 G7의 인구는 8억 명으로 전 세계의 9.6%에 불과하다. 이는 곧 시장 잠재력과 소비 기반에서 브릭스가 G7을 크게 상회한다는 의미다. 둘째, 경제 규모(GDP)에서도 균형을 이루고 있다. PPP 기준 명목 GDP로 보면, 새롭게 확장된 브릭스는 63.6조 달러로 전 세계의 36.2%를 차지한다. 이는 G7의 52.8조 달러(30.0%)를 넘어서는 수치다. 기존에는 G7이 경제력에서 우위를 점했지만, 이제는 브릭스가 더 큰 비중을 보유하게 된 것이다. 특히 사우디아라비아, 아랍에미리트 등 에너지·자원 부국의 합류로 브릭스는 구조적으로 안정적이고 자원 기반이 풍부한 경제권으로 자리 잡고 있다. 셋째, 상품 교역에서는 아직 G7이 우위지만 격차가 줄고 있다. 2023년 기준 G7의 상품 교역 규모는 15.0조 달러(31.3%)로 브릭스의 10.4조 달러(21.6%)보다 크다. 그러나 브릭스는 기존 8.6조 달러(17.9%)에서 빠르게 증가하며 교역 영향력을 확대해 왔다. 특히 중국, 인도, 러시아에 더해 중동, 아프리카 국가들이 새롭게 합류하면서, 에너지와 원자재 교역에서 브릭스의 비중은 향후 더욱 커질 가능성이 높다.

지정학적으로 브릭스의 확장은 미국·유럽 진영과 러시아·중국 진영 간 대립 구도 속에서 이루어진 측면이 크다. 특히 러시아와 중국은 서방 진영에 대응하기 위한 전략적 계산을 바탕으로 회원국 확대를 주도한 것으로 보인다. 그러나 다른 회원국들은 브릭스가 반(反)서방 연대에 과도하게 치우치는 것을 경계하는 분위기다. 이는 브릭스가 단일한 정치 블록이 아니라, 각기 다른 이해관계를 가진 국가들의 느슨한 연합체임을 잘 보여준다. 실제로 중국과 러시아는 우크라이나 전쟁 이후 상호 지원을 강화하며 외교적 우호 관계를 과시해 왔지만, 교역 구조에서는 중국의 압도적 우위를 러시아가 불편하게 받아들이고 있다. 러시아는 2024년 6월 북한과 베트남을 잇달아 방문하며 동북아·동남아 지역에서의 외교적 입지를 확대하려 했고, 이는 사실상 중국이 독점하던 영향력을 공유하게 만드는 결과로 이어졌다. 이러한 맥락에서 보면 중국이 브릭스 내에서 경제적 주도권을 갖고 있음에도 불구하고, 회원국들이 반드시 그 주도권을 정치적으로 인정하거나 중국의 외교적 리더십을 추종할지는 불확실하다는 것을 알 수 있다. 또한 경제와 정치 사이의 불균형이 브릭스 내부에서 새로운 긴장의 요인으로 자리 잡을 수 있다는 점에서, 중국의 대외 전략은 앞으로도 시험대에 오를 가능성이 크다(김정한, 2024).

이와 동시에, 최근 국제 담론에서 자주 등장하는 개념이 바로 '글로벌 사우스(Global South)'이다. 전통적으로는 '제3세계' 혹은 '개도국'으로 불렸던 이 개념은 아프리카, 남아시아, 동남아시아, 라틴아메리카의 많은 국가를 포함한다. 이들은 교육, 보건, 주거의 열악함, 정치·경제적 취약성을 공통으로 겪고 있지만, 더 이상 원조를 기다리는 수동적 존재가 아니다. 오히려 자국의 국익을 중심에 두고 실용적 외교를 펼치며, 국제 무대에서 적극적으로 존재감을 키워가고 있다. 글로벌 공급망 재편 속에서 이들은 전략적 '경유국(Connector)'로 자리 잡으려 하고, 기존 UN이나 IMF 같은 국제기구에서 소외감을 느낀 만큼 브릭스나 지역 연합체를 통해 집단적 목소리를 내고 있다.

중국, 인도, 러시아 등 기존 브릭스 회원국들도 이 흐름을 놓치지 않고 있다. 중국은 앞서 언급한 '일대일로' 정책을 통해 약 1조 3천억 달러 규모의 인프라 투자를 단행하며 글로벌 사우스와의 연결성을 강화했고, 인도는 비동맹운동(Non-Aligned Movement)의 역사적 경험을 활용해 이들 국가의 대변자 역할을 자처한다. 러시아는 아프리카 분쟁 지역에서 군사 지원을 제공하는 대가로 광물 채굴권을 확보하는 등 실질적 경제 이익을 추구하고 있다. 여기에 트럼프 2기 행정부가 가져온 불확실성이 더해지며, 브릭스와 글로벌 사우스의 밀착은 더욱 가속화되고 있다(Bull & Banik, 2025).

한 가지 눈여겨볼 점은 글로벌 사우스 국가들이 미·중, 미·러 갈등 구도 속에서도 일방적으로 편승하지 않고, 중립적 입장을 견지하며 자국의 국익을 극대화하려는 실용적 전략을 구사하고 있다는 것이다. 러시아의 우크라이나 침공, 이스라엘-하마스 전쟁 등 굵직한 지정학적 위기에서도 아프리카, 아시아, 중남미 국가 상당수는 서방이나 러시아, 어느 한쪽 편에 서지 않고 '중간 지대(Middle Ground)'를 형성했다.

이는 이들이 양쪽 진영과 동시에 협력하며 균형을 추구하는 전략적 행보로 이어지고 있다. 대표적으로 인도는 미국의 인도·태평양 전략의 핵심 파트너로서 중국 견제에 동참하면서도, 동시에 러시아와는 전통적 무기 거래와 에너지 협력 관계를 유지한다. 베트남은 동남아 교역 질서에서 중국의 경제적 영향력을 인정하며 교류하는 한편, 미국과는 포괄적 전략 동반자 관계를 맺어 균형을 모색한다. 브라질 역시 브릭스를 통해 중국·러시아와 공조하지만, 기후변화 문제에서는 미국과 적극적으로 협력한다. 또한 많은 글로벌 사우스 국가는 글로벌 공급망에서 경유국으로서의 전략적 위치를 확보하기 위해 투자 유치와 산업 구조 재편에 힘쓰고 있다. 인도네시아는 니켈·리튬 수출을 제한하고, 이를 기반으로 자국 내 배터리 산업 공급망을 구축하며 해외 직접투자를 유도한다. 칠레는 리튬 채굴과 처리 과정에서 자국의 영향력을 높이는 정책을 펼치고 있다. 멕시코는 지리적 이점을 활용해 중국의 신규 제조·물류 투자를 끌어들이며, '중국+1' 전략의 수혜국으로 부상했다. 인도는 전자·자동차 등 글로벌 제조업 선도기업을 적극적으로 유치해 중국 제조업의 대체 허브로 성장하고 있고, 베트남은 대미 수출과 대중수입을 동시에 확대하며 무역 다변화를 꾀하고 있다.

이처럼 글로벌 사우스 국가들이 실용적 접근을 강화할수록 글로벌 공급망에서의 입지는 더욱 확고해진다. 동시에 이는 중국 중심의 기존 공급망을 대체하거나 보완하는 역할을 하게 되어, 브릭스 내부에서조차 중국의 영향력을 희석하는 잠재적 요인으로 작용할 수 있다. 결국 세계 경제가 코로나 팬데믹과 지역 전쟁으로 미국·유럽(글로벌 웨스트)

과 중국·러시아(글로벌 이스트)로 양분되는 가운데, 글로벌 사우스는 독자적 세력으로 부상하며 국제질서의 다극화를 촉진하고 있다. 과거 '제3세계'라 불리던 이들이 이제는 자국의 이익을 최우선에 두며 새로운 국제질서의 중견 세력으로 자리 잡고 있는 것이다(김정한, 2024).

이러한 변화 속에서 한국을 포함한 다른 국가와 기업들은 글로벌 사우스와의 협력을 강화할 필요가 있다. 단순한 시장 접근을 넘어 상호 이익에 기반한 신뢰 구축, 디지털 인프라 및 기술 협력 확대, 현지 정책의 규제 변화에 대한 민첩한 대응, 그리고 현지 네트워크 확보가 필수적이다. 이를 통해 글로벌 사우스와의 관계를 심화시킬 때, 새로운 세계 경제 질서 속에서 안정적이고 지속가능한 파트너십을 형성할 수 있을 것이다.

——— 4. 새로운 지정학적 논리: 자유주의의 후퇴와 현실주의의 부상

제2차 세계대전 이후 자유주의는 세계 질서를 움직여온 핵심 이념이었다. 자유무역과 투자 확대, 인권 존중, 시장경제, 민주주의 정치체제 확산은 자유주의가 지향해온 가치였으며, 냉전 종식 이후에는 미국 주도의 국제질서를 떠받치는 근간이 되었다(Meyer & Li, 2022). 물론 자유주의가 가진 보편주의적 성향은 많은 비판을 받았지만, 지난 수십 년 동안 국제사회의 기본 규칙 역할을 해온 것은 분명하다. 그러나 현실주의 학자인 존 미어샤이머는 미국의 지난 30여 년 대외정책이 사실상 군사력과 경제력을 활용한 자유주의에 기반해 왔다고 분석한다. 그는 특히 미국의 아프가니스탄 철군과 중국의 경제적 부상이 중동과 아시아에서 서구식 민주주의 모델의 지속가능성에 의문을 제기했고, 그 결과 자유주의에 대한 회의론이 커지면서 국제정치 무대에서 현실주의가 다시 힘을 얻게 되었다고 설명한다(Mearsheimer, 2018).

현실주의란 인권이나 민주주의 같은 보편적 가치보다 국가의 이익을 최우선시하는 시각이다. 즉, 이상을 앞세운 행동이 국제적으로는 무책임하고 장기적으로 유지되기 어렵다고 보는 것이다. 트럼프 1기 행정부의 '미국 우선주의(America First)'는 이러한 현실주의 논리를 가장 노골적이고 공격적으로 드러낸 정책이었다. 흥미로운 점은 바이든 행정부 역시 동맹국과의 협력에는 무게를 두었지만, 산업 및 무역정책에서는 현실주의적 실용주의를 강화했다는 점이다. 대표적으로 반도체 및 과학법(CHIPS and Science Act)에서 확인되듯, 첨단 기술 수출 통제, 외국인 투자 심사 강화, 전략산업의 리쇼어링(Reshoring) 등은 국가 안보와 경제 회복탄력성을 동시에 추구하는 전형적인 현실주의적 조치였다. 이는 과거 자유주의 국제주의가 강조했던 글로벌 협력과 자유 시장 질서와는 확실히 다른 길을 보여준다.

이러한 변화는 트럼프 2기 행정부에서 더욱 뚜렷해졌다. 가장 두드러진 특징은 전통적 동맹국과의 관계를 재조정하려는 움직임이었다. 2025년 2월, 러시아-우크라이나 전쟁 3주년을 맞아 열린 유엔 총회에서 그러한 모습이 상징적으로 드러났다. 바이든 행정부가 줄곧 우크라이나를 지지하며 러시아 규탄 결의안에 찬성해 왔던 것과 달리, 트럼프 행정부는 유럽 주도의 러시아 규탄 결의안에 반대표를 던졌다. 대신 "평화로 가는 길(The Path to Peace)"이라는 자체 결의안을 제출했는데, 이 결의안은 전쟁 종식을 촉구하면서도 러시아의 침공 책임을 명시하지 않았다. 즉, 러시아 규탄보다는 평화와 협상이라는 서사를 미국이 주도하겠다는 의도를 드러낸 것이다. 이 결의안은 유엔 안전보장이사회에서 통과되었지만, 영국·프랑스·덴마크 등 일부 유럽 국가는 기권하며 불편한 기류를 드러냈다.

이어 3월 4일, 백악관은 트럼프 대통령을 "힘을 통한 평화를 이끄는 지도자(Leading peace through strength)"라고 칭하는 성명을 발표했다.

이는 현실주의적 외교 노선을 전면에 내세우고, 미국의 전략적 이익과 유연성을 우선하는 대외정책의 새로운 방향을 공식화한 것이다. 요컨대, 트럼프 2기 행정부의 일련의 조치는 다자 합의보다는 미국의 전략적 자율성 확보와 영향력 극대화에 초점을 맞춘 대외정책의 재정렬을 보여주고 있다.

세계적 경제지 〈이코노미스트(The Economist)〉는 최근 칼럼에서 도널드 트럼프 대통령과 블라디미르 푸틴, 시진핑, 무함마드 빈 살만, 레제프 타이이프 에르도안, 베냐민 네타냐후 등을 쿠엔틴 타란티노의 영화 〈저수지의 개들〉을 패러디한 삽화로 묘사했다. 이 패러디는 트럼프가 새로운 '마피아식 세계 권력 투쟁'에서 보스 역할을 맡고 있으며, 주요 강대국 지도자들이 그 뒤를 따르는 듯한 모습을 상징한다. 여기서의 국제질서는 규칙과 제도보다 거래와 힘이 우선하는 체제, 즉 "힘이 곧 정의(Power defines Justice)"라는 논리에 따라 작동한다. 이러한 행보는 "America First"라는 기치 아래 한국과 같은 동맹국이 더 이상 두 번째나 세 번째 우선순위조차 아닐 수 있음을 보여준다.

실제로 트럼프의 미국은 전통적 동맹국에게조차 우호적이지 않고 오히려 강압적인 태도를 보이는 한편, 적대국과는 실리를 앞세운 거래 중심 접근을 택하고 있다. 트럼프 대통령은 "지난 80년간 이용만 당해온 미국이 이제는 슈퍼파워의 지위를 이익으로 바꾸겠다"라고 선언하며, 협력보다는 '거래를 통한 평화(Peace through deals)'를 강조한다. 수십 년간 캐나다, 유럽, 아시아 일부 국가는 방위 조약, 무역 협정, 핵우산, 달러 금융체제 등으로 구성된 미국의 '슈퍼파워 패키지'를 상호 호

혜적인 질서로 신뢰해 왔다. 그러나 트럼프 시대의 미국은 다자주의적 리더십보다는 자국의 전략적 이익을 앞세운 권력 정치의 언어로 국제 사회를 재편하려 하고 있다.

5. 지정학적 경쟁 시대의
정부 산업정책의 귀환

전 세계 정부들은 오랫동안 자국 산업을 보호하고 육성하기 위한 산업정책을 시행해 왔다. 그러나 한동안은 정부가 지나치게 개입하면 민간 투자의 지속가능성을 해칠 수 있다는 우려가 커졌다. 대표적으로 미국 태양광 기업 솔린드라(Solyndra)는 5억 3,500만 달러의 대출을 보증받았음에도 값싼 중국산 태양광 패널과 경쟁하지 못해 2011년 파산했다. 이 사건은 정부가 산업정책으로 특정 기업을 밀어주더라도 시장의 흐름을 거스르기는 어렵다는 점을 잘 보여주었고, 이후 많은 나라가 시장 자율을 중시하며 직접 개입을 줄이는 방향으로 움직였다.

그러나 COVID-19 팬데믹은 이런 흐름을 단숨에 되돌려 놓았다. 마스크, 백신, 반도체 같은 전략 물자가 특정 국가에 집중되자, 공급망이 얼마나 쉽게 붕괴될 수 있는지가 드러났기 때문이다. 이에 따라 미국과 유럽을 비롯한 주요국들은 다시금 산업정책을 강화하고, 보조금, 규제, 투자 심사를 총동원하며 국가적 개입을 확대하고 있다(Aiginger & Rodrik, 2020). 그 대표적 사례가 바로 미국의 반도체 국가주의다. 2025년 8월, 미국 정부는 반도체지원법에 따른 보조금을 지급하는 대가로 인텔(Intel)의 지분 약 10%를 확보하며 최대주주에 올랐다. 트럼프 대통령은 "이러한 거래를 더 하겠다"라고 선언했는데, 이는 단순한 지원을 넘어 정부가 기업의 소유 구조에 직접 개입한 전례 없는 사건으로 볼 수 있다. 실제로 미국 정부는 기존 최대주주였던 블랙록(8.9%)을 제치고 인텔의 최대주주가 되었으며, 총투자 규모는 111억 달러에 달한다. 트럼프 대통령은 "미국은 인텔을 소유하고 통제한다"라고 강조하면서, 이를 미국 반도체 산업의 미래를 위한 결정이라고 규정했다. 다만 미 상무장관은 정부의 인텔 지분 보유가 수동적 성격이라 경영 간섭은 하지 않을 것이라고 설명했다. 그럼에도 이번 사례는 보조금과 지분 참여를 결합한 새로운 형태의 산업정책이라는 점에서, 국가의 역할이 단순한 규제자나 지원자가 아니라 주주이자 이해당사자로까지 확장되었음을 보여준다.

이 사건은 한국 기업에도 중요한 시사점을 던진다. 삼성전자와 SK하이닉스는 미국 내 반도체 공장 투자를 진행하고 있지만, 아직 추가 투자 계획을 공식화하지 않았다. 이에 대해 트럼프 행정부가 향후 이들 기업에도 지분 참여를 요구할 수 있다는 우려가 제기된다. 즉 미국 시장에 진출하려는 해외 기업들이 단순히 투자와 생산을 넘어, 미국 정부의 전략적 이해관계 속에서 경영적 제약을 받을 가능성이 높아지고 있는 것이다.

이처럼 보조금 지원, 지분 참여, 관세 정책은 모두 한 맥락 위에 있다. 트럼프 행정부의 고율 관세 정책 역시 단순한 무역 분쟁이 아니라, 자국 산업을 되살리고 글로벌 공급망을 미국 중심으로 재편하려는 국가주의적 전략의 일환이다. 최근 인플레이션감축법(Inflation Reduction

Act), 유럽연합의 EU 반도체법(Chips Act), 일본의 라피더스(Rapidus) 지원처럼, 주요국들이 자국 내 반도체 생산과 첨단기술 육성에 총력을 기울이고 있는 흐름도 같은 맥락에서 이해할 수 있다. 중국은 CATL, BYD 같은 배터리, 전기차 선도 기업을 육성하며 맞서고 있고, 희토류 수출 규제를 통해 이를 전략적 무기로 활용하고 있다.

문제는 이러한 흐름이 미·중 간 갈등을 더 격화시키고 세계 경제를 두 개의 블록으로 나누고 있다는 점이다. 글로벌 기업들은 점점 더 "미국이냐, 중국이냐?"라는 선택 압박을 받고 있으며, 두 시장을 동시에 자유롭게 오가며 활동하는 것이 갈수록 어려워지고 있다. 그렇다고 과거 냉전 시절처럼 완전한 '디커플링'이 가능한 것도 아니다. 이미 글로벌 공급망이 너무 깊이 얽혀 있어 단기간에 분리하는 것은 막대한 비용과 시간이 필요하기 때문이다(Vertinsky et al., 2023).

이런 현실 속에서 떠오른 개념이 바로 '디리스킹'이다. 디커플링이 공급망·시장·투자의 전면적 단절을 목표로 하는 급진적 접근이라면, 디리스킹은 위험이 큰 전략적 분야만 선별적으로 관리하고 나머지 교류는 유지하는, 보다 현실적인 완화 전략이다. 실제 사례를 보면 반도체, 배터리, 에너지 같은 핵심 분야에서는 중국 의존도를 줄이고 공급망을 다변화하는 반면, 의류·가전·소비재 등 덜 민감한 산업에서는 교역을 계속 유지하는 식이다. 유럽연합은 희토류 의존을 줄이기 위해 아프리카와 남미 국가들과 협력을 확대하고 있으며, 인도와 베트남은 애플, 삼성, 테슬라 같은 글로벌 기업들을 유치해 새로운 공급망 허브로 부상하고 있다.

〈표 9-1〉은 이 두 개념을 범위, 추진 기간, 자원 소요, 거버넌스 방식 등 다양한 차원에서 비교해 보여준다. 이는 기업과 정부가 두 가지 선택지 중에서 어떤 전략적 선택을 해야 하는지 이해하는 데 도움을 줄 수 있다.

표 9-1 | 미·중 갈등 맥락에서의 디커플링과 디리스킹 비교

구분	디커플링(Decoupling)	디리스킹(Derisking)
범위 (Scope)	중국과의 경제·기술적 연계를 완전 또는 거의 완전히 단절. 대체 공급망과 외부 시장을 구축.	반도체, 희토류 등 핵심 분야에서 중국의 의존도를 선택적으로 축소. 위험 완화를 위해 다변화하되 기본적인 무역·투자 관계 유지.
추진 기간 및 방식 (Timeline)	장기적이고 포괄적인 과정. 돌이키기 어렵고, 자원 소모가 크며 정치적 압력 하에서 급작스럽게 추진될 수 있음.	중기적·점진적 접근으로 위험과 산업별 우선순위 변화에 맞춰 유연하게 조정 및 점진적으로 재정렬 가능.
자원 소요 (Resource Implications)	공급망 재편, 시장 접근 상실, 신규 투자 필요 등으로 막대한 비용 발생.	비교적 낮은 비용. 전면 철수가 아닌 목표 지향적 리스크 완화와 관리 가능한 다변화 비용에 초점.
거버넌스 메커니즘 (Governance Mechanisms)	강력한 수출 통제, 광범위한 관세, 투자 금지, 제재, 국가안보 중심의 규제.	특정 취약 분야에 대한 정책·인센티브 제공. 리스크 관리 체계, 동맹국과의 협력, 제한적 수출 통제.
경제적 영향 및 인식 (Economic Impact and Perception)	공급 부족, 인플레이션, 글로벌 가치사슬 붕괴, 경제 분절 심화 가능. 보호무역·공격적 접근으로 인식되어 지정학적 긴장 고조.	더 넓은 시장 접근 유지, 경제 충격 완화, 조정된 방식으로 글로벌 안정성 유지. 실용적 리스크 관리로 인식되어 동맹국들로부터 더 넓은 지지를 받을 수 있음.
전략적 의도 (Strategic Intent)	국가 안보와 지정학적 경쟁에 의해 추진되는 급진적 분리. 주권을 강조.	실질적 리스크 완화와 회복력 확보. 경제적 교류는 유지하되 전략적 안전장치를 통해 전면적 단절은 회피.

결론적으로 최근 미국 정부의 인텔 지분 확보 사건은 단순히 한 기업에 국한된 사례가 아니다. 이는 지정학적 경쟁이 격화되는 시대에 산업정책이 얼마나 적극적이고 국가주의적 방식으로 재등장할 수 있는지를 잘 보여준다. 동시에 글로벌 기업들에게는 기존의 자유무역 및 시장 중심 전략만으로는 더 이상 충분하지 않다는 경고이기도 하다. 앞으로 기업들은 정부의 산업정책이 만들어내는 새로운 제약을 인식하는 한편, 그 속에서 새로운 기회를 발굴해 내야 한다. 결국 이 사건은 정부 산업정책의 귀환이 글로벌 비즈니스 질서를 어떻게 바꿀 수 있는지를 상징적으로 보여주는 전환점이라 할 수 있다.

| 기업 외교와 관계 자본 |

지정학적 리스크와 국제관계의 변화는 다국적기업의 성과(매출, 이익, 시가총액 등) 전반에 중대한 영향을 미칠 수 있다. 최근 갑작스러운 관세 인상, 공급망 차질, 규제 변화가 보여주듯이 이는 단순한 변수가 아니라 기업의 생존과 직결되는 구조적 현실이다. 따라서 경영자는 단순히 시장만을 바라볼 것이 아니라 기업의 이익을 지키기 위해 '기업 외교(Corporate Diplomacy)'에 적극 나서야 한다. 기업 외교란 시장 밖 영역에서 국가의 대외정책과 국제관계에 대응하고 나아가 영향을 미치는 활동으로, 오늘날에는 선택이 아닌 전략적 필수 사항이 되고 있다(문정빈, 2023; Henisz, 2016; Li et al., 2022). 글로벌 공급망에 내재된 지정학적 리스크를 역사적 맥락 속에서 이해하고 이에 대한 대응책을 선제적으로 마련하는 것이야말로 기업의 회복력과 적응성을 좌우할 것이다. 특히 기업 외교에서 중요한 자산은 '관계 자본(Relational Capital)'인데, 이는 단순한 인맥을 넘어 신뢰와 신용에 기반해 장기적으로 형성된 관계에서 발생하는 가치로, 정부, 산업협회, 시민단체, 언론 등 다양한 제도적 환경에서 정보 접근, 의사결정 영향력 확보, 제도적 정당성 강화에 기여한다(Nahapiet & Ghoshal, 1998; Boddewyn, 2016).

이를 구축하는 대표적 방법은 정책 전문성과 네트워크를 보유한 인재를 영입하는 것이다. 전직 외교관, 고위 무역 관료, 전직 국회의원을 채용하면 그들의 지식과 인적 네트워크를 활용하여 경쟁사보다 앞서 정책 변화를 예측하고 대응할 수 있다(Hillmanet al., 2004). 실제로 삼성, LG, 현대자동차그룹, SK 등 한국 대기업들은 최근 백악관과 미 의회 출신 전직 정책결정자나 외교관을 적극 영입하고 있으며, 이는 트럼프 2기 행정부 하에서 고조되는 불확실성에 대응하기 위한 전략적 조치로 해석된다. 더 나아가 이들 기업은 GPA(Global Public Affairs), GPO(Global Policy Office)와 같은 글로벌 대관 조직을 강화하고 있는데, 삼성은 해외 대관 조직인 GPA를 팀에서 실 단위로 격상했고, 현대차는 글로벌정책실(GPO)을 '사업부'급으로 확대했으며, SK는 미국 현지에 SK아메리카스를 신설했다. LG는 글로벌전략개발원을 '센터'에서 '원'으로 격상했고, 포스코 역시 워싱턴DC로 사무소를 옮기며 인력을 3배 이상 늘렸다. 이 같은 움직임은 단순한 조직 확대가 아니라, 정책 환경 변화에 실시간으로 대응하고 대미(對美) 영향력을 강화하기 위한 기업 외교 역량의 제도화라 할 수 있다.

여기에 더해, 한국 주요 기업들의 대미 로비 활동비 역시 최근 급증하는 추세다. 이는 단순히 정치적 영향력을 행사하려는 차원을 넘어, 먼저 정확하고 신뢰할 수 있는 정보를 확보하기 위한 투자라 할 수 있다. 왜냐하면 지정학적 불확실성 시대에는 무엇보다도 빠르고 정확한 정보 탐색이 대응의 출발점이기 때문이다. 정책 변화의 방향을 미리 파악하지 못하면, 공급망 재편이나 대규모 투자 결정에서 경쟁사보다 뒤처질 수밖에 없다. 따라서 기업 외교와 로비 활동은 결국 정보 탐색과 정책 대응, 전략 실행을 하나로 연결하는 선순환 구조로 작동하며, 이는 곧 기업이 생존하고 성장하기 위한 핵심 역량이 된다.

글로벌 기업들은 외교, 안보, 경제 전문가를 흡수해 정책 이해력과 대응력을 강화하는 동시에, 언론, 시민사회, 산업계와의 비공식적 신뢰 구축도 확대하고 있다. 나아가 정책 결정자들에게 산업 구조와 상업적 현실을 이해시키기 위해 정부 자문위원회 참여, 전문가 브리핑 제공, 현장 설명회 등을 적극적으로 활용하며 정책 형성 과정에 직접 기여하고 있다. 이는 기업이 더 이상 정책의 수동적 수혜자가 아니라, 산업과 공급망의 현실을 전달하고 설득함으로써 제도 환경을 주도적으로 형성하려는 주체로 변화하고 있음을 보여준다. 중요한 점은 이러한 관계 자본이 단일 차원에 머물러서는 충분치 않다는 것이다. 정부와의 공식 협력 관계에 더해, 시민사회, 산업계, 언론 등 다양한 이해관계자와의 신뢰를 동시에 구축하는 '다층적 관계 자본'의 축적이야말로 불확실한 지정학 시대에 기업이 지속적 경쟁우위를 확보할 수 있는 핵심 전략임이 점점 더 분명해지고 있다.

| 전략적 현지화 |

지정학적 변화와 글로벌 경제 질서 재편 속에서 아시아 기업들이 살아남고 성장하기 위해서는 단순한 생산기지 확보나 수출 확대를 넘어선 '전략적 현지화(Strategic Localization)'가 필수적이다(이종민, 2025). 오늘날 현지화의 목적은 단기적 비용 절감이나 관세 회피가 아니라, 현지 소비자 수요와 기술 환경에 맞춘 맞춤형 제품 개발, 산업 생태계 기여, 정치적 정당성 확보, 장기 경쟁력 강화에 있다. 이는 생산과 기술 자립을 중시하는 최근의 보호주의 정책 흐름과도 맞닿아 있다. 예를 들어 현대자동차그룹은 미국 조지아주 브라이언 카운티에 전기차 전용 공장 '현대차그룹 메타플랜트 아메리카(HMGMA)'를 건설하며, 생산·R&D·부품 조달의 지역화를 추진하고 있다. 이 공장은 연간 30만~50만 대의 전기차를 생산하고 8,500명 이상의 고용을 창출할 예정이며, 현지 대학과 연계한 교육 프로그램을 통해 인재 양성과 지역사회 기여까지 동시에 실현하고 있다. 이는 현대차가 미국 산업 생태계의 전략적 파트너이자 전기차 혁신 허브로 자리매김하려는 강한 의지를 보여준다. 삼성전자 역시 인도에서 생산·연구개발·인재 육성을 아우르는 '삼위일체 현지화'를 통해 산업 생태계와의 긴밀한 연계를 실현하고 있다. 인도 노이다의 세계 최대 규모 스마트폰 공장은 삼성 전체 생산량의 40%를 담당하며, 벵갈루루의 R&D 센터에서는 4,000명 이상이 인도 시장에 특화된 소프트웨어와 첨단 기술을 개발하고 있다. 또한 인도공과대학(IIT) 등과 협력해 설립한 '이노베이션 랩'은 AI, IoT, 빅데이터 등 신기술 교육을 제공하며 청년층 역량 강화와 삼성의 인재 확보에 기여하고 있다. 이처럼 전략적 현지화는 단순히 제품이나 생산 시설 운영을 현지 상황에 맞추는 것을 넘어, 현지 산업 생태계와 깊이 통합되는 과정이라고 볼 수 있다. 대기업의 경우 현지 고용 창출, 기술

이전, 인재 육성 등을 통해 지역사회와 신뢰를 쌓는데, 이는 기업이 책임 있는 파트너로 자리매김하는 중요한 자산이 된다. 중소기업은 대규모 투자가 어렵지만, 현지 대학·스타트업과의 협업이나 KOTRA, 한국·EU Horizon 프로그램과 같은 국제 공동연구 프로젝트를 활용해 유연하게 현지 R&D 생태계에 편입할 수 있다.

전략적 현지화의 또 다른 핵심은 현지 인재와 경영진을 적극적으로 육성해 진정한 글로컬라이제이션(Glocalization)을 실현하는 것이다(Caligiuri et al., 2024). 이는 단순 고용을 넘어 현지 문화와 시장을 깊이 이해하는 인재에게 실질적 권한과 책임을 부여해 조직의 자율성과 주도성을 강화하는 접근이다. 인도와 베트남처럼 지역 간 차이가 크고 정책 변화가 잦은 신흥시장에서 이러한 전략은 특히 중요하다. 그러나 한국 기업의 대다수는 여전히 본사 중심의 하향식 의사결정 구조에 의존하고 있어, 현지 적응력과 민첩성 측면에서 한계를 보인다. 글로벌 경쟁에서 지속가능한 우위를 확보하기 위해서는 '본사 중심주의'를 탈피하고 현지 인재를 전략적 자산으로 전환하는 노력이 필요하다.

결국 전략적 현지화란 생산 거점 확보를 넘어 기획·설계·개발 전 과정에서 현지와 긴밀히 통합되는 것이며, 이는 기술과 신뢰, 혁신을 함께 수출하는 과정이다. 기업의 사회적 책임(Corporate Social Responsibility, CSR), 환경·사회·거버넌스(Environmental, Social, Governance, ESG), 기술 협력 활동을 결합할 때 기업은 지역사회로부터 신뢰를 얻고 책임 있는 파트너로 자리매김할 수 있다.

| 시나리오 플래닝 |

최근 기업 전략에서 중요한 흐름은 '시나리오 플래닝(Scenario Planning)' 이다. 이는 단순히 미래를 예측하는 것이 아니라, 잠재적 충격을 사전에 상정하고 그에 따른 대응 전략을 설계하는 접근법이다(Ramirez et al., 2017). 글로벌 가치사슬이 분절화되면서 제3국까지도 강대국 갈등의 파급효과에 휘말리는 현재 경영 상황에서, 기업들은 지정학 동향을 자세히 모니터링하고 다양한 위험 시나리오를 분석하며, 전략적 유연성과 회복탄력성을 갖춘 비상계획을 마련해야 한다.

모든 전략적 결정에는 미래 상황과 그 결과에 대한 예측이 수반된다. 이를 위해 기업들은 흔히 외부 환경 분석(PESTEL)이나 산업 경쟁 구조 분석(Five Forces Model)을 활용한다. 그러나 실제로는 외부 환경뿐 아니라 경쟁사와 이해관계자의 대응 역시 중요한 변수로 작용하기 때문에, 정확한 예측에는 본질적인 한계가 존재한다. 따라서 예측에는 불확실성의 수준에 따라 서로 다른 접근법이 필요하다. 첫째, 단일 포인트 예측(Point Forecast)은 미래에 대해 비교적 높은 확신을 가질 수 있을 때 사용된다. 예를 들어, 선거 직후와 같이 정책 방향이 이미 정해진 경우 기업들은 하나의 명확한 수치를 기준으로 전략을 준비할 수 있다. 그러나 불확실성이 큰 상황에서 이러한 접근은 위험할 수 있다. 둘째, 범위 예측(Range Forecast)은 불확실성이 크지만, 일정한 범위 안에서 가능성이 수렴될 때 활용된다. 예를 들어 환율 전망에서 "원·달러 환율이 1,250~1,300원 사이에 머물 확률이 높다"라는 식으로 범위를 제시하고, 이 범위 내에서 대비 전략을 세우는 것이다. 여기서 핵심은 단순히 중앙값만 준비하는 것이 아니라, 범위의 상·하단을 모두 고려해 충격에 대비하는 것이다. 셋째, 대안적 미래 예측(Alternative Futures)은 불확실성이 극도로 클 때 필요하다. 지정학적 충돌, 기술 패러다임 전환, 팬데믹 같은 사건은 전혀 다른 미래를 만들어낼 수 있으며, 이에 따라 기업들은 서로 다른 복수의 시나리오를 마련해야 한다. 이 단계에서 비로소 시나리오 플래닝이 본격적으로 작동한다. 각각의 시나리오는 단순히 문서상의 계획이 아니라, 실제 자원 배분과 공급망 설계, 인력 운영까지 구체적으로 연결되어야 한다.

애플과 테슬라의 대응은 시나리오 플래닝이 어떻게 현실에서 작동하는지를 잘 보여준다. 애플은 미·중 무역전쟁이 격화되면서 고율 관세와 규제 압박이 현실화되자, 중국 생산 거점에 대한 높은 의존도를 위험 요인으로 인식하고 생산 다변화 전략을 가동했다. 2020년대 초부터 애플은 아이폰 일부 생산을 인도로 이전하고, 에어팟과 아이패드 등 일부 라인을 베트남에서 생산하기 시작했다. 이는 중국 내 생산을 유지하는 시나리오와 대체 생산지로 분산하는 시나리오를 동시에 준비한 결과로, 실제 충격 발생 시 신속히 대응할 수 있었다. 테슬라 역시 중국 상하이 기가팩토리에 대규모 투자를 지속하면서도, 지정학적 불확실성에 대비해 독일 베를린과 미국 텍사스에 기가팩토리를 건설해 생산 거점을 다변화했다. 이를 통해 특정 지역에서 공급망 차질이나 규제가 발생하더라도 다른 생산 기지를 통해 충격을 흡수할 수 있는 구조를 마련했다. 두 기업 모두 단일한 미래를 전제로 하지 않고, 복수의 가능성을 설정해 상황 전개에 따라 즉각적으로 실행할 수 있는 선택지를 준비했다는 점에서 시나리오 플래닝의 사례로 평가할 수 있다.

이처럼 오늘날의 불확실한 환경에서는 단순 효율성을 추구하는 선형적 전략만으로는 충분하지 않다. 기업은 지금 가장 가능성이 높은 미래만이 아니라, 충분히 발생할 수 있는 다른 미래들까지 고려해야 한다. 결국 시나리오 플래닝은 불확실한 세계 속에서 기업이 전략적 유연성을 확보하고, 예기치 못한 충격을 기회로 전환할 수 있도록 돕는 핵심 도구라 할 수 있다.

─── 7. 국제경영 연구에 대한 시사점

분절화된 세계 경제, 즉 지정학적 긴장과 양분된 세계 구도는 오늘날 국제경영의 이론과 실무 모두에 깊은 영향을 미치고 있다. 최근의 국제경영 연구는 국가 간 차이를 단순히 지리적·문화적 거리 차원에서 연속적·점진적인 수준에서 파악할 것이 아니라, 정치 체제 및 국가 권력, 이념 분열로 인한 질적 구분으로 이해해야 한다고 강조한다(Beugelsdijk & Luo, 2024). 이들은 다국적기업을 기업 연구의 출발점으로 삼아야 한다고 주장하며, 국가 경계와 정치 제도가 기업 행동을 근본적으로 재편한다고 본다. 이는 국제경영 연구자들에게 경제적 상호의존이라는 전통적 가정을 넘어, 지정학적 역학, 국내 정치적 양극화, 그리고 국가의 전략적 역할을 이론에 적극 반영할 것을 요구한다.

정치적 변화는 글로벌 무역과 경영의 조율을 더욱 정교하게 만드는 기술 발전과 대비된다. 이 과정에서 최근 주목받는 주제 중 하나는 '해체(Disintegration) 이론'이다. Buckley(2023)는 기존 국제경영 이론이 국제적 '통합(Integration)'에 과도하게 초점을 맞추고 있으며, 반대로 국가·산업 간 분열과 균열을 설명하는 틀은 부족하다고 지적했다. 다시 말해, 기존의 통합 중심 모델은 심화되는 지정학적 긴장을 충분히 설명하지 못하며, 관계와 갈등을 동시에 포착할 수 있는 새로운 이론적 틀이 필요하다(Luo & Tung, 2025).

이러한 균열은 국제경영 문헌에서 상대적으로 소외되었던 '분배 문제'에도 주목하게 한다. 반세계화 시위와 포퓰리즘의 부상은 사회 내부의 불평등 심화와 맞물려 있으며, 이는 소득, 세대, 지역, 성별, 인종 등 다양한 차원에서 나타난다. 예컨대 저·중소득층은 세계화의 이익에서 소외되었다는 불만을 갖고, 청년층은 제한된 일자리와 미래 전망 탓에 좌절을 겪는다. 일부 지역은 산업 쇠퇴로 침체에 빠지는 반면, 다른 지역은 번영하면서 격차가 심화된다. 또한 성별·인종 불평등은 제도적 장벽을 통해 기회의 불균형을 더욱 고착화한다. 따라서 새로운 국제경영 이론은 불평등과 포퓰리즘의 근본 원인을 포괄해야 하며, 이를 통해 보다 포용적이고 지속가능한 글로벌 경제 질서를 설계할 수 있어야 한다.

동시에 기술 발전과 글로벌 거버넌스의 약화로 인해 세계는 과거보다 훨씬 더 불확실한 환경에 직면해 있다. Teece(2022)는 내부화 이론(Buckley & Casson, 1976)과 거래비용 이론(Williamson, 1976)에서 강조된 비용 최소화 원칙이 여전히 유효함을 인정하면서도, 오늘날 국제경영 환경에서는 예측력이 크게 약화했다고 지적한다. 이는 제2차 세계대전 이후 '팍스 아메리카나(Pax Americana)' 시기와 현재의 환경이 본질적으로 다르기 때문이다.

이에 따라 국제정치경제와 글로벌 거버넌스는 국제경영 연구에서 점차 핵심 분석 틀로 부상하고 있으며, 연구자들은 이를 적극적으로 반영할 필요가 있다. 이러한 맥락에서 최근 글로벌 전략과 비시장 전략을 결합하려는 연구가 주목받고 있는데, 이는 시장 요인과 정치·사회·규제 요인이 복합적으로 얽혀 기업 활동에 영향을 미치는 현실을 설명할 수 있기 때문이다. 따라서 기존의 프레임워크를 비판적으로 재검토하고 오늘날의 현실에 맞게 보완하고 확장하는 노력이 요구된다. 또한 다국적기업의 내부 역량과 정치 리스크, 제재, 규제와 같은 외부 비시장 요인이 어떠한 상호작용을 통해 기업의 전략과 성과를 형성하는지 탐구하는 것도 중요한 과제이다.

이러한 접근을 통해 연구자들은 복잡하고 불안정한 세계에서 기업 행동을 보다 정밀하게 설명하고 예측할 수 있는 견고한 이론을 구축할 수 있을 것이다. 나아가 연구는 단일하고 고정된 외부 환경을 가정하는 시각에서 벗어나야 한다. 제2차 세계대전 이후 자유주의적 질서와 안정적 국제관계가 지배하던 시대는 이미 막을 내렸으며, 대신 기술혁신과 지정학적 갈등이 결합한 불확실성의 시대가 도래했다. 따라서 국제경영 연구는 다극화되고 분절된 세계 속에서 기업들이 실제적 옵션을 활용하고, 위험과 성장을 균형 있게 관리하며, 가치사슬을 재편하는 방식을 탐구해야 한다(Luo & Tung, 2025).

───── 8. 한국 기업의 과제와 한국 경영 연구에 대한 시사점

한국 기업들은 지난 수십 년간 세계화의 수혜를 누리며 반도체, 자동차, 조선, 스마트폰 등 다양한 산업에서 글로벌 리더로 자리매김했다. 그러나 지정학적 갈등과 공급망 불확실성이 일상적인 변수가 된 오늘날, 과거의 수출 주도형 성장 모델은 더 이상 안정적인 전략이 될 수 없다. 미국과 중국이라는 두 초강대국 사이에서 한국 기업들은 양자택일의 압력에 직면하는 동시에, 유럽연합, 동남아, 인도, 중동 등 새로운 파트너와의 관계 다변화를 필수적으로 모색해야 하는 상황에 놓여 있다. 삼성과 현대자동차가 미국 내 생산 및 연구개발 거점을 확대하면서도 베트남과 인도에 대규모 투자를 지속하는 것은 이러한 흐름을 반영한다. 이는 단순한 비용 절감이나 관세 회피가 아니라, 각 지역의 제도 및 정치·사회적 맥락에 깊이 뿌리내린 전략적 현지화를 통해 글로벌 공급망 충격을 완화하고 새로운 성장 기회를 창출하려는 노력이다.

국제 교류 데이터 역시 이러한 현실을 분명히 보여준다(Altman & Bastian, 2025). 한국은 상품 교역 부문에서 여전히 중국 의존도가 높다. 예컨대 한국의 대중 수출 비중은 대미 수출과 유사하거나 더 크고, 수입 부문에서는 중국 비중이 미국의 두 배에 달한다. 그러나 무역을 제외한 다른 영역에서는 양상이 다르다. 포트폴리오 투자, 해외직접투자, 인수·합병, 연구 협력 등에서는 한국이 중국보다 미국 및 미국의 핵심 동맹국들과 훨씬 더 긴밀히 연결되어 있다. 한국 기업의 미국 내 해외직접투자 프로젝트 수는 중국의 수 배에 달하며, 미국 금융시장에서의 한국 투자 규모 역시 중국 대비 압도적으로 크다. 연구 협력 측면에서도 한국은 유럽, 일본, 호주 등 미국의 동맹국들과 다수의 공동연구 네트워크를 구축하고 있다(Altman, 2025).

최근 몇 년간 이러한 교류의 무게중심은 더욱 뚜렷하게 이동했다. 2016년과 비교했을 때 한국의 대미·친미 동맹국 교류 비중은 증가했으나, 중국 및 친중 국가들과의 교류 비중은 점차 줄어들었다. 다만, 흥미로운 예외도 있다. 과학기술 분야에서 한국과 중국 연구자들의 공동연구 논문 비중은 빠르게 확대되고 있는데, 이는 중국이 첨단 연구 분야에서 세계적인 존재감을 키우고 있기 때문이다.

또한 한국의 국제 교류는 인도네시아, 아랍에미리트, 브라질 등 비동맹국과의 연계에서도 점차 확대되고 있다. 이러한 국가들은 미·중 갈등 속에서 공급망의 중간 허브 역할을 하며 세계 무역에서 비중을 높여가고 있다. 특히 베트남은 미국과 중국 양쪽 모두와 긴밀히 연결되며, 한국 기업의 새로운 생산 및 수출 거점으로서 전략적 중요성을 확대하고 있다.

이러한 변화는 한국이 미·중 경쟁 구도에만 매몰될 것이 아니라, 보다 다극화된 세계 질서를 염두에 두고 전략적 네트워크를 다변화해야 함을 강하게 시사한다. 즉 미국과 중국이라는 양대 축을 중심으로 한 '이중 선택'의 프레임을 넘어, 다양한 지역 및 비동맹국과의 관계를 확장하는 것이 한국 기업과 정책 모두에게 지속가능한 성장 전략이 될 수 있다.

이러한 변화는 한국 경영 연구에도 새로운 어젠다를 요구한다. 지금까지 한국의 국제경영 연구는 주로 선진국 추격 모델이나 효율성 중심 전략에 초점을 맞춰왔다. 그러나 앞으로는 '회복탄력성(Resilience)'과 '적응성(Adaptability)'이 핵심 주제가 되어야 한다. 외부 충격 속에서 얼마나 빠르게 회복하고, 제도·정치·문화적으로 상이한 맥락 속에서도 성과를 창출할 수 있는지가 중요하다. 이를 위해 연구자들은 국제정치 이론, 지정학적 리스크 관리, 기업 외교, 글로벌 공공정책과 같은 주제를 적극적으로 탐구해야 하며, ESG, 디지털 전환, 글로벌 가치사슬 재편, 글로벌 사우스와의 협력 같은 새로운 연구 의제를 국제경영 연구의 범주로 확장해야 한다.

궁극적으로 한국 기업들은 글로벌 시장에서 수동적 추종자가 아니라 새로운 방향을 제시하는 '선도자'로 도약할 기회를 맞이하고 있다. 이를 실현하기 위해서는 기업과 학계가 긴밀히 협력하여 지정학적 리스크 관리, 전략적 현지화, 다층적 관계 자본 구축을 새로운 시대의 핵심 전략으로 체계화해야 한다.

——— 9. 불확실성 시대의 다국적기업 전략 전환

현재 분절된 글로벌 환경에서 다국적기업이 단일하고 균일한 경영 환경을 전제로 전략을 짜는 것은 비현실적이다. 기업들은 본국과 진출국의 제도적, 정치적, 문화적 특성을 정교하게 반영하는 맞춤형 접근을 택해야 한다. 이제는 단순히 정부 정책에 수동적으로 반응하는 것만으로는 부족하다. 기업은 국내외 정책 결정 과정에 직접 영향을 미칠 수 있는 전문가 인력과 네트워크를 선제적으로 확보해야 하며, 비시장 전략을 능동적으로 설계하고 실행해야 한다. 이러한 노력이 뒷받침될 때 지정학적 리스크를 보다 효과적으로 관리하고, 글로벌 경쟁 속에서 지속적인 우위를 확보할 수 있다.

브렉시트를 시작으로 미·중 무역전쟁, 코로나19 팬데믹, 그리고 최근 트럼프 2기 행정부의 관세 정책까지 일련의 많은 사건은 국제경영 환경의 불확실성을 한층 심화시켰다. 그러나 주목할 점은 세계화의 큰 흐름이 여전히 놀라운 회복력을 보여주고 있다는 사실이다(Altman et al.,2024). 이는 세계화가 되돌릴 수 없는 과정이라는 단정도, 반대로 급격히 붕괴할 것이라는 비관도 모두 경계해야 함을 시사한다. 글로벌 시장에서 철수하거나 기회를 포기하는 기업은 오히려 스스로 장기적 경쟁력을 약화할 위험이 크다.

따라서 지금은 다국적기업들이 기업 외교와 전략적 현지화의 관점에서 글로벌 전략을 근본적으로 재점검해야 하는 시점이다. 국내 기업도 이는 예외가 아니다. 단기적 비용 절감보다는 현지 산업 생태계와의 긴밀한 연계, 책임 있는 글로벌 기업 시민으로서의 신뢰 구축, 그리고 지역 맞춤형 전략을 통해 장기적 경쟁력을 확보해야 한다. 불확실성의 시대일수록 선제적이고 과감한 전략적 실행이 필요하며, 이러한 기업만이 다가올 세계 질서 재편 속에서 중심적 위치를 차지할 수 있을 것이다.

주주행동주의

주주행동주의의 부상과 기업의 대응

천경훈

　종래 회사에서 주주는 대체로 수동적인 존재였고, 행동주의 전략을 표방하는 헤지펀드의 활동도 주로 외국의 현상이었지 국내에서는 흔하지 않았다. 그러나 근래 5~6년 사이에 국내에서도 헤지펀드는 물론 연기금이나 소액주주 연대 등에 의한 주주행동이 활발해지고 있고, 이는 기업들에 새로운 과제를 제시하고 있다. 국내에서 이러한 주주행동주의의 부상은 스튜어드십 코드(Stewardship Code)의 확대에 따른 기관투자자들의 행태 변화, 개인투자자들의 급격한 증가 및 소액주주 플랫폼의 활성화, 이를 뒷받침하는 법 제도의 정비 등에 기인한다. 이러한 적극적 주주들은 이사회에 주요 현안에 대한 설명을 요구하는 관여 활동에서 시작하여, 주주총회소집을 요구하거나 주주제안을 통해 의사결정에 참여하는 단계를 지나, 위임장 권유 등을 통해 확보한 의결권을 활용하여 자신의 대표자를 이사회에 진출시키기도 하고, 대표소송 등의 방법으로 이사의 책임을 묻기도 한다.

　이러한 일련의 전략이 활용된 대표적인 예로써 한진칼, 에스엠 엔터테인먼트, KT&G, HDC현대산업개발 등의 사례는 경영자의 관점에서 복기해 볼 가치가 있다. 기업들로서는 공격적인 주주행동의 구실을 주지 않도록 컴플라이언스를 강화하고 지배주주의 남용적 사익 추구를 자제해야 하며, 합리적인 주주들의 목소리가 반영될 수 있도록 의사결정의 절차와 거버넌스를 개선하고, 주주와의 진정성 있는 소통을 증진할 필요가 있다.

——— 1. 기업지배구조와 주주행동주의

한국 회사들의 지배구조는 강력한 지배주주의 존재를 그 특징으로 한다. 상장된 대기업에서도 창업자 혹은 그 자손들이 '총수' 또는 '회장'이라 불리며 경영상 의사결정을 주도하는 경우가 많다. 창업주 세대가 별세하고 자손들이 주식을 상속받는 과정에서, 또 외부 투자자를 유치하는 과정에서 지배주주 일가의 지분율은 점차 낮아지지만, 그럼에도 이들은 여전히 사실상 지배력을 행사하곤 한다. 실제로 이들 중 상당수는 한국 경제의 형성과 발전 과정에서 탁월한 리더십을 보였고, 특히 신사업진출이나 대규모 인수합병처럼 중대한 위험을 감수해야 하는 회사의 근본적인 결단은 아직도 이들의 결심 없이는 생각할 수 없다.

그러나 자본시장에서 자금을 조달하고 주식을 상장시킨 상장회사는 더 이상 창업자나 지배주주의 사유물이 아니다. 상장회사를 영어로 '퍼블릭 컴퍼니(Public Company)'라고 하는 점에서 알 수 있듯이, 다수의 주주가 출자자로 참여한 만큼 이제 회사의 경영진과 이사들은 특정한 지배주주만의 이익이 아니라 전체 주주의 이익을 위해 회사를 운영해야 한다. 지배주주의 건전한 리더십과 그들의 지분에 상응하는 권리는 존중되어야 하지만, 그들의 부당한 사익 추구 행위부터 일반 주주들을 보호하는 시스템 역시 갖춰야 하는 것이다. 그러한 주주보호 시스템은 법으로만 규율할 문제도 아니고 자율에만 맡길 문제도 아니다. 지배주주와 경영진의 사익추구행위를 제재하는 법규범의 존재와 그 집행, 이사회와 외부감사인에 의한 감시와 통제, 효율적인 공시제도와 자본시장에서의 평가, 기관투자자를 포함한 다양한 시장참여자의 활동 등 회사 내외부의 다양한 요소의 복합적 작용을 필요로 한다.

법적으로 보면 한국법상 주식회사의 운영 구조는 주주총회, 이사회, 대표이사의 위계 구조 순으로 파악할 수 있다. 첫째, 이사의 선임·해임, 재무제표의 승인, 합병·분할과 같은 구조개편 등 회사의 근본적인 의사결정은 주주총회에서 다수결로 이루어진다. 둘째, 그보다는 덜 근본적이지만 중요한 의사결정, 예컨대 중요한 자산의 처분이나 취득 같은 안건은 주주총회에서 선임된 이사들로 구성된 이사회의 결의가 필요하다. 셋째, 그보다 덜 중요한 의사결정은 대표이사에게 맡기고, 실제로는 대표이사가 내부전결 규정 등에 따라 다시 하위 직급에 위임하게 된다. 이런 3단계 구조만 놓고 보면 주주는 회사 지배구조의 최상단에 있고, 그들의 집합적 의사를 결정하는 주주총회는 회사의 최고 기관에 해당한다. 지배주주 역시 원칙적으로 자신의 지분만큼 의결권을 가지고 주주총회에서의 의사결정에 참여한다.

이러한 법적 구조에도 불구하고 실제로 대부분의 회사에서 지배주주 이외의 주주들은 매우 수동적인 지위에 머무르고 있었다. 그들은 회사가 정해주는 배당을 받고 시세 등락에 일희일비할 뿐 의결권은 굳이 행사하지 않는 경우가 대부분이었다. 이사회는 대체로 지배주주와 경영진이 주도하여 상정한 안건을 그대로 승인하는 데에 그치고, 주주총회 역시 이사회가 올린 안건을 그대로 승인하는 형식적 절차로 인식되곤 했다. 회사에 불만이 있더라도 주주들은 인터넷 커뮤니티의 토론방 같은 곳에서 불만을 토로할 뿐 회사에 대한 실질적인 압력을 행사하지는 못하고 있었다. 몇몇 외국계 헤지펀드들이 산발적이나마 주주행동이라고 불릴 만한 모습을 보이기도 했지만, 지난 수십 년을 통틀어 손으로 꼽을 만큼 드문 사례에 불과했다.

그러나 대략 2020년을 전후한 무렵부터 주목할 만한 변화가 일어나고 있다. 우선 코로나 기간을 전후하여 개인 주식투자자가 급격히 증가한 점이 변화의 배경이 되었다. 미국 등 해외 증시와 국내 증시를 모두 경험한 개인투자자들이 주주보호에 소홀한 한국 기업들의 관행에 문제를 제기하기 시작했고, 1,400만 명에 이르는 개인투자자들의 목소리는 정치적으로도 중요한 의미를 갖게 되었다. 그리고 이들 개인투자자를 하나로 엮어내는 온라인 기반의 플랫폼 서비스가 등장하면서 과거에는 비용 문제로 사실상 어려웠던 주주들의 조직적 행동이 현실화되었다.

또한 투자전략으로써의 주주행동주의 전략, 즉 지배구조상의 취약점 때문에 저평가된 기업에 투자하고 지배구조를 개선함으로써 숨겨진 가치를 실현하는 전략을 추구하는 국내 헤지펀드들이 등장하였다. KCGI, 트러스톤, 차파트너스, 얼라인파트너스, 밸류파트너스 등이 그런 예에 해당한다. 이들은 사안에 따라 소액주주연대, 외국계 펀드, 기관투자자 등과 협력하여 회사의 경영상 문제를 지적하고, 정관변경,

이익배당, 감사위원 선임 등을 요구하며 주주총회를 점점 치열한 공간으로 만들어 가고 있다. 연기금 등 전통적인 기관투자자들도 스튜어드십 코드에 따라 장기적 기업가치 제고를 위한 관여 활동을 정례화하기 시작했고, 일정한 경우에는 행동주의 펀드들과 협력하기도 한다. 나아가 주주제안, 임시주총 소집청구, 회계장부 열람청구, 각종 가처분과 대표소송 등 소수주주권 행사에 관한 실무가 축적되어 주주들의 적극적 권리행사를 촉진하게 되었다.

이러한 '소극적 주주'에서 '적극적 주주'로의 변화 현상을 '주주행동주의의 부상'이라고 일컬을 수 있겠다. 주주행동주의는 영어 '쉐어홀더 액티비즘(Shareholder Activism)'의 번역어이다. '주의(主義)'라는 말 때문에 이념이나 사고 체계를 지칭하는 말 같지만, 꼭 그에 한정된다기보다는 주주들의 적극적 행동을 통해 회사의 경영에 관여하고자 하는 태도, 행태, 전략을 아우르는 용어로 사용된다.

주주행동주의에 대한 평가는 양면적이다. 단기적인 주가 상승 및 배당 확대에 편중된 주주들의 요구가 장기적 성장을 위한 연구개발 투자를 저해하는 등 기업의 장기 전략을 훼손할 위험도 있다. 그러나 내부통제 강화, 이해 상충 관리, 주주환원 확대 등의 요청은 그것이 합리적인 범위에서 이루어지는 한 주주가치 제고 및 자본시장 활성화에 이바지할 수 있다. 특히 상당수 한국 회사에서 지배주주 또는 그 일가에 대한 각종 지원성 거래를 통해 회사의 부를 빼돌리고 기업가치를 훼손하는 사례가 그동안 적지 않았음을 고려하면, 이를 견제하는 적정 수준의 행동주의는 당해 회사의 기업가치 최대화 관점은 물론 사회경제적 관점에서도 긍정적 효과를 가져올 수 있다.

이 글은 최근 들어 부상하고 있는 주주행동주의 현상을 분석하고 그 것이 경영자에게 제시하는 과제와 대응 전략을 제시하는 것을 목적으로 한다. 이를 위해 우선 다음 절에서는 주주행동주의 부상의 배경을 살펴보고, 그다음으로 주주행동주의 전략이 활용하는 전형적인 법적 수단을 설명한다. 이어지는 절에서는 최근의 대표적인 한국의 사례들을 분석한 뒤, 이러한 사례들의 시사점을 기반으로 기업의 대응 전략을 생각해 본다.

——— 2. 주주행동주의 부상의 배경

| 기관투자자와 스튜어드십 코드 |

기관투자자는 타인으로부터 모은 자금을 자본시장을 통해 운용하는 투자 주체를 말한다. 이들은 일반 투자자들에 비해 대규모 자금을 운용한다는 점, 일반 투자자에 비해 투자에 전문성을 가지고 있는 점, 자기 자신의 이익이 아니라 자신들의 고객을 위해 자산을 운용한다는 점을 특징으로 한다. 국민연금과 같은 연기금, 자산운용사, 사모펀드, 보험회사, 은행 등이 이에 해당한다.

유형별로 차이는 있지만, 전통적으로 기관투자자들은 주로 분산투자와 벤치마크 추종을 통해 자산을 운용했고, 투자대상 회사의 경영이나 지배구조에는 관심을 두지 않았다. 이것은 한국뿐 아니라 전 세계적인 현상이었다. 그러나 2008년 금융위기 이후, 영국을 시발점으로 하여 이에 대한 통렬한 반성이 제기된다. 영국의 상장회사들은 한국과 달리 뚜렷한 지배주주가 없는 경우가 대부분이었고 기관투자자들이 다수 지분을 보유하고 있었는데, 이들 기관투자자들이 투자대상 회사의 방만한 경영과 부실한 위험관리에 대해 무관심했던 것이 금융위기를 심화시켰다는 비판이 널리 공유된 것이다. 이에 기관투자자들이 무책임한 방관자가 아니라 고객의 자금을 운용하는 집사(Steward)로서, 투자대상 회사의 의사결정과 경영감독에 책임감 있게 관여해야 한다는 요청이 제기되었다. 이를 위한 기관투자자들의 자율 규범이 '스튜어드십 코드'이다.

영국의 2010년 스튜어드십 코드는 다른 나라에도 많은 영향을 미쳤다. 한국도 2016년 민간기구인 스튜어드십 코드 제정위원회에서 "기관투자자의 수탁자책임에 관한 원칙"이라는 이름으로 한국형 스튜어드십 코드를 도입했다. 이는 형식과 내용 면에서 영국의 2010년 코드와 매우 유사하다. 실무적으로는 2018년 국민연금이 이에 가입한 것이 큰 전기가 되었고, 2019년에는 참여 기관의 수가 100개를 넘어선 후, 2025년 10월 현재 247개 기관이 참여하고 있다.[1] 코드에 따르면 기관투자자들은 투자대상 회사의 회사 가치를 중장기적으로 향상시키기 위한 전략을 수립해서 시행해야 하고, 적극적으로 의결권을 행사할 뿐 아니라 의결권 행사의 구체적인 내용과 사유를 공개해야 하며, 수탁자책임 이행활동에 관해 자신의 고객에게 정기적으로 보고해야 한다.

스튜어드십 코드는 위반 시 불이익이 규정되어 있는 법령이 아니라 'comply or explain(원칙준수 예외설명)' 방식의 자율 규범일 뿐이다. 또한 각 기관이 따라야 할 구체적인 프로세스를 일률적으로 정하는 것이 아니라 각 기관이 스스로 정하도록 한다. 즉 각 기관이 자신의 의결권

---

1 한국 스튜어드십 코드 홈페이지(https://sc.cgs.or.kr/participation/investors.jsp) 참조.

행사 기준과 관여 프로세스를 스스로 정하고, 그에 따른 결과를 공개하고, 그에 따르지 못할 때는 그 이유를 공개적으로 설명하면 된다. 실제로 코드를 채택한 기관들이 모두 수탁자책임 활동을 열심히 하는 것은 아니다. 그러나 코드의 채택과 확산은 다음과 같은 경로로 주주행동주의에 상당한 영향을 미쳤다.

첫째, 주요 기관투자자들이 정한 의결권 행사의 지침을 투자대상 회사들이 무시할 수 없게 되었다. 예컨대 국민연금은 '국민연금기금 수탁자책임 활동에 관한 지침'에서 "주주가치의 감소를 초래하거나 기금의 이익에 반하는 안건에 대해서는 반대한다"라는 기본원칙을 정하고, 별표에서 국내주식은 46개 항목, 해외주식은 50개 항목에 걸쳐 어떤 경우에 찬성, 반대, 중립 투표를 하는지 세부기준을 정하고 있다. 물론 이 세부기준들도 상당히 모호하고 불분명하지만, 예컨대 지배주주와 일반주주의 이익이 명백히 충돌하는 유형의 거래에서는 기관투자자들의 찬성을 쉽게 기대할 수 없을 것이다. 주요 기관투자자, 특히 국민연금의 의결권 행사 향방은 다른 기관투자자는 물론 일반주주에도 큰 영향력을 미치므로, 지배주주가 단독으로 특별결의를 통과시킬 수 있을 정도의 지분(의결권의 3분의 2이상)을 보유하고 있지 않는 한 투자대상 기업의 지배주주와 경영진은 주주총회 안건 상정 단계에서부터 기관투자자들의 눈높이를 고려하게 된다.

둘째, 관여 활동의 단계화가 정착되었기 때문에 투자대상 회사들이 기관투자자의 문제 제기를 일회성 문제로 치부하며 슬쩍 넘어가기 어렵게 되었다. 예컨대 국민연금의 경우 ⑴중점관리 사안을 선정하고,

(ii)비공개 대화를 시행하며, (iii)비공개 대화를 1년간 했음에도 개선이 없는 기업은 비공개 중점관리 기업으로 선정하고, (iv)선정 연도 말까지 개선이 없는 경우에는 공개 중점관리 기업으로 전환하여, (v)공개서한 발송, 주주제안, 의결권 행사, 소송제기 등의 조치를 순차적으로 취한다. 단발성 압박에 그치는 것이 아니라 사안의 중대성과 투자대상 기업의 대응에 따라 관여 정도가 점차 강화되도록 설계된 것이다.

셋째, 기관투자자들 관점에서도 보고와 책임의 연쇄 과정이 만들어졌기 때문에 투자대상 회사의 문제를 마냥 회피하기 어렵게 되었다. 즉 기관투자자들은 수탁자책임 활동에 관한 지침, 활동 내역, 의결권 행사 내역, 연간 단위의 수탁자책임 활동 보고서 등을 공개해야 하므로, 기관 자신의 수탁자책임 활동의 충실성과 일관성을 시장의 검증 아래 두게 된다. 과거 해외 헤지펀드의 간헐적 캠페인에 의한 '사건형 압박'과 달리, 국내 기관의 정례적 관여는 연속적이고 예측 가능한 통제 메커니즘을 형성하게 되는 것이다.

물론 한계도 분명하다. 코드는 자율 규범에 불과하기 때문에 투자대상 회사에 대한 관여의 강도는 기관별·사안별로 편차가 크고, 아직 대부분의 기관투자자는 코드 채택 이전과 마찬가지로 소극적이다. 관여의 정도가 비교적 높은 국민연금도 실제 투자대상 기업의 기업가치 향상에 이바지하기보다는 피상적인 지침상의 기준에 따른 면피성 활동을 벌이는 데에 불과하다는 비판이 많다. 예를 들어 비슷한 건에 대해 국민연금이 반대하더라도 어차피 가결될 상황에서는 반대표를 던지지만, 실제로 국민연금이 반대할 경우 부결될 가능성이 높은 경우에는 오히려 반대하는 데에 주저한다는 지적도 있다. 실제적인 부담 없이 '반대율'이라는 일종의 외형상의 실적을 추구한다는 것이다.

그러나 기관투자자들이 어떤 안건에 대해 찬성했는지 반대했는지조차 알 수 없던 시절에 비하면, 적어도 주주들의 관심을 끄는 중요사안에서 기관투자자의 잠재적 영향력은 훨씬 강화되었다. 코드에 따라 각 기관이 수탁자책임 활동 지침을 마련하고 그에 따른 활동 내용을 공시하도록 한 제도가 비록 그 활동 하나하나는 피상적이고 부실할지라도, 어쨌든 한국에서 주주행동주의가 확대될 수 있는 기반을 제공한 셈이다. 그 기반 위에서 연기금, 행동주의 펀드, 소액주주 연대 등이 서로 사안에 따라 협력하기도 하고 경쟁하기도 하면서 주주행동주의의 흐름을 공고화하고 있다. SM엔터테인먼트 건 등 여러 사례에서 기관투자자들이 수행한 역할에 대해서는 뒤에서 더 상세히 소개할 것이다.

| 개인투자자의 증가 |

한국에서 12월 결산 상장법인의 주식을 소유한 개인투자자의 수는 2019년 말 약 619만 명에서 2021년 말에는 약 1,374만 명으로 급증했다.[2] 그 뒤로 증가세는 주춤해졌지만 2023년 말 약 1,416만 명, 2024년 말 약 1,410만 명에 달한다.[3] COVID-19 시기에 실내 활동이 많아지면서 발생한 현상으로 보인다. 더구나 해외투자가 보편화되면서 투

---

2 한국예탁결제원, '19년 12월 결산 상장법인 주식투자자(소유자) 현황 (2020.3.10.)'; 한국예탁결제원, 2021년 12월 결산 상장법인 주식 소유자 현황(2022.3.17.).

자자들의 상당수는 미국 등 외국 증권시장에도 투자한 경험이 있다. 이처럼 '해외투자 경험을 갖춘 개인투자자의 확산' 현상은 다음 두 가지 측면에서 주주들의 활동성을 크게 증가시켰다.

첫째, 이들에게 한국과 외국(특히 미국)의 상장회사는 일종의 대체재이므로, 투자 결정 시에 자연스럽게 한국 상장기업들과 미국 상장기업들의 주가는 물론 그들의 행태를 비교하게 된다. 이는 한국 회사들에 상대적으로 덜 주주친화적인 행태에 대한 치열한 비판을 불러일으켰다.

예컨대 2021년 LG화학이 배터리 사업 부분을 물적 분할한 후 상장한 건이라든가, 2024년 두산그룹이 알짜 해외 자회사인 두산밥캣을 분할합병 방식으로, 두산에너빌리티로부터 두산로보틱스로 이전한 건에서, 투자자들이 흔히 보인 반응 중의 하나는 "미장(미국 시장)에서는 이런 일이 없다"라는 것이었다. 그룹 내의 여러 계열사가 복수로 상장되고 심지어 지주회사와 그 자회사, 손자회사까지도 각각 상장되어 각 회사의 지배주주와 일반주주 사이의 이해관계가 복잡하게 대립하는 한국과 달리, 미국에서는 대개 모회사만 상장되고 나머지는 그 상장 모회사의 100% 자회사로서 존재하는 것이 보통이다. 따라서 지배주주와 일반주주 간의 이익 충돌이 의심되는 상장 계열사 간의 구조개편은 상대적으로 드물다. 또 다른 예로 미국 회사들에 비해 한국 회사들의

---

3 한국예탁결제원, '2023년 12월 결산 상장법인 주식 소유자 현황(2024.3.14)'; 한국예탁결제원, 2024년 12월 결산 상장법인 주식 소유자 현황(2025.3.17).

배당 성향이 현저히 낮다는 점도 지속적인 불만 사유가 되고 있다. 이처럼 투자자들이 고려하는 국제적 비교 대상이 늘어나면서 한국 회사들에 대한 불만과 요구가 더 강해졌다.

둘째, 개인투자자의 급격한 증가는 기업지배구조의 문제를 중요한 정치적 어젠다로 격상시켰다. 전체 유권자의 40% 가까이가 주식 투자를 하는 셈이므로 이들의 목소리는 선거에서도 중요한 고려사항으로 등장한 것이다.

특히 그 주된 관심이 '공정', '민주' 등의 관념으로부터 '주가', '기업가치' 등으로 옮겨가는 현상이 관찰된다. 과거에는 기업지배구조에 관한 상법 개정 논점들이 '경제민주화'(2012년 대통령 선거 당시 박근혜 후보의 공약), '공정한 경제'(2017년 대통령 선거 당시 문재인 후보의 공약) 등의 캐치프레이즈 아래 논의되었으나, 최근 들어 '밸류업', '코리아 디스카운트 극복', '코스피 5,000시대' 등의 구호 아래 논의되고 있다. "한국 기업의 지배구조가 낙후하여 기업의 주가가 저평가되고 있으니, 상법을 개정하고 소수주주의 권익을 보호하여 주가를 올려야 한다"라는 강력한 담론이 형성된 것이다. 2025년 하반기 상법 개정으로 (i)이사의 충실의무를 주주까지 확대하고, (ii)감사·감사위원 선임 시 3% 룰을 강화하며, (iii)집중투표제를 정관으로도 배제할 수 없도록 하고, (iv)감사위원 분리 선출 인원을 2명 이상으로 늘리게 된 것도 이러한 정치적 지형에 따른 현상이다.

| 주주연대 플랫폼의 활성화 |

소액 개인투자자의 숫자가 늘고 불만이 커진다고 해도 그것만으로 주주행동으로 이어지는 것은 아니다. 소액주주끼리는 서로 잘 알지 못하기 때문에 조직화에 큰 비용이 소요되고, 그들 중 누구 하나가 비용을 들여 적극적인 행동을 하더라도 그 혜택은 모든 주주가 누리게 되어(이른바 '무임승차' 문제) 아무도 적극적 행동에 나설 유인이 없기 때문이다.

그러나 최근 수년간 각종 주주연대 플랫폼을 통해 소액주주 간의 의견 교환 및 집단적 권리행사가 쉬워지면서 이들은 무시할 수 없는 주체가 됐다.[4] 대표적으로 액트(ACT), 비사이드 코리아(B–Side Korea), 헤이홀더(Heyholder) 등의 서비스는 (i)주주 간의 의견을 교환할 수 있는 커뮤니티 기능, (ii)마이데이터 통합 인증 기술을 활용한 주주인증 기능, (iii)앱 내에서 간편하게 의결권을 위임할 수 있는 전자 위임 시스템을 갖추고 있다. 이러한 플랫폼의 등장 이전에도 주주들이 의견을 교환할 수 있는 온라인 커뮤니티는 여럿 있었지만, 실제 주주 여부를 확인해서 법적인 주주권 행사를 돕는 데에는 이르지 못했다. 이들 플랫폼은 주주 인증과 전자 위임이라는 두 가지 핵심 기능을 통해서 소액주주들이 공동의 의사를 형성하고 주주총회에서 실제로 영향력을 행사할 수 있는 기술적 기반을 제공했다는 점에서 종래의 온라인 커뮤니

---

4 이에 관한 상세는 김동윤, "주주행동 플랫폼을 통한 소액주주 권리행사의 법적 쟁점", 경제법연구 제24권 제2호 (2025), 181–216면.

티와 차별된다.

위 플랫폼들은 위 세 가지 핵심 공통 기능 외에도 각각 고유한 특징을 가지고 있다. 비사이드코리아에서는 행동주의 펀드인 얼라인파트너스 자산운용이 캠페인 단위로 주주들의 결집과 행동을 주도하는 경우가 많다. 이들의 영향력은 SM엔터테인먼트 경영권 분쟁에서 잘 드러났는데, 이에 대해서는 뒤에서 설명한다.

액트의 경우에는 주주들의 자발적인 투표로 앱 내에서 주주 대표를 선출하는 기능을 갖추고 있다. 이 기능을 활용하여 소액주주들이 경영진을 교체하고 직접 최대주주가 되는 사례도 등장했다. 코스닥 상장회사인 아미코젠 경영진의 경영능력과 전략에 불만을 가진 주주들이 액트를 통해 결집해서 2025년 2월 개최된 임시주주총회에서 당시 대표이사였던 창업자를 이사직에서 해임하고, 액트를 통해 소액주주 연대의 주주 대표로 선출된 S씨를 사내이사로 선임한 것이다. 또한 이들 소액주주들이 공동 출자하여 설립한 투자조합이 아미코젠의 최대주주가 되기까지 했다.

헤이홀더는 대표자를 맡고 있는 현직 변호사가 직접 캠페인 안건을 제안하고 주도하는 경우가 많은데, 소액주주들의 결집된 요구로 코스닥 상장회사인 인포바인의 자사주 소각을 이끌어냈다. 회사의 자사주가 발행주식총수의 33%에 이르자 헤이홀더를 통해 결집한 주주들은 법원에 주주명부 열람 등사 가처분을 신청하고 공개 주주 서한을 보내는 등의 행동주의 캠페인을 벌였고, 인포바인의 이사회는 이 요구를 받아들여 2025년 1월부터 4월까지 200억 원 규모의 자사주를 취득하여 소각하였다.

이런 사례들은 앞으로도 계속 일어날 수 있고, 조금씩 다른 특성을 가진 주주행동 플랫폼들이 추가로 등장할 수도 있다. 이미 일부 플랫폼들은 행동주의 펀드 및 투자자 전문 로펌과 일종의 제휴 관계를 맺고 밀접히 협력하고 있는데, 앞으로는 국내외 연기금, 자산운용사, 의결권 자문기관 등과 상시적으로 제휴하거나 사안별로 연합하는 사업 모델도 예상해 볼 수 있다. 이런 구도 하에서 소액주주들은 더 이상 파편화된 개인이 아니라 조직화된 세력이 될 수 있으므로, 기업으로서는 조율되고 체계화된 대화 전략이 필요해진다.

3. 주주행동주의 전략의 법적 수단

　지금까지 주주행동주의 부상의 배경으로 스튜어드십 코드로 대표되는 기관투자자 행태의 변화, 개인투자자의 수적 증가, 온라인 주주연대 플랫폼의 등장을 살펴보았다. 그런데 적극적인 기관투자자와 강력하고 조직된 개인투자자들이 존재하더라도 이들이 실제로 행동에 나서려면 무기, 즉 법적인 권리가 있어야 한다. 그러한 법적 권리들은 실제로 행사되어서 효력을 발휘하기도 하지만, 언제든 행사될 수 있다는 가능성으로 인해 실제로 행사되지 않고서도 경영진과 지배주주의 자발적인 협조를 끌어내기도 한다. 이처럼 주주의 법적 권리는 주주행동주의의 구현 수단으로써 중요한 의미를 가지므로, 경영자들도 그 얼개를 이해할 필요가 있다. 안건 상정에 관한 권리, 표 대결 과정에서의 권리, 각종 가처분, 이사의 책임을 추궁할 권리, 정보에 접근할 권리 순으로 살펴본다.

| 안건 상정 단계: 총회소집권과 주주제안권 |

　상법상 주주총회는 원칙적으로 이사회가 소집한 경우에만 열리고, 이사회가 정한 일시에, 이사회가 정한 장소에서, 이사회가 정한 안건

에 관해서만 결의할 수 있다. 주주총회가 주식회사의 최고 기관이라고
는 하지만, 실제로는 이사회가 의제 설정 권한을 갖고 주주총회에서의
의사결정을 주도하는 것이다. 이에 대한 중요한 두 예외가 바로 소수
주주의 총회소집권과 주주제안권이다.

먼저 일정 비율 이상의 주식을 가진 주주들은[5] 이사회에 임시주주총
회소집을 청구할 수 있고, 이사회가 이에 응하지 않으면 법원의 허가
를 받아 직접 총회를 소집할 수 있다(상법 제366조). 임시주주총회소집
을 이사회에 청구하거나 법원에 그 허가를 신청할 때는 회의의 안건을
밝혀야 하므로, 결국 주주가 의제설정 권한을 갖는다.

총회소집권보다 더 많이 이용되는 것은 주주제안권이다. 총회소집
권은 주주들이 주주총회 자체를 소집하는 권리인 반면, 주주제안권은
일정 비율 이상의 주식을 가진 주주들이[6] 어차피 개최될 주주총회에
서 자신이 원하는 안건을 상정해 달라고 요구하는 권리이다(상법 제363
조의2). 정기주총의 경우 전년도 정기총회일에 해당하는 올해 날짜의 6
주 전까지, 임시주총의 경우 총회일 6주 전까지 일정 사항을 주주총회
의 목적사항으로 할 것을 제안할 수 있다. 회사는 상법에 열거된 일정
한 사항[7] 외에는 이를 거부할 수 없다. 만약 회사가 적법한 주주제안을

---

5 발행주식 총수의 3% 이상을 보유한 주주를 의미하고, 상장회사의 경우 6개월 이상 1.5% 이상을 보유한
   주주를 포함한다. 이하에서 언급되는 모든 소수주주권 행사 지분율은 주주 단독으로는 물론 여러 주주가
   합해서 충족해도 된다.

6 의결권 있는 주식의 3% 이상을 보유한 주주를 의미하고, 상장회사의 경우 6개월 이상 1% (자본금 1천억 원
   미만인 회사) 또는 0.5% (자본금 1천억 원 이상인 회사) 이상을 보유한 주주를 포함한다.

거부하려고 한다면, 주주들은 법원에 의안상정가처분, 즉 주주들이 제안한 의안을 주주총회에 상정할 것을 명하는 가처분을 내려달라고 신청할 수 있다.

주주제안은 과거에는 그리 흔하지 않았으나 2020년 무렵부터 크게 늘었다. 정기주주총회에서 주주제안을 상정한 상장회사의 수는 2023년 43개, 2024년 34개, 2025년 41개이고, 상정된 안건 수는 2023년 146건, 2024년 115건, 2025년 217건이었다.[8] 이 중 가장 많은 안건은 이사·감사·감사위원 선임 건이고, 다음으로 정관변경, 배당, 자기주식 소각 등의 순이다. 이사·감사·감사위원 선임에 관해 주주제안이 상정되었다는 것은, 이사회가 선정한 후보자 이외에 소수주주들이 지지하는 후보자가 주주총회에서 표 대결을 벌였다는 의미이다. 2025년은 주주제안이 상정된 41개 회사 중 12개 회사에서 1건 이상의 주주제안이 가결되었고, 9개 회사에서는 이사·감사·감사위원 선임이 가결되었다. 현 이사회가 지지하지 않은 사람들이 소수주주의 지지를 받아 실제로 이사회에 입성한 것이다.

임원선임, 정관변경, 배당 등의 전형적인 주주제안 외에 구속력 없는 권고적 주주제안도 있을 수 있다. 예를 들어 "회사의 주주환원 장기계획을 마련해서 공표하라"라든가, "회사의 탄소 감축 계획을 구체적

---

7 이 중에서 가장 중요한 것은 '상장회사의 임원 해임에 관한 사항'이다. 즉 상장회사에서 임원 선임에 관한 주주제안은 회사가 거부하지 못하지만, 임원 해임에 관한 주주제안은 회사가 거부할 수 있다.

8 율촌 리걸 업데이트 2025. 4. "2025 정기주주총회 리뷰" 참조. 한편 주주총회에 상정되지 않은 주주제안을 합하면 주주제안 건수 자체는 이보다 훨씬 많을 것으로 보인다.

으로 작성해서 공표하라"라든가, "회사의 산업안전 목표를 제시하고
이를 준수하는 시스템을 갖춰라"라는 등이다. 이런 사안들은 원래 주
주총회가 결정권을 가진 사항이 아니므로[9] 주주총회에서 결의를 하더
라도 강제력은 없지만, 주주총회의 '권고적 결의'를 끌어내기 위한 '권
고적 제안'이 있을 수 있는 것이다. 실제로 미국과 EU에서는 이러한
권고적 제안이 많고, 이들은 대부분 환경, 사회, 지배구조(ESG)에 관한
것들이다. 미국에서 자주 행해지는, 이른바 'Say on pay'라고 하는 임
원 보수에 관한 주주총회의 결의도 그 자체로써 임원 보수를 결정하는
효력이 있는 결의가 아니라, 이사회에 임원 보수 산정의 방법과 규모
를 '권고'하는 권고적 결의이며, 이는 주주들의 권고적 제안에 따라 이
루어지곤 한다. 한국에서는 이러한 권고적 주주제안, 특히 ESG적 요
소를 갖춘 권고적 주주제안은 아직 드물지만, 법이 이것을 금지하는
것은 아니므로 점차 확대될 것으로 보인다.

| 표 대결 단계: 의결권 대리행사 권유 |

임시총회소집권을 통해서든 주주제안권을 통해서든 일단 주주들이
주주총회에 자신들이 원하는 안건을 상정했다면(예컨대 자신들이 지
지하는 이사 후보자를 투표 대상으로 상정시켰다면), 이제 표 대결이
벌어지게 된다. 표 대결에서 이기려면 주식을 매입하여 주식 수를 늘
리거나 위임장을 받아서 우리 편을 늘려야 한다. 내가 원하는 대로 안

---

9 상법상 주주총회는 상법 또는 정관으로 정한 사항만 결의할 수 있다(상법 제361조).

건을 통과시키기 위해 주주들로부터 위임장을 받는 행위를 '의결권 대리행사의 권유' 또는 '위임장 권유'라고 한다.

특정 권유자가 다수의 주주를 상대로 의결권 대리행사의 권유를 하는 경우에는 주주들의 의사결정에 부당한 영향을 미칠 수 있으므로, 자본시장법에서는 의결권 대리행사 권유 시에 위임장 용지 및 참고서류를 비치 및 열람하게 하는 등 일정한 규제를 하고 있다. 권유자 및 대상 회사에 관한 일정한 정보를 공시하게 하여, 주주들의 섣부른 의결권 위임을 방지하려는 것이다.

현재 위임장 권유에 관한 규정 및 실무상 위임장에는 찬반 표시를 하여 위임하게 되어 있다. 즉 백지위임을 받아 권유자가 찬반을 임의로 결정하는 것이 아니라, 피권유자가 찬반을 표시한 위임장을 권유자에게 제출하는 것이 보통이다. 따라서 수집한 위임장이 100% 권유자의 뜻에 부합하지는 않을 수 있다. 그러나 권유자가 명시적으로 찬반 의견을 밝히고 위임장을 수집하는 경우에는 대부분 그에 부합하는 위임장들이 접수되게 된다.

이러한 의결권 대리행사 권유 제도를 통해 주주들은 뜻을 같이하는 다른 주주들로부터 위임장을 받는 방식으로 힘을 모아 표 대결에 참여할 수 있다. 안건에 대하여 찬반 의견이 대립하는 양측이 각각 자기 뜻을 관철하기 위해 위임장을 모은다면, 이른바 '위임장 쟁탈전(Proxy fight)'이 발생하게 된다. 경영진과 일정한 행동주의 세력이 서로 위임장 쟁탈전을 벌일 수도 있고, 지배주주 그룹 내에서 예컨대 형과 아우가 서로 위임장 쟁탈전을 벌일 수도 있다. 이러한 위임장 쟁탈전에서는 국민연금 등 주요 기관투자자가 어느 쪽을 지지하는지가 큰 변수로 등장하고, 때에 따라서는 우리사주조합이나 노동조합 등 근로자들의 지지도 중요한 변수가 된다.

위임장 쟁탈전은 원래 시간과 비용이 많이 소모되는 일이었다. 주주들에게 일일이 연락을 취해 방문하고 설득하여 종이로 된 위임장을 받아 모으려면 많은 인력과 노력이 필요하기 때문이다. 실제로 과거의 위임장 쟁탈전에서는 회사 임직원들이 무거운 수박을 들고 개인 주주들을 일일이 찾아가 위임장을 받아냈다거나 위임장을 받으러 개인 주주들의 주소지에 찾아갔다가 개한테 물렸다는 등 무용담이 무성했다. 그러나 최근에는 전자 위임장이 활용되면서 큰 변화가 생겼다. 특히 앞서 본 온라인 주주연대 플랫폼들은 주주들의 신원확인 및 전자 위임 기능을 제공함으로써 의결권 대리행사의 권유를 더 쉽게 하고 위임장 대결을 촉진하고 있다.

| 각종 가처분 |

회사가 법령상 절차에 위반하거나 실체적으로 하자가 있는 행위를 했을 때, 이것을 본안소송으로 해결하려면 시간이 너무 오래 걸리므로 오늘날은 가처분이 많이 활용된다. 가처분이란 당사자들의 법률관계를 임시로 동결하거나 형성하는 법원의 명령을 말한다. 예를 들어 회사가 주주총회를 소집하면서 다수 주주에게 소집 통지를 누락했다면 주주는 절차상 하자를 이유로 결의취소의 소를 제기할 수 있는데, 이 소송을 통해 확정판결을 받으려면 시간이 오래 소요된다. 따라서 주주로서는 아직 총회 개최 전이라면 주주총회 개최금지가처분을, 이미 총회가 개최된 후라면 주주총회 결의 효력정지가처분을 신청하는 식으로 대응할 수 있다. 이런 가처분은 결의의 효력을 종국적으로 부정하는 것은 아니다. 그러나 '일단' 총회 개최 금지를 명하거나, '일단' 결의의 효력을 정지시킴으로써, 분쟁의 향방에 결정적인 영향을 미친다.

오늘날 회사의 경영권에 관한 분쟁은 압도적으로 본안이 아닌 가처분을 통해 이루어지고 있다. 또한 여러 당사자가 새로운 유형의 가처분을 고안하여 신청하고 여러 하급심에서 이를 인정해 줌으로써 가처분의 양태와 방식도 매우 다양해졌다. 예를 들어 하자 있는 주주총회에 관해서는 총회개최 금지가처분과 결의 효력정지가처분이, 그러한 주주총회에서 이사가 선임된 경우에는 직무집행 정지가처분과 직무대행자 선임가처분이 활용된다. 위법하거나 부당한 자본거래에 대해서는 사전적으로는 신주발행 금지가처분, 합병 절차 중지가처분, 분할절차 중지가처분, 자기주식 처분 금지가처분 등이 활용되고, 사후로는 각종 효력 정지가처분이 활용된다.

의결권이나 그 위임에 문제가 있는 경우에는 의결권 행사 금지가처분, 의결권위임 금지가처분이 활용된다. 회사가 부당하게 의결권 행사를 불허할 것 같으면 사전에 의결권 행사 허용 가처분을 얻어내기도 한다. 주주제안을 회사가 거부하면 안건상정가처분을 통해 "안건을 상정하라"는 법원의 결정을 얻어내고, 회계장부 등의 열람청구를 회사가 거부하면 열람등사가처분을 통해 열람을 허용하라는 법원의 결정을 얻어낸다. 이런 가처분들은 잠정적 처분이라고는 하지만 사실상 그 효력은 본안에 관한 재판과 크게 다를 바가 없다.

이처럼 다양한 가처분이 법원에서 인정됨에 따라 행동주의 전략을 취하는 주주들은 다양한 법적 무기를 얻은 셈이 되었다. 물론 그에 대응하는 쪽에서도 다양한 가처분을 활용할 수 있으니 역시 다양한 무기를 확보하게 되었다. 가처분의 활성화로 인해 회사에서 발생하는 여러 분쟁은 점점 더 법원을 향하고 있고, 법원의 결정에 의존하게 되었다. 이는 일면 법치주의의 확대로 볼 수도 있지만, 지나친 사법 만능주의의 경향을 보이기도 한다.

| 대표소송 |

회사의 이사, 감사, 집행임원이 고의 또는 과실로 법령을 위반하거나 그 임무를 게을리하여 회사에 손해를 가한 때에는 회사의 손해를 배상할 책임이 있다(상법 제399조). 또한 이사가 아니더라도 (i)회사에 대하여 사실상의 영향력을 가지고 업무의 집행을 지시한 자,[10] (ii)명예회장·회장·부회장·사장·부사장·전무·상무·이사 등의 명칭을 가지고 업무를 집행한 자는 이사와 동일한 책임이 있다(상법 제401조의2). 이들이 고의 또는 과실로 회사에 손해를 입히면 회사가 원고로서 그에게 배상 청구를 할 수 있다.

그런데 회사가 이들을 상대로 손해배상청구에 나서지 않을 경우에

---

10 이른바 총수라고 불리는 지배주주가 이에 해당할 수 있다. 다만 이 조항의 적용을 받으려면 업무의 집행을 '지시'했다는 점이 인정되어야 한다.

대비한 제도가 주주대표소송이다. 일정 비율 이상의 주식을 보유한 주주는[11] 회사를 상대로 "이사 등에게 손해배상 청구의 소를 제기하라"라고 청구한 후, 회사가 30일 이내에 소를 제기하지 않으면 직접 소를 제기할 수 있다(상법 제403조). 이 소송의 원고는 주주들이고 피고는 (고의·과실로 회사에 손해를 가한) 이사 등이지만, 승소하더라도 그 금액은 원고들에게 지급되는 것이 아니라 회사로 귀속된다. 주주들은 자기를 위해서 소송을 진행하는 것이 아니라, 회사를 대표하여 소송을 진행하는 것이기 때문이다.

이처럼 대표소송은 주주들이 이사, 감사, 지배주주 등의 민사적 책임을 사후적으로 추궁할 수 있는 제도이다. 다만 대표소송의 승소 금액이 주주가 아닌 회사로 귀속되기 때문에 주주들이 소송에 나설 인센티브는 크지 않다. 또한 이것은 위법한 행위가 이미 벌어진 이후에 금전적으로 배상하는 제도에 불과하므로, 이미 이루어진 회사의 행위, 예컨대 합병, 분할, 신주발행, 자산 처분, 차입, 대여 등을 무효로 돌리거나 원상회복을 시키지는 못한다. 따라서 주주행동주의 전략에서 실제로 주주대표소송이 자주 사용되지는 않는 것으로 보인다.

다만 법상 의무에 반하는 행위에 대해 주주대표소송이 제기될 수 있다는 가능성은 이사 등 잠재적 피고들에게 큰 위협이 된다. 따라서 주주들은 회사의 이사들에게 그러한 가능성을 경고함으로써 사전적으로도 일정한 발언력과 협상력을 갖게 되고, 회사의 이사들은 의사결정

---

11 발행주식 총수의 1% 이상을 보유한 주주(상장회사의 경우 6개월 이상 0.01% 이상을 보유한 주주 포함)를 말한다.

과정에서 의무에 위반한 행위를 하지 않도록 조심하게 된다. 주주대표
소송은 원래 사후적 구제 수단이지만, 이러한 경고 효과를 통해 사전
적 방지 수단으로도 작동하고 있다고 할 수 있겠다.

| 정보 접근권 |

위에서 언급한 여러 권리를 행사하려면 회사에 대한 정보가 필요하
다. 예컨대 소수주주권 행사에 필요한 지분율을 충족하기 위해 주주들
을 규합하거나 위임장을 모으려면 주주의 이름과 연락처를 알아야 하
고, 이사들의 책임을 묻거나 금지가처분을 구하려면 이사회 의사록을
통해 이사들이 정확히 어떤 결의를 했는지 알아야 한다. 이사의 잘잘
못을 가리거나 손해배상을 청구하려면 회사의 회계장부를 열람할 필
요도 있다.

이에 상법은 주주에게 다양한 정보 접근권을 인정한다. 첫째, 모든
주주는 (1주만 있어도) 주주명부, 정관, 주주총회 의사록의 열람·등사
를 청구할 수 있다(상법 제396조 제2항). 회사가 정당한 이유 없이 이를
거부하면, 법원에 열람등사가처분을 신청할 수 있다. 둘째, 모든 주주
는 (1주만 있어도) 이사회 의사록의 열람·등사를 청구할 수 있다(상법
제391조의3). 회사가 정당한 이유 없이 이를 거부하면, 법원에 열람·등
사 허가를 구할 수 있다. 셋째, 일정 지분을 가진 주주는[12] 회사에 회

---

12 발행주식 총수의 3% 이상을 보유한 주주를 의미하고, 상장회사의 경우 6개월 이상 0.1% (자본금 1천억 원
미만인 회사) 또는 0.05% (자본금 1천억 원 이상인 회사) 이상을 보유한 주주를 포함한다.

계장부와 서류의 열람·등사를 청구할 수 있다(상법 제466조). 여기서 '서류'란 회계장부 작성의 기초가 된 서류들, 예컨대 전표, 계약서, 영수증 등을 폭넓게 지칭한다. 회계장부와 서류는 주주명부나 의사록에 비해 외부 노출에 더 민감한 정보를 담고 있는 자료이기 때문에 일정 비율 이상의 주주에게만 이러한 권리를 인정한 것이다. 회사가 정당한 이유 없이 이를 거부하면, 법원에 열람등사가처분을 신청할 수 있다.

실제로 주주들이 경영진과 의견대립 모드에 들어서게 되면, 뜻을 같이 하는 주주들을 모으기 위해 가장 먼저 주주명부 열람·등사 청구를 하는 경우가 많다. 뒤이어 이사회의사록과 회계장부에 대한 열람·등사 청구 등도 제기한다. 이는 주주와 경영진 사이의 정보 비대칭을 해소하는 법적 수단이기도 하지만, 앞으로 더 강력한 법적 수단으로 이어질 수 있다는 경고나 기선 제압의 의미도 있다.

| 2025년의 주주친화적 상법 개정 |

2025년에는 두 차례의 상법 개정을 통해 주주친화적 내용이 도입되었다. 종래에는 이사는 "회사를 위하여" 직무를 충실히 수행해야 한다고 규정하고 있던 것을 "회사와 주주를 위하여" 직무를 충실히 수행해야 한다고 개정했다(제382조의3 제1항). 또한 이사는 직무를 수행함에 있어 "총주주의 이익을 보호"해야 하고, "전체 주주의 이익을 공평하게 대우"해야 한다는 규정을 추가하였다(제382조의3 제2항). 이것은 주주 하나하나의 선호와 의견을 존중하고 그에 따르라는 뜻이 아니라, 이사가 "주주 전체(shareholders as a whole)"에 귀속되는 몫을 극대화하는 방향으로 업무를 집행하고, 지배주주와 일반주주를 차별하지 말라는 뜻이다. 이 규정들은 개정 전에도 해석상 인정되던 의무를 재확인한 것이라고 보아야 할 것이지만, 현실적으로 이사회와 경영진에게 의사결정 시에 주주의 이익을 보호하라는 강력한 메시지를 보내고 있다.

또한 2025년 개정은 감사위원을 선임할 때에 적용되는 3% 룰을 강화하고, 분리 선출로 선임되는 이사의 수를 2명으로 함으로써 소수주주가 자신의 대표자를 이사회에 보낼 가능성을 크게 높였다. 우리 상법은 오래전부터 감사 또는 감사위원을 선임할 때 주주의 의결권을 3%로 제한하고 있었다. 50%를 가진 주주이든 10%를 가진 주주이든 3%를 가진 주주이든, 감사·감사위원을 선임할 때는 똑같이 3%만 행사할 수 있는 것이다. 그런데 2025년 개정에서는 모든 감사위원 선임 시에 최대주주의 경우에는 (그리고 그 경우에만) 3%를 계산할 때 특수관계인을 합산하도록 했다. 예컨대 최대주주와 그 특수관계인 4명이 주식을 3%씩 갖고 있다면 이들을 합해서 3%만 의결권을 인정하고, 반면 2대 주주와 그 특수관계인 3명이 3%씩 갖고 있다면 4명이 3%씩 12%를 온전히 행사할 수 있다. 감사위원 선임 시에는 최대주주가 2대 주주보다 오히려 의결권이 더 적어질 수 있는 것이다. 이런 개정법하에서는 주주행동주의 세력이 동조하는 주주들을 모아 이사회에 자신이 지지하는 후보를 진출시킬 가능성이 높아졌다.

—— 4. 주주행동주의 사례 분석

　매년 늘어나는 주주행동주의 사례 중에서 널리 알려져 있고 경영자로서도 복기해볼 가치가 있는 몇몇 건을 살펴본다. 이 사례들은 위에서 언급한 기관투자자의 활성화와 개인투자자의 조직화를 배경으로 하고, 위에서 설명한 여러 법적 수단을 동원하여, 분쟁으로 확대되거나 새로운 M&A로 귀결된 건들이다.

▎한진칼 사례 ▎

　대상 회사인 한진칼은 2013년 8월 1일 대한항공 투자사업 부문이 인적분할되어 신설된 회사로(2013. 9. 16. 유가증권시장 상장), 한진그룹의 최상위 지배회사이다. 주요 자회사로는 대한항공(항공업), 한진(운수업) 등이 있다. 경영권 분쟁이 시작된 2018년 11월 기준으로 지배주주 일가의 지분율은 28.95%였다.

　인수를 시도한 KCGI는 주로 지배구조 문제로 저평가된 기업에 투자한 후 주주권을 행사하여 지배구조 개선 및 기업가치 향상을 추구하는 것을 투자전략으로 하는 주주행동주의 펀드이다. 대표자의 이름을 따서 '강성부 펀드'로 불리기도 한다. KCGI는 2018년 11월 15일 한진칼

주식 9%를 장내에서 매수하면서,[15] 한진칼의 경영 활동에 관한 감시 및 견제 역할을 수행하겠다고 입장을 밝혔다. 한진칼을 대상으로 선정한 이유는 ⅰ)한진칼의 주가가 자회사인 대한항공 등의 가치에 비해 저평가된 점, ⅱ)대주주 지분율이 타 지주회사에 비해 낮은 점, ⅲ)당시 조양호 전(前) 회장의 횡령·배임 혐의 등으로 지배주주 일가에 대한 비판 여론이 컸던 점 등이었다. 즉 지배주주 일가의 문제들이 주가에 디스카운트 요인으로 작용하여 실제 기업가치보다 저평가되고 있으므로, 이를 해소하여 주가를 상승시키겠다는 것이 KCGI가 내세운 전략이었다.

그 해소의 방법으로 KCGI는 2019년 3월 29일 한진칼 주주총회에서 일종의 감시자 역할을 하는 인사들을 이사와 감사로 선임하려고 했지만, 이사·감사 선임에 관한 KCGI의 주주제안을 회사가 거부하고 안건 상정 가처분도 법원에서 각하되어[16] 아예 상정조차 하지 못했다. 또한 KCGI와 별도로 국민연금은 주주제안권을 행사하여 '횡령·배임 등으로 금고 이상의 형이 확정된 이사의 이사 자격을 박탈하는 정관 개정안'을 제안했는데, 이것은 주주총회에 안건으로 상정은 되었지만 부

---

15 더 정확히 설명하면, KCGI는 1,600억 원의 블라인드펀드로 KCGI 제1호 사모투자 합자회사(KCGI는 업무집행조합원)를 설립하고, 그 아래에 100% 자회사인 유한회사 그레이스홀딩스를 두었으며, 이 회사를 통해 한진칼의 주식을 취득했다.

16 서울고등법원 2019. 3. 21.자 2019라20280 결정. 각하 사유는 KCGI의 주식보유기간이 6개월에 미치지 못한다는 점이었다. 그러나 KCGI는 상법상 주주제안권의 행사 기준인 3%를 넘게 보유하고 있었으므로 주식보유기간과 무관하게 주주권이 인정되어야 한다는 비판도 유력했다. 그 후 2020년 상법 개정으로 이 점을 명확히 하여, 상장회사에서 의결권 있는 주식의 3% 이상을 보유하고 있다면 그 기간이 6개월 미만이라도 주주제안권을 행사할 수 있다.

결되었다. 다만 한진칼이 아니라 핵심 자회사인 대한항공의 2019년 3월 27일 주주총회에서는 조양호 전 회장의 이사 연임이 부결되어 대표이사직에서 물러나게 되면서 큰 파장이 있었다. 이는 세계최대 의결권 자문사인 ISS를 비롯한 여러 의결권 자문사들이 연임에 반대투표를 권고하고 실제로 국민연금, 외국인 주주들, 상당수 소액주주가 반대표를 던진 결과였다. 상법 조항과 달리 대한항공 정관에서 이사 선임 결의 요건을 출석 의결권의 3분의 2 이상으로 가중하고 있었기 때문에 3분의 1의 반대만으로도 선임을 좌절시킬 수 있었던 것이다.[17]

그 직후 2019년 4월 조양호 전 회장이 갑작스럽게 별세하여 주식이 상속되자, KCGI는 장녀와 손을 잡고 부인과 장남, 차녀 연합에 대항하여 지배권 장악을 시도하는 데까지 나아간다. KCGI와 장녀 진영에는 반도건설이 가담하여 주식 공동보유약정을 체결했고(이른바 '3자 연합'), 부인과 장남, 차녀 진영에는 대한항공과 밀접한 사업제휴 관계를 가진 델타항공이 우호 세력이 되었다.

이후 3자 연합은 꾸준히 지분율을 늘렸으나, 대주주 측은 2020년 11월 16일 이사회 결의로 항공산업 개편(아시아나항공 인수)을 위한 자금조달을 위해 한국산업은행에 신주 7,062,146주(10.66%)를 배정하였다. KCGI는 한국산업은행에 대한 제삼자 배정 방식의 신주발행이 주

---

17 대한항공의 정관은 아마도 외부 세력에 의한 이사 선임을 방지하기 위해 의결정족수를 강화해 두었던 것 같은데, 이는 역으로 기존 대주주에 의한 이사 선임까지 어렵게 만드는 (그리하여 역설적으로 이사 선임 안건의 부결을 쉽게 만드는) 결과를 초래한 것이다.

주의 신주인수권을 침해한 위법한 신주발행이라고 주장하며 신주발행금지가처분을 제기했다. 그러나 법원은 가처분 신청을 기각했다. 아시아나항공 인수를 위한 자금조달의 필요성을 인정하여 위 신주발행이 '경영상 목적달성에 필요한 경우'에 해당한다고 본 것이다.[18] 이로써 3자 연합은 지분율 경쟁에서 완패했고, 한진칼의 인수에는 실패했다. 그러나 이러한 일련의 과정에서 한진칼의 주가는 크게 상승했고, 2022년 KCGI는 보유 주식 17.43%를 ㈜호반건설에 5,640억 원에 매각하여 막대한 차익을 실현했다.

이 사례에서는 (i)지배주주의 횡령·배임 의혹 등 컴플라이언스 이슈가 도화선이 되었다는 점, (ii)그러한 상황을 날카롭게 이용한 행동주의 펀드가 여론과 명분에 기대어 의결권 자문사와 국민연금 등의 기관들을 우군으로 확보할 수 있었던 점, (iii)경영진 및 기존 대주주들로서는 그러한 위기를 아시아나 항공 인수라는 또 다른 승부수를 던지고 이를 위해 한국산업은행의 자본을 유치함으로써 극복할 수 있었던 점 등이 주목된다.

| SM 엔터테인먼트 사례[19] |

대상 회사인 SM 엔터테인먼트는 창업자인 이수만 책임PD가 1995

---

18 서울중앙지방법원 2020. 12. 1.자 2020카합22150 결정.

19 이에 관한 상세는 천경훈·황현영, "에스엠 엔터테인먼트 경영권 분쟁의 일지와 쟁점", BFL 제130호 (2025), 6–19면 참조.

년 설립한 한국의 대표적인 엔터테인먼트 기업이다. SM은 앨범 판매량 등의 중요 지표에서는 경쟁사인 하이브, JYP를 능가하였음에도 시가총액은 훨씬 낮아서, 잠재 역량 및 실적에 비해 저평가되고 있다는 것이 중론이었다. 이러한 상대적 저평가의 원인으로 여러 사람이 지배구조 문제를 지적하였고, 그 대표적인 예가 '라이크기획'과의 거래였다. 즉 이수만 책임PD는 라이크기획이라는 상호로 개인사업자 등록을 하고 SM과 프로듀싱 계약을 체결하여 음반 및 음원 매출액의 최대 6%를 인세로 받고 있었다. 인세 금액이 매출액을 기준으로 산정되므로 SM은 영업이익 적자에도 불구하고 거액의 인세를 지급하기도 했다. 그 외에도 낮은 배당 성향, 방만한 비주력 사업 진출 등이 저평가 요인으로 지적되었다.

SM의 주주 중에서 이 문제를 지적하며 먼저 행동에 나선 것은 6.6% 지분을 보유하던 KB자산운용이었다. 2019년 KB자산운용은 SM과 라이크기획의 합병, 주주환원 강화, 비주력 사업 처분, 새로운 독립적 사외이사 선임 등을 요구하는 공개서한을 발송하며 주주행동에 나섰으나, 회사는 이를 거절하고 2020년과 2021년에도 연달아 거액의 인세를 라이크기획에 지급하였다.

이에 2022년에는 새로운 행동주의 펀드로 얼라인파트너스가 등장한다. 이들의 지분율은 0.9%에 불과했으나 2022년 2월 21일 상근감사를 선임하겠다는 주주제안을 하고 2022년 3월 2일 주주행동 플랫폼인 비사이드코리아를 통해 의결권대리행사 권유 등 다양한 주주행동 캠페인을 시작했다. 그 결과 2022년 3월 31일 개최된 SM의 정기주주총회에서는 국민연금을 포함한 다수의 기관투자자와 개인투자자의 지지를 얻어 얼라인파트너스가 제안한 후보자가 상근감사로 선임되었다.

그 후에도 SM이 라이크기획과의 계약 등 여러 문제에 관해 별다른 조치를 취하지 않자, 얼라인파트너스는 2022년 8월 공개서한을 발송하여 개선계획 공표를 요구했고, 뒤이어 이사회 의사록 및 회계장부 열람등사 청구를 하는 등 압박을 이어갔다. 2022년 12월에는 종합적인 지배구조 개선안을 SM 이사회에 제안하기도 했고, 2023년 1월에는 라이크기획에 대한 과도한 자금 지출을 이유로 SM의 전직 이사들에 대한 손해배상 청구의 소를 제기할 것을 SM에 청구하기도 했다.[20] 결국 SM 이사회는 2023년 1월 20일 얼라인파트너스의 지배구조 개선안 일부를 수용하기로 하고, 곧이어 이수만 책임PD의 독점적 프로듀싱 체제를 멀티 프로듀싱 체제로 변경하는 'SM 3.0'을 발표했다. 이는 한편으로는 얼라인파트너스로 대표되는 행동주의 펀드의 승리로 받아들여졌지만, 다른 한편으로는 SM의 대표이사와 이사회가 창업자 겸 최대주주인 이수만 책임PD에게 반기를 들고 그를 경영에서 배제하는 조치로 받아들여졌다.

그 후의 단계는 전형적인 주주행동주의 캠페인이라기보다는 지배권을 둘러싼 지분경쟁으로 전개됐다. 즉 SM 이사회는 제3자 배정 방식의 신주 및 전환사채 발행을 하여 카카오[21]를 우군으로 들여왔고, 이수

---

20 이는 앞에서 설명한 것처럼 주주대표소송을 제기하기 위해 거쳐야 하는 전 단계인 '회사에 대한 제소청구'에 해당한다.

만 책임PD는 하이브를 우군으로 들여왔다. 이로써 SM 이사회와 카카오가 한편이 되고 이수만 책임PD와 하이브가 다른 한편이 되어 지분 경쟁을 벌이게 된다. 먼저 이수만 책임PD가 제기한 신주발행 금지가처분이 법원에서 인용되어 카카오에 대한 신주발행은 좌절되었다. 그러나 그 후 하이브가 SM 주주들을 상대로 벌인 공개매수는 SM의 주가가 하이브의 매수가격인 주당 12만 원을 상회하는 바람에 실패로 끝났고, 더 높은 주당 15만 원을 제시한 카카오의 공개매수는 성공했다. 그 후 하이브는 인수를 포기했고, 카카오가 SM의 최대주주가 된다.

이 사례는 행동주의 펀드가 지배구조 문제를 제기하여 실제로 소기의 목적을 달성한 사례라는 점에서 주목할 만하다. 특히 2019년 6.6%의 지분을 보유한 KB자산운용의 주주행동은 실패했으나 2022년 그보다 훨씬 적은 0.9%의 지분을 보유한 데에 불과한 얼라인파트너스의 주주행동은 성공했으므로, 그 차이점과 요인을 짚어볼 필요가 있다. 여러 요인이 있겠으나 다음 세 가지를 생각해 볼 수 있다.

첫째, KB자산운용은 공개서한을 보내는 등 상대적으로 온건한 방식을 택했으나 얼라인파트너스는 다양한 법적 권리를 적극적으로 행사하는 전략을 취했다. 주주제안권을 활용한 독립적 상근감사 선임, 의결권 대리행사 권유 제도의 활용, 검사인 선임 청구, 이사회의사록 및 회계장부 열람청구, 대표소송에 앞선 제소청구(이사를 상대로 손해배상 청구를 할 것을 회사에 청구하는 것) 등 다양한 법적 수단을 적극적

---

21 카카오측 지분은 카카오㈜와 카카오엔터테인먼트㈜가 나눠서 보유하게 된다.

으로 행사하였고, 이것이 SM 이사회의 태도 변화를 끌어냈다.

둘째, 2019년과 2022년 사이에 달라진 자본시장 환경도 한 요인이 되었다. 앞서 말한 것처럼 그사이 개인 주주의 수가 급증하고 이 건에서 큰 역할을 한 '비사이드코리아'처럼 주주행동 플랫폼의 역할도 증가했다. 또한 스튜어드십 코드가 확대되면서 합리적인 주주제안에 대해서는 기관투자자들도 찬성할 수 있는 제도적·문화적 기반이 마련되었고, 이는 국민연금 등 다수의 국내 기관투자자들이 얼라인파트너스의 주주제안에 찬성하는 결과로 이어졌다.

셋째, 얼라인파트너스가 제안하여 선임된 상근감사의 역할이 지대했다. 감사는 상법상 이사회 출석권, 각종 조사권, 각종 정보에의 접근권과 소 제기권 등 막강한 권한을 갖고 있으므로, 이런 자리를 확보한 얼라인파트너스와 그렇지 못했던 KB자산운용의 캠페인은 그 실효성에서 큰 차이가 있을 수밖에 없었다. 실제로 SM 사례 이후 감사 선임의 중요성이 새삼 인식되어, 차파트너스, 트러스톤, KCGI 등 여러 행동주의 펀드들은 감사나 감사위원 선임을 위한 주주제안을 적극적으로 추진하였고, 실제 선임에 성공한 사례들이 늘어나고 있다.

| KT&G 사례[22] |

대상회사인 KT&G는 구 담배인삼공사가 민영화된 회사로서, 담배

---

22 이에 관한 상세는 김건·문성·위춘재·홍기현, "주주행동주의 사례 연구", BFL 제120호(2023) 중 24–28면 참조.

사업과 인삼사업을 영위하는 상장회사이고 뚜렷한 지배주주는 없다. 실제 기업의 잠재력에 비해 주가가 저평가되어 있다는 논란이 이어지던 중, 2022년 11월 싱가포르 소재 행동주의 펀드인 FCP(Flashlight Capital Partners)와 국내 행동주의 펀드인 '안다자산운용'이 주주행동을 개시했다. FCP는 주주서한을 통해 궐련형 전자담배의 글로벌 브랜드 전략 수립, 한국인삼공사의 인적분할 후 상장, 담배와 인삼 외의 비핵심사업 정리, 잉여 현금의 주주환원, 소수주주 관점을 대변하는 사외이사 선임 등을 촉구했다. 비슷한 시기에 안다 역시 주주서한을 통해 비슷한 내용을 주장했다.

회사가 특별한 반응을 보이지 않자 2023년 3월 정기주총을 앞두고는 두 펀드가 다양한 주주제안을 하였다. 두 곳의 주주제안을 구별하지 않고 열거하자면, 사외이사 인원 증원의 건, 감사위원 선임의 건, 배당 결의의 건, 인삼 사업 부문 인적분할 후 상장의 건, 자기주식 소각의 건, 분기배당을 신설하는 정관변경 등이었다.

이 중에서 법적으로나 현실적으로 가장 논란이 된 것은 인적분할 건이었다. 행동주의 펀드들 및 이에 동조하는 주주들은 인삼은 건강을 지향하고 담배는 건강과는 반대되는 이미지를 가지고 있어 마케팅 방식, 소비자 성향, 유통 채널 등이 상반되는데, 인삼 부문이 KT&G의 100% 자회사(한국인삼공사)로 존재하기 때문에 인삼 사업의 전문 경영이 이루어지지 못하고 있다고 주장했다. 더구나 ESG 투자정책으로 인해 상당수의 해외 기관투자자는 담배산업에 투자할 수 없으므로, 한국인삼공사가 KT&G의 100% 자회사로 존재하는 한 인삼 사업도 투자를 받을 수 없으니, 한국인삼공사를 인적분할하여 KT&G와 별개의 회사로 상장시키자는 제안이었다.

이러한 제안이 법적으로 가능한지 문제 되었다. 회사분할과 같은 구조개편은 최종적으로는 주주총회 승인을 받아야 하지만, 그 이전에 이사회의 심의와 의결을 거쳐 주주총회에 상정된다. 설령 위 인적분할 제안의 내용이 타당하다고 하더라도, 이사회의 심의와 의결을 거치지 않고 주주제안의 방식으로 직접 주주총회에 분할 안건을 상정하여 찬반투표를 하는 것이 가능한가에 대한 법원의 판단은 부정적이었다. 여러 이유가 제시되었지만, 그 핵심은 "분할계획서의 작성은 이사회 결의를 통해 대표이사가 하는 것이고, 주주총회는 그와 같이 작성된 분할계획서를 승인하는 주체가 될 뿐이므로, 일부 주주가 작성한 분할계획서는 주주총회에서 승인할 수 있는 분할계획서라고 볼 수 없다"라는 것이었다. 즉 이사회가 정해서 주총에 올릴 일이지 주주가 직접 주총에 올릴 일이 아니라는 것이다. 따라서 의안상정가처분 신청은 기각되었고,[23] 회사분할 안건은 주주총회에 상정되지 않았다.

한편 두 행동주의 펀드의 주주제안 중 자기주식 취득의 건, 자기주식 소각의 건, 중간배당 신설을 위한 정관변경의 건은 KT&G 이사회가 수용하여 자발적으로 주주총회에 상정했다. 이익배당(1주당 10,000원) 건은 법원의 안건상정가처분 인용으로 역시 주주총회에 상정되었다. 그러나 이들 안건 중 중간배당 신설을 위한 정관변경의 건 외에는

---

23 대전지방법원 2023. 3. 13.자 2023카합50089 결정.

모두 부결되었다. 일단 현 경영진 측이 승리한 것이다.

다음 해인 2024년 3월 정기주주총회를 앞두고도 의견 대립이 있었다. FCP는 KT&G가 제시한 사내이사 후보(갑) 및 사외이사 후보(을)에 반대하며 독자적인 사외이사 후보(병)를 제안하고자 했다. 한편 KT&G의 최대주주인 IBK기업은행 역시 회사 측 사외이사 후보(을) 대신 독자적인 사외이사 후보(정)를 제안하고자 했고, 결국 FCP의 양보로 일종의 단일화가 이루어져서 정이 후보로 제안되었다. 집중투표 방식에 따라 진행된 주주총회에서는 국민연금의 찬성투표에 힘입어 KT&G 추천 사내이사(갑)와 주주제안 사외이사(정)가 선임되었다. 이사회가 지지한 후보(을)를 누르고 주주제안 후보(정)가 사외이사로 선임된 것이다.

KT&G는 2023년 이후 적극적인 투자 및 주주환원 계획을 발표했다. 예컨대 2024년 11월 11일 발표한 〈기업가치 제고 계획〉에서는 배당과 자사주 매입·소각을 합산해 2027년까지 3조 7천억 원 규모의 주주환원을 추진하고 사업고도화에 1조 원을 투자한다는 계획을 발표했다. 한편 FCP는 한국인삼공사의 분리·매각을 재차 요구했고, 2024년 10월에는 한국인삼공사의 인수를 제안하기까지 했지만, KT&G는 시너지 훼손과 가치 훼손 우려를 이유로 이를 거절했다. 다른 기관투자자들도 특별히 FCP의 제안에 호응하지는 않은 것으로 보인다.

요컨대 KT&G는 2023년 표 대결에서 승리했지만, 행동주의 펀드와 시장의 요구를 일부 받아들여 예측 가능한 주주환원 정책을 마련하여 공시하되, 인삼 사업의 분리 요구에는 명확히 선을 긋는 방식으로 대응했다. 이 사례는 (i)기존 경영진이 표 대결에서 승리한 후에도 스스로 장기적인 주주환원 정책을 발표하는 등 어느 정도 주주친화적인 노력을 보임으로써 주요 기관투자자들의 지지를 확보할 수 있었던 점, (ii) 기관투자자의 주주제안 후보가 사외이사로서 이사회에 진출함으로써 오히려 거버넌스 측면에서 정당성을 확보할 수 있었던 점, (iii)회사분할과 같은 근본적인 경영상의 결정을 이사회를 거치지 않고 주주제안으로 진행하는 것에 대해서는 법원과 주요 기관투자자들이 호응하지 않은 점 등을 주목할 만하다.

| HDC현대산업개발 사례[24] |

HDC현대산업개발(이하 "HDC")은 공동주택 등의 건설업을 영위하는 회사이다. 2021년 6월 9일 HDC가 시공 중이던 광주 학동 4구역 주택 재개발 공사 현장에서 철거 중이던 건물이 붕괴되어 지나가던 버스가 매몰되고 시민 9명이 사망, 8명이 중경상을 입는 사고가 일어났다. 그로부터 약 7개월이 지난 2022년 1월 11일에는 광주 화정동 아파트 신축공사 현장에서 건설 중이던 건물이 붕괴하여 하청업체 소속 근로자 6명이 사망하는 사고가 발생하였다. 두 차례 대형 붕괴 사고의 충격적인 영상은 TV와 다양한 매체로 전국에 중계되었다. HDC의 주가는 2022년 1월 10일 기준 25,800원에서 1월 27일에는 13,600원까지 하

---

24 이에 관한 상세는 배용만·이소영, "HDC현대산업개발 주주제안 사례를 통해 살펴본 권고적 주주제안 관련 쟁점", BFL 제114호 (2022), 82–96면 참조.

락했고, 브랜드평판지수도 크게 하락했다.

네덜란드 연금자산운용(APG)은 유럽 최대 공적연금인 네덜란드 연기금(ABP)의 투자를 담당하는 연금투자회사로서 HDC 발행주식의 약 1.5%를 보유하고 있었다. APG는 시민단체인 경제개혁연대에 위임하여 2022년 2월 8일 정관 변경에 관한 주주제안을 제출했다. 그 내용은 (i)지속가능경영, 안전경영, 법령 준수 등에 관한 회사의 의무를 명문화하는 전문(前文)을 정관에 신설하고, (ii)ESG에 관한 권고적 주주제안에 관한 근거 규정을 정관에 신설하고, (iii)이사회 내 위원회로 안전보건위원회를 설치하고, (iv)지속가능경영 공시를 도입하는 것이었다.

HDC는 이러한 주주제안을 받은 후 APG 및 경제개혁연대와 정관 변경에 관해 협의를 진행했다. 결국 위 사항 중 전문 신설, 안전보건위원회 설치, 지속가능경영 공시 도입은 이사회가 스스로 주주총회 의안으로 상정하기로 했다(따라서 주주제안은 굳이 유지할 필요가 없어서 철회했다). 반면 권고적 주주제안 도입은 이사회가 이를 수용하지 않아서 주주제안을 유지했고, 다만 회사도 이를 주주제안으로서 주주총회에 상정하는 데에는 동의했다.

이에 권고적 주주제안 도입을 위한 정관변경 건에 관하여 표 대결이 벌어지게 되었다. 시민단체인 참여연대는 이에 관해 찬성의 취지로 의결권 대리행사를 권유한다는 뜻을 공시했다.[25] 또한 세계최대의 의결

권 자문기관인 ISS와 국내 의결권 자문사 서스틴베스트도 찬성을 권고했고, 국민연금 수탁자책임 전문위원회 역시 이에 대해 찬성하기로 의결했다.

2022년 3월 29일 개최된 정기주주총회에서는 APG와 협의를 거쳐 상정된 정관변경안들은 모두 가결되었으나, 권고적 주주제안 도입을 위한 정관변경 건은 출석주식 수의 30.64%의 찬성을 얻는 데에 그쳐 특별결의 요건을 충족하지 못하고 부결되었다. 사실 HDC의 최대주주 및 그 특수관계인이 보유한 지분이 41.48%에 달하여 그것만으로도 정관 변경에 필요한 특별결의를 저지할 수 있었으므로, 이들이 반대하는 이상 표 대결을 통해 정관변경을 관철하는 것은 애초에 불가능한 상황이었다. APG 및 경제개혁연대는 ISS, 국민연금 등의 지지를 기반으로 HDC를 압박하여 최대주주의 입장을 바꾸고자 했으나 뜻을 이루지 못한 것으로 보인다.

이 건은 산업안전과 재해방지와 같은 공공적인 주제에 관해 주주행동이 벌어진 사례라는 점에서 주목할 만하다. 물론 그로 인한 주가 하락과 평판 저하 등 회사와 주주의 재산적 손해도 있었지만, 이 건에서 행동주의 펀드의 요구는 책임자 처벌, 배상청구, 주주환원 확대 등이 아니라 안전보건의 강화, 지속경영공시 강화, 권고적 주주제안의 도입 등 다분히 공공적이고 정책적인 것이었다. 그렇기 때문에 국민연금, ISS 등의 주요 의결권 자문기관, 참여연대 등 시민단체의 폭넓은 지지를 끌어낼 수 있었던 것으로 보인다. 그러나 지배주주가 40% 이상을 보유한 회사에서 지배주주의 동의 없이 이러한 명분론만으로 정관변경을 관철할 수는 없다는 명확한 현실 역시 보여주었다. 권고적 주주 제안의 자율적 인정 또는 정관으로의 도입은 앞으로도 여러 회사에서 지속적으로 문제 될 것으로 보인다.

───── 5. 기업의 대응 전략

지금까지 우리는 적극적인 주주 활동이 우리나라에서도 더 이상 예외적인 현상이 아니며, 기관투자자의 역할 확대, 개인 주주의 증가, 주주연대 플랫폼의 활성화, 법적 분쟁의 활성화 등으로 인해 앞으로도 더 확산할 것임을 알게 되었다. 또한 몇 개의 실제 사례를 통해 주주행동주의의 다양한 전략과 분쟁 양상을 살펴보았다. 그렇다면 기업은 이에 어떻게 대응할 것인가? 사안의 성격과 맥락에 따라 다양한 고려 사항이 있겠으나, 여기서는 컴플라이언스–커뮤니케이션–거버넌스라는 세 가지 관점에서 고려할 점들을 생각해 보고자 한다.

❘ 컴플라이언스 ❘

위 사례들을 보면 주주행동 캠페인의 발단은 각종 법규위반, 배임, 부당행위 등 일종의 컴플라이언스 이슈인 경우가 많았다. 한진칼 사건은 지배주주 일가의 횡령 및 배임 혐의가 도화선이 되었다. SM 사건은 최대주주 개인이 회사와의 거래를 통해 매년 100억 원이 넘는 돈을 받아간다는 점이 주주행동을 촉발했고 결국에는 최대주주의 경영권 상실로 이어졌다. HDC 건에서는 두 차례의 대규모 산업재해가 회사의 산업안전 법규준수 의지에 대한 의심은 물론 사내 준법문화 일반에 대한 우려를 낳으며 APG의 주주제안을 촉발했다.

위에서 소개하지 않은 사례에서도 컴플라이언스 이슈가 주주행동을 촉발한 경우가 많았다. 남양유업의 경우 2021년 "불가리스 요구르트가 코로나19 예방에 효과가 있다"라는 허위광고가 표시광고법 위반 논란을 빚으며 소비자들의 불매운동으로 이어졌고, 결국 대표이사 사임, 지분 양도 등으로 귀결되었다. 그 과정에서 2023년 행동주의 펀드인 차파트너스가 주주제안을 통해 남양유업의 감사를 선임했고, 이 감사의 주도로 전 지배주주 겸 대표이사의 임원 보수를 무효화하는 판결이 내려지기도 했다. 오스템임플란트의 경우 2021년 내부통제 미흡으로 2,215억 원 규모의 횡령 사건이 발생하고 주가가 급락하자, KCGI가 2022년 8월 기업가치를 높이겠다며 장내매수를 시도하는 주주행동을 벌이기도 했다.

따라서 기업들로서는 지나치게 과격한 주주행동의 구실을 주지 않기 위해서라도 컴플라이언스 활동을 강화할 필요가 있다. 특히 주가가 저평가되어 있고 지배주주의 지분율이 낮아서 주주행동주의의 대상이 되기 쉬운 회사라면 더욱 그러하다. 나아가 기술적인 법규 위반이 아니라 최대주주와의 이해 상충 거래 같은 민감하고 근본적인 문제는 컴플라이언스나 법무 담당 부서 선에서는 해결하기 어려운 문제이므로, 이사회 차원에서의 검토와 대책이 요구된다.

기관투자자들이 주주 서신 등 저강도 관여활동을 통해 회사의 컴플라이언스 문제를 지적할 때에는 이를 무시하지 말고 자체적 개선의 계기로 삼아야 한다. SM 건에서 최대주주와의 거래에 관한 KB자산운용의 저강도 문제 제기에도 불구하고 별다른 조치를 취하지 않고 버틴 것은 그 당시로서는 마치 회사가 승리를 거둔 것처럼 보였을지 모르지만, 바로 2년 뒤 얼라인파트너스의 훨씬 더 집요하고 강력한 법적 공격으로 이어지는 계기가 되었다. 비교적 온건한 방식의 문제 제기에도 불구하고 회사는 원래 입장을 완고히 고수했고, 이는 "최대주주와 회사 간의 이해상충 거래를 통해 회사의 부가 빠져나가는데도 이사회가 별다른 조치를 취하지 못함은 물론 문제의식조차 없다"라는 비판에 회사 스스로 힘을 실어준 형국이 되었다. 이것이 얼라인파트너스 측이 제시한 감사 후보 선임에 국민연금을 비롯한 기관투자자 다수가 찬성표를 던지는 결과로 이어졌고, 이어서 검사인 선임, 각종 가처분, 주주대표소송을 위한 소제기청구 등의 고강도 관여 활동, 궁극적으로는 이사들이 최대주주에 대해 등을 돌리는 사태로 이어졌음은 앞서 본 바와 같다.

| 거버넌스 |

합리적인 주주행동은 회사의 문제를 지적하고 개선을 촉구하여 기업가치 향상에 기여할 수 있다. 반면 지나치게 단기 수익을 추구하거나 공격적인 주주행동은 회사의 장기적 성장잠재력을 해할 수도 있다. 기관투자자와 개인투자자 공히 언제든 행동주의적 성향을 띨 수 있다는 것을 하나의 상수로 놓는다면, 기업으로서는 그러한 행동주의의 부작용을 최소화하고 긍정적 측면을 최대화하기 위해 다음과 같은 거버넌스 측면에서의 노력이 필요할 것이다.

첫째, 주요한 의사결정 시에 지배주주만이 아니라 전체 주주의 이익을 고려하는 시스템이 경영진과 이사회 차원에서 갖춰져야 한다. 회사가 다른 사업을 인수하거나, 주요 자산을 매각하거나, 자금조달을 위해 대규모 차입 또는 증권 발행을 하거나, 신사업진출을 위한 대규모 투자를 하거나, 계열사와 사업양수도 또는 분할합병 등의 구조개편을 하거나, 회사의 대주주가 주주들을 상대로 상장폐지를 위한 공개매수를 하는 등 중요한 거래를 할 때에, 법무·컴플라이언스 부서는 물론 거래를 기획·주관하는 현업 부서도 그 거래가 주주 전체에 미치는 영향에 대한 분석을 초기 단계부터 면밀히 수행하고, 이사회는 그러한 분석을 바탕으로 신중한 결정을 내리는 프로세스를 갖춰야 한다.

예컨대 계열회사 간의 구조개편을 함에 있어서 일정한 목표를 달성할 수 있는 몇 개의 방안을 상정하고, 각 방안으로 인한 (i)지배주주의 손익, (ii)지배주주 이외의 일반주주들의 손익, (iii)주주 전체에 귀속되는 손익을 분석하여, (i)이 아닌 (iii)의 관점에서 최적의 대안을 찾기 위해 노력해야 한다. 여기서 (ii)를 (i)에 우선할 필요는 없지만, (i)의 극대화를 추구하느라 (ii)를 희생시키지는 않아야 한다. 적어도 지배주주나 경영진의 남용적 사익 추구를 용인해서는 안 된다는 관점을 공유해야 하는 것이다. 이러한 주주 중시 관점이 경영진과 이사회의 의사결정 과정에서 구현되고 그것이 기록과 자료로 남아 있을 때, 과격한 주주행동으로 인한 갈등을 방지할 수 있고, 불가피하게 분쟁이 발생했을 때도 방어하기에 유리할 것이다.

둘째, 이사회와 그 소위원회의 전문성과 역량을 강화해야 한다. 이를 위해서는 이사회의 구성 단계부터 회사에 필요한 역할과 역량을 정의하여 그에 부합하는 인사를 영입해야 하고, 이사회 보조 조직의 역량을 강화하며, 필요한 경우에는 이사회가 경영진의 보고와는 별도로 자체적으로 법무·재무·회계 등의 자문을 받을 수 있도록 예산과 인력을 제공해야 한다.

이사회가 독립적이면서 역량 있는 인사들로 구성되면, 필요에 따라 경영진과 행동주의 세력 사이에서 일종의 완충 역할을 할 수도 있다. 즉 이사회가 주주들의 요구를 적절히 소화하여 경영진에 주문하는 채널이 될 수 있다. 그 대전제로써 이사들이 각자의 전문성을 바탕으로 회사의 주요 사업에 대한 높은 이해도를 갖추고 있어야 하고, 경영진과 지배주주로부터 독립성을 갖추고 있어야 한다.

셋째, 실무 부서가 파악한 위험을 솔직하게 상급자와 이사회에 보고할 수 있는 거버넌스, 나아가 그런 기업 문화를 갖춰야 한다. 일부 회사에서는 실무진에서 행동주의를 촉발할 수 있는 이슈를 파악하면서도 그것이 지배주주와 관련된 것일 때에는 이를 차마 보고하지 못하여, 결국 사전에 제어될 수 있었던 리스크를 쓸데없이 키우는 결과로 이어지기도 한다.

예컨대 A 회사가 B 회사의 지분을 인수할 때 A 회사의 지배주주(즉 회장)가 개인 자격으로 B 회사 지분의 일부를 인수하는 것은, 때에 따라서는 지배주주가 회사와 동일한 위험을 분담한다는 긍정적 효과도 있지만, 때에 따라서는 회사의 사업기회를 개인적으로 유용하는 행위로 의심받을 수도 있다. 따라서 이에 대해서는 A 회사 이사회에서 관련 사실을 공개하고 사전 승인을 받는 것이 바람직하다. 그러나 회사의 실무진에서 지배주주의 심기를 살피다가 해당 건을 이사회에 부의하자는 말을 차마 못 하고, 법적 리스크를 키우게 되는 경우가 있다.

또 다른 예로 지배주주가 이사직을 갖고 있는 경우 임원 보수 한도를 승인하는 주주총회 결의에서 그 지배주주는 특별이해관계인에 해당하여 의결권을 행사하지 못한다. 그러나 회사의 실무진이 지배주주에게 "주주총회에서 의결권을 행사할 수 없다"라는 말을 감히 꺼내지 못하고, 그냥 주주총회를 진행하여 법적 리스크를 키우게 되는 경우가 있다. 이런 법적 리스크가 현실화되면 민사분쟁, 형사재판, 공정거래위원회의 처분 등으로 이어지고 주주행동을 촉발하기도 한다. 필요하다면 회장님에게 듣기 싫은 말을 할 수 있는 거버넌스 내지 기업 문화가 중요한 이유이다.

| 커뮤니케이션 |

위 행동주의 사례들을 분석해 보면 주주들과의 진솔하고 꾸준한 의사소통의 중요성이 드러난다. SM건에서는 최대주주와의 이해상충 거래 그 자체도 문제였지만, 그 문제에 관하여 회사가 기관투자자들과 초기에 소통한 메시지와 태도, 즉 "라이크기획과의 거래는 엔터테인먼트 사업의 본질상 불가피하다"라는 식의 접근이 사태 악화에 영향을 미쳤던 것으로 보인다.

반면 KT&G건에서는 행동주의 펀드 측의 주주제안을 부결시킨 후에도 회사 스스로 다양한 주주환원 및 성장 정책을 제시함으로써, 적어도 더 격화된 주주행동을 촉발하는 사태는 피할 수 있었다. HDC의 경우 최대주주가 정관변경 결의를 저지하기에 충분한 수의 주식을 들고 있음에도 불구하고, 경제개혁연대가 들고 온 APG의 주주제안을 그대로 무시하지 않고 상당한 협의를 거쳐 그중 상당수를 이사회에서 받아들여 스스로 총회에 상정함으로써 투자자들의 여론이 더 악화되는 것은 막을 수 있었다.

주주들과의 소통이 중요한 이유 중의 하나는 주주들, 나아가 행동주의 성향의 주주들조차 동질적이지 않다는 데에 있다. 예컨대 주주연대 플랫폼을 통해 결집한 주주 중에는 상대적으로 온건하고 합리적인 그룹과 과격한 그룹이 혼재하기 마련인데, 회사 측의 커뮤니케이션이 진정성이 없다거나 오만하게 받아들여지는 경우에는 온건한 그룹의 목소리가 묻히고 과격한 그룹이 득세하게 된다. 이것은 주주행동을 더 공격적인 방향으로 이끌어서 회사로서도 대응이 더 어려워지는 상황에 처하게 된다. 회사 측이 진솔하고도 정제된 커뮤니케이션을 통해 대응할 때 상대적으로 온건하고 합리적인 주주들에게 활동 공간이 생긴다는 점을 유념해야 한다.

주주들과의 소통은 많은 회사에서 IR 부서의 소관 사항이다. 그러나 특히 회사 및 시장 여건상 주주행동주의의 대상이 되기 쉬운 회사라면, 특정한 부서에 이를 맡겨 놓기보다는 이사회와 고위경영진이 관여하는 보다 거시적인 관점에서 주주들과의 소통전략을 세울 필요가 있다. 상황에 따라서는 회사의 어려운 사정과 새로운 기회에 대해 주요한 기관투자자들과 상의하고 그들의 조언과 지혜를 구하는 태도를 보여줌으로써, 그들의 책임 있는 자세를 끌어낼 필요도 있을 것이다.

——— 6. 주주행동주의 시대의
경영 책임

주주행동주의의 부상은 기업의 경영자들에게 근본적인 인식과 태도의 전환을 요구하고 있다. 주주와의 소통은 IR팀과 홍보대행사에 맡기고 주주와의 분쟁은 법무팀과 외부 로펌에 맡기는 식으로 접근할 문제가 아니다. 주주들과 어떻게 소통하고, 그들의 요구와 불만을 어떻게 다루고, 그들의 이익을 어떻게 보호할 것인가를 근본적인 경영전략과 기업 문화의 문제로써 고민해야 한다. 공격적인 주주행동의 구실을 주지 않도록 컴플라이언스를 강화하고, 지배주주의 남용적 사익 추구를 자제해야 하며, 합리적인 주주들의 목소리가 반영될 수 있도록 의사결정의 절차와 거버넌스를 개선해야 한다.

주주들의 행동주의적 경향은 이제 한국의 자본시장에서 새로운 상수로 등장했다. 이는 더 이상 외면하고 피할 수 있는 문제가 아닌 이상, 그들의 에너지가 기업가치를 손상시키는 방향이 아니라 향상시키는 방향으로 쓰일 수 있도록 유도하는 지혜가 요구된다.

참고문헌

2. 기업 문화력: 기업 밸류업을 위한 이미지 전략_ 양희동

사례1 ———

1) 고용노동부. (2019, July 5). 퇴근하고 뭐 하지? '2019 직장인 문화예술교육 지원 사업'으로 일상의 재미를 찾아요! [워라밸 팩트체크]. 일생활균형. Retrieved September 21, 2025.

2) 아주경제. (2014, August 1). 유럽서 가장 일하기 좋은 직장 '페라리', 직원에 매년 400만 유로 투자. 아주경제. Retrieved September 21, 2025.

3) 이투데이. (2025, September 21). 샤넬코리아 "샤넬 설립자 정신 이어받아 韓 예술 지원 앞장"(종합). 이투데이. Retrieved September 21, 2025.

4) 한겨레. (2025, September 21). 페라리 '꿈의 직장' 질주. 한겨레. Retrieved September 21, 2025.

5) Chanel. (n.d.). 샤넬 컬처 펀드. Chanel. Retrieved September 21, 2025.

6) Chanel. (n.d.). CHANEL Culture Fund. Chanel. Retrieved September 21, 2025.

7) Chanel. (n.d.). CHANEL Careers. Chanel. Retrieved September 21, 2025.

8) Crowdworks. (n.d.). crowdacademy - AI 전문 기업교육. Crowdworks. Retrieved September 21, 2025.

9) Ferrari. (n.d.). About us | Ferrari Corporate. Ferrari. Retrieved September 21, 2025.

10) Harper's Bazaar. (2021, February 22). Chanel launches culture fund. Harper's Bazaar UK. Retrieved September 21, 2025.

11) Hermès. (n.d.). Join 에르메스 그룹. Hermès Talents. Retrieved September 21, 2025.

사례2 ———

1) 박근수. (2023). 글로벌 명품 패션 브랜드와 한국 현대 예술가의 콜라보레이션 사례 연구. 문화기술의 융합, 9(4), 13-22.

2) Scheuerle, F., Thomas, R., & Siegfried, P. (2023). Luxury Brands and Art Collaborations as a Leverage on Brand Equity and Art(Ist) Equity. International Journal of Applied Research in Business and Management, 4(1), 105-127.

사례3 ———

1) 노블레스. (2023, June 28). 예술을 향한 지속적인 헌신, 롤렉스 멘토와 프로제. 노블레스. Retrieved December 26, 2025.

2) 뉴시스. (2024, December 19). 삼성문화재단, 파리 시테 레지던시 2025년 입주 작가 선정. 뉴시스. Retrieved December 26, 2025.

3) 동아일보. (2016, March 29). 삼성미술관 플라토, 8월 폐관 및 운영 방향 변화. 동아일보. Retrieved December 26, 2025.

4) 서울대학교 경영대학. (n.d.). 삼성문화재단, 문화예술 분야 인재 양성 지원. SNU Biz. Retrieved December 26, 2025.

5) 이투데이. (2016, February 15). 삼성문화재단, 한국 작가 해외 진출 및 회고전 개최 지원. 이투데이. Retrieved December 26, 2025.

6) 위키백과. (n.d.). 이건희 컬렉션의 기증 및 사회 환원. 위키백과. Retrieved December 26, 2025.

7) 에이아트. (n.d.). 현대자동차그룹의 문화예술 지원 활동. 에이아트. Retrieved December 26, 2025.

8) 천원경제. (2023, July 20). 현대차그룹, 'H-온드림 스타트업'으로 사회문제 해결 앞장. 천원경제. Retrieved December 26, 2025.

9) 포브스코리아. (2024, February 23). [Art & Business] 현대차그룹의 아트 마케팅. 포브스코리아. Retrieved December 26, 2025.

10) 타임포럼. (2019, June 14). 롤렉스 멘토와 프로제 아트 이니셔티브 선정 결과 발표. 타임포럼. Retrieved December 26, 2025.

11) 한국경제. (2016, February 28). 삼성문화재단, 리움·호암미술관 운영을 통한 문화나눔 실천. 한국경제. Retrieved December 26, 2025.

12) 현대자동차그룹. (2021, July 15). 현대차그룹, 'H-온드림 스타트업 그라운드' 성과 공유회 개최. 현대자동차그룹. Retrieved December 26, 2025.

13) 현대자동차그룹. (2021, May 10). 현대차그룹, 미디어아트 공모전 '제4회 VH 어워드' 시상식 개최. 현대자동차그룹. Retrieved December 26, 2025.

14) 현대차 정몽구 재단. (n.d.). 현대차 정몽구 재단 문화예술 사회공헌 사업. 현대차 정몽구 재단. Retrieved December 26, 2025.

15) 현대자동차그룹. (2023, September 19). 현대차그룹, 국립현대미술관 'MMCA 현대차 시리즈 2023: 정연두' 개막. 현대자동차그룹. Retrieved December 26, 2025.

16) 환경경제신문. (2022, May 10). 롤렉스, 문화예술 보존 및 계승을 위한 글로벌 사회공헌. 환경경제신문. Retrieved December 26, 2025.

17) Rolex. (n.d.). 롤렉스 멘토와 프로제 아트 이니셔티브 소개. Rolex. Retrieved December 26, 2025.

18) ZTYLEZ. (2023, April 21). 롤렉스 아트 이니셔티브: 예술의 미래를 향한 여정. ZTYLEZ. Retrieved December 26, 2025.

사례4 ———

1) 철강금속신문. (2024, January 24). [포스코 사회공헌] 포스코1%나눔재단, '만남이 예술이 되다' 시즌 4 성료. 철강금속신문. Retrieved December 26, 2025.

2) Art & Collections. (n.d.). Art in Our Communities: An Interview With Bank of America. Arts & Collections. Retrieved December 26, 2025.

3) Bank of America. (n.d.). Arts and Culture. Bank of America. Retrieved December 26, 2025.

3. 가치사슬 마케팅 전략: 가치사슬 기반 B2B 마케팅 최신 트렌드_ 정재학

1) Gartner (2024), B2B Marketing Trends Reshaping Software Buying in 2024, https://www.gartner.com/en/digital-markets/insights/b2b-marketing-trends.

2) Jacobides, Michael G., Carmelo Cennamo, and Annabelle Gawer. 2018. "Towards a Theory of Ecosystems." Strategic Management Journal 39 (8): 2255-2276.

3) Kotler, Philip, and Waldemar Pfoertsch. 2006. B2B Brand Management. Berlin: Springer.

4) McKinsey (2020), Value Chain Transformation in Automotive Industry

5) OECD (2020), Global Value Chain Development Report

6) Porter, Michael E. 1985. Competitive Advantage: Creating and Sustaining Superior Performance. New York: Free Press.

7) Shih, Stan. 1992. Acer Group Internal Report. Unpublished internal company report, Acer Inc., Taipei, Taiwan.

Part Ⅱ. 기술 다양성과 경영학

4. AX, 인공지능 전환: 생존과 성장을 위한 새로운 코드_ 윤석빈

1) Agrawal, A. Gans, J. Goldfarb, A. (2022). Prediction Machines: The Simple Economics of Artificial Intelligence, Harvard Business Review Press.

2) Brynjolfsson, E. McAfee, A. (2016). The Second Machine Age: Work, Progress, and Prosperity in a Time of Brilliant Technologies, WWNorton&Co, Inc.

3) Collins, J.(2019). Turning the Flywheel, Cornerstone.

4) Fontana, A. (2021). The AI-First Company, Portfolio.

5) Iansiti, M. Lakhani, Karim R. (2020). Competing in the Age of AI, Harvard Business School Press.

6) Parker, Geoffrey G. Van Alstyne, Marshall W. Choudary, Sangeet P. (2017). Platform Revolution, WWNorton&Co, Inc.

7) Lamarre, E. Smaje, K. Zemmel, R. (2023). Rewired: The McKinsey Guide to Outcompeting in the Age of Digital and AI, Wiley.

8) Landing AI (2020). AI Transformation Playbook.

5. 로보틱스: 제조·유통·소매·서비스에서의 도입 현황과 효과_ 박진용

1) 박진용, 마정산, 박상태 (2025a). 리테일테크 기반의 유통혁신 [Retail tech-based

Innovation]. Konkuk University Press.

2) 박진용, 마정산, 박상태 (2025b). 로봇테크 도입과 유통혁신 [Robotics Technology and Retail Innovation]. Konkuk University Press.

3) ABB Robotics. (2025). Robotic solutions for smarter logistics. ABB Robotics. https://www.abb.com/global/en/areas/robotics/industries/logistics

4) Accio. (2025). Hotel delivery robots: Smart solutions for modern hospitality. Accio. https://www.accio.com/plp/hotel_delivery_robots

5) ASMO. (2025). Service robotics 2025: Robots among us. ASMO. https://asmo.am/service-robotics-2025-robots-among-us/

6) Batool, A., et al. (2025). AI governance: A systematic literature review. AI and Ethics. https://doi.org/10.1007/s43681-024-00653-w

7) Bloomberg L.P. (2023, October 18). Amazon tests humanoid robot in warehouse automation push. Bloomberg. https://www.bloomberg.com/news/articles/2023-10-18/amazon-tests-humanoid-robot-in-warehouse-automation-push

8) Borghi, M. (2023). The impact of service robots on consumer response: Examining the roles of consumers' service expertise and technology expertise. Journal of Marketing. https://doi.org/10.1002/mar.21903

9) Burnham, Kristin (2024, August 20). How artificial intelligence is transforming logistics. MIT Sloan School of Management. https://mitsloan.mit.edu/ideas-made-to-matter/how-artificial-intelligence-transforming-logistics

10) Ellithy, K., Salah, M., & Fahim, I. S. (2024). AGV and Industry 4.0 in warehouses: A comprehensive analysis of existing literature and an innovative framework for flexible automation. The International Journal of Advanced Manufacturing Technology. https://doi.org/10.1007/s00170-024-14127-0
https://timesofindia.indiatimes.com/world/rest-of-world/china-opens-worlds-first-robot-mall/articleshow/123216740.cms

11) Fung, Esther (2025, June 23). The holy grail of automation: Now a robot can unload a truck. The Wall Street Journal. https://www.wsj.com/business/logistics/the-holy-grail-of-automation-now-a-robot-can-unload-a-truck-

ad527ba8

12) Gottsegen, Gordon (2023, April 3). 14 restaurant robots changing the food industry. Built In. https://builtin.com/robotics/robots-in-restaurants-food-service

13) Grewal, D., Roggeveen, A. L., & Nordfält, J. (2023). Leveraging in-store technology and AI: Increasing customer value and store efficiency. Journal of Retailing and Consumer Services, 70, 103258. https://doi.org/10.1016/j.jretconser.2023.103258

14) International Federation of Robotics. (2024a). World Robotics 2024 - Industrial Robots: Statistics, market analysis, forecasts and case studies. IFR. https://ifr.org/img/worldrobotics/Executive_Summary_WR_2024_Industrial_Robots.pdf

15) International Federation of Robotics. (2024b). World Robotics 2024 - Service Robots: Including mobile and medical robots. IFR. https://ifr.org/img/worldrobotics/Executive_Summary_WR_2024_Service_Robots.pdf

16) inVia Robotics. (2023, September 26). Revolutionizing warehouse automation with autonomous mobile robots. inVia Robotics. https://inviarobotics.com/blog/revolutionizing-warehouse-automation-with-autonomous-mobile-robots-amrs

17) KPMG. (2024). Futures Report 2024: From disruption to business value. KPMG. https://www.kpmg.com/us/en/articles/2024/2024-futures-report-disruption-business-value.html

18) KPMG. (2025). Intelligent retail: A blueprint for creating value through AI-driven transformation. KPMG. https://kpmg.com/kpmg-us/content/dam/kpmg/pdf/2025/intelligent-retail.pdf

19) McKinsey & Company. (2023a, January 6). Unlocking the industrial potential of robotics and automation. McKinsey & Company. https://www.mckinsey.com/industries/industrials-and-electronics/our-insights/unlocking-the-industrial-potential-of-robotics-and-automation.

20) McKinsey & Company. (2023b, July 6). How technology can elevate grocery stores in South Korea. McKinsey & Company. https://www.mckinsey.com/industries/retail/our-insights/how-technology-can-elevate-grocery-stores-in-

south-korea

21) Mecalux. (2023a, June 22). 5 robotics applications in logistics. Mecalux. https://www.mecalux.com/blog/robotics-applications-logistics

22) Mecalux. (2023b, July 4). Types of warehouse robots: Which are the most common? Mecalux. https://www.mecalux.com/blog/types-of-warehouse-robots

23) Mendez, E., Ochoa, O., Olivera-Guzman, D., Soto-Herrera, V. H., Luna-Sánchez, J. A., Lucas-Dophe, C., Lugo-del-Real, E., Ayala-Garcia, I. N., Alvarado Perez, M., & González, A. (2024). Integration of Deep Learning and Collaborative Robot for Assembly Tasks. Applied Sciences, 14(2), 839. https://doi.org/10.3390/app14020839

24) Mitchell, A. (2024, March 19). NYC robot barista will make you coffee in minutes — but it also asks for a tip. New York Post. https://nypost.com/2024/03/19/lifestyle/nyc-robot-barista-makes-you-coffee-but-it-also-demands-a-tip

25) Moley Robotics. (2025). Moley robotic kitchen. Moley Robotics. https://www.moley.com/

26) Mottl, Judy (2024, May 17). Robots in retail: Automation revolution in play. Retail Customer Experience. https://www.retailcustomerexperience.com/articles/robots-in-retail-automation-revolution-in-play

27) Nain, A., Awasthi, A., & Vaid, H. (2022). Robotics and Artificial Intelligence Empowered Hospitality Industry: A Case Study of the Japanese Hospitality Industry. In Operational Transformations in Tourism and Hospitality. https://www.researchgate.net/publication/359816110_Robotics_and_Artificial_Intelligence_Empowered_Hospitality_Industry_A_Case_Study_of_the_Japanese_Hospitality_Industry

28) Park, Eui-Myung (2024, April 7). LG Group's AI academy to foster young talent bears fruit. KED Global. https://www.kedglobal.com/artificial-intelligence/newsView/ked202404070002

29) PR Newswire. (2025, February 7). Hospitality robots market to grow by USD 663.2 million (2025-2029): Boosted by increasing penetration of AI in robots.

PR Newswire. Hospitality Robots Market to Grow by USD 663.2 Mn (2025-2029), Boosted by Increasing Penetration of AI in Robots, AI's Impact on Market Trends - Technavio

30) Samsung Electronics Co., Ltd.. (2023). Sustainability Report 2023. Samsung Electronics Co., Ltd. https://www.samsung.com/global/sustainability/media/pdf/Samsung_Electronics_Sustainability_Report_2023_ENG.pdf

31) Serve Robotics. (2025, August). Robotic last mile delivery. Serve Robotics. https://investors.serverobotics.com/static-files/0138a856-bd69-4564-9f8d-0534f9cebb73

32) Shankar, V., Kalyanam, K., Setia, P., et al. (2021). How technology is changing retail. Journal of Retailing, 97(1), 13-27. https://doi.org/10.1016/j.jretai.2020.10.006

33) Song, S., Baba, J., Nakanishi, J., Yoshikawa, Y., & Ishiguro, H. (2022). Service robots in a bakery shop: A field study. In IEEE/RSJ International Conference on Intelligent Robots and Systems (IROS 2022) (pp. 134-140). https://doi.org/10.1109/IROS47612.2022.9981439

34) Stone, Madeline (2025, April 18). Humanoid robots are coming to a warehouse near you. Business Insider. https://www.businessinsider.com/humanoid-robots-reshape-warehouses-tech-invests-billions-2025-4

35) Stord. (2020, August 10). 7 companies to watch in warehouse robotics. Stord. https://www.stord.com/blog/7-companies-to-watch-in-warehouse-robotics

36) The Times. (2024a, May 12). Japan's futuristic 7-Eleven to use remote-controlled robots. The Times. https://www.thetimes.com/world/asia/article/japan-futuristic-7-eleven-2030-qfrmh88gg

37) The Times. (2024b, March 15). Ocado's robots on march to third Japanese warehouse. The Times. https://www.thetimes.co.uk/article/ocados-robots-on-march-to-third-japanese-warehouse-5rgcb7973

38) The Times of India. (2025, January 15). China opens world's first robot mall: Lifelike robots on sale, AI-powered machines run shops and cafes. The Times of India. https://timesofindia.indiatimes.com/world/rest-of-world/china-opens-worlds-first-robot-mall-lifelike-robots-on-sale-ai-powered-

machines-run-shops-and-cafes/articleshow/123216740.cms

39) Toyota Motor Corporation. (2025). Robotics at Toyota. Toyota Motor Corporation. https://www.toyota-europe.com/innovation/mobility-solutions/robotics

40) Wardini, J. (2025, May 7). 7 examples of robots in the hospitality industry. Techjury. https://techjury.net/industry-analysis/robots-in-the-hospitality-industry/

41) Wikipedia. (2025, August, 31 version]). Kerfu - Polish Carrefour robot mascot. In Wikipedia. Retrieved [Access date], from https://en.wikipedia.org/wiki/Kerfu%C5%9B

42) Wirtz, Jochen, Werner Kunz, Stefanie Paluch, and Valentina Pitardi (2024, September 26). Service robots and their impact on service interactions: A forward-looking perspective. SERVSIG. https://www.servsig.org/wordpress/2024/09/service-robots-and-their-impact-on-service-interactions-a-forward-looking-perspective

6. 토큰 경제: 블록체인과 토큰 경제를 이용한 비금융 산업 밸류업_ 강형구

1) 구정모 (2022, June 27). 세계 명품브랜드들 위조품 공동대응…블록체인으로 정품인증. 한경닷컴. https://www.hankyung.com/article/202206279642Y

2) 김석규 (2023, September 7). [기자칼럼] 블록체인 기술로 제조 혁신. 뉴스밸류. https://www.newsvalue.kr/news/articleView.html?idxno=6852

3) 이중엽 (2018, November 2). 토큰 경제와 블록체인의 미래 (Issue Report No. 2018-005). 소프트웨어정책연구소(SPRi). https://spri.kr/posts/view/22459?code=issue_reports

4) 이지영 (2018, October). 블록체인이 만드는 콘텐츠 산업의 미래. N 콘텐츠, 8, 20-23. https://www.kocca.kr/n_content/vol08/vol08_06.pdf

5) 이호승, 심희진, 강민호 (2020, May 22). 블록체인으로 식품이력 관리…문제 발생 역추적 2.2초면 끝. 매일경제 https://www.mk.co.kr/news/economy/9352480

6) 최정우 (2022, March 16). 콘텐츠업계, 블록체인·NFT에 빠졌다…CJ ENM 가세. 인포맥스. https://news.einfomax.co.kr/news/articleView.html?idxno=4203673

7) 토스피드. (2023, June 1). 스타벅스, 신세계, 롯데까지, 기업이 NFT에 빠진 이유는? 토스피드. https://toss.im/tossfeed/article/digital-asset-club-4

8) Fortune Business Insights. (2025, December 15). Blockchain technology market size, share, value | growth report [2032]. https://www.fortunebusinessinsights.com/industry-reports/blockchain-market-100072

9) STOCK POINT株式会社. (2025, March 27). 地域金融機関のサステナビリティに向けた取り組み (Report No. 10). https://www.stockpoint.co.jp/news/pdf/20250327_report.pdf

10) Tashiro, M. (2018, September 15). Major Japanese corporation driving cryptocurrency usage. Brave New Coin. https://bravenewcoin.com/insights/major-japanese-corporation-driving-cryptocurrency-usage

11) 公益財団法人 ハイライフ研究所. (2021). 岐阜県飛騨市・高山市「さるぼぼコイン」―地域経済の活性化とコミュニティの深化を目指して― [기후현 히다시・타카야마시 「사루보보 코인」 ―지역 경제의 활성화와 커뮤니티의 심화를 목표로―]. https://www.hilife.or.jp/cities/data.php?jirei_id=297

7. 우주 경영: 민간 우주시대의 도래와 경영학의 역할_ 권오병

1) Weinzierl, M., & Rosseau, B. (2025). Space to grow: Unlocking the final economic frontier. Harvard Business Review Press.

2) Global Aerospace and Defense (A&D), Annual industry performance and outlook, 2024.

3) Wanjek, C. (2020). Spacefarers: How humans will settle the Moon, Mars, and beyond. Harvard University Press.

4) Nelson, S. (2024). Moon race 2.0: why so many nations and private companies are aiming for lunar landings. BBC News, BBC, 16.

5) Cymes, B. A., Burgess, K. D., & Stroud, R. M. (2024). Helium reservoirs in iron nanoparticles on the lunar surface. Communications Earth & Environment, 5(1), 189.

6) Merle, R., Höök, M., Troll, V., & Giegling, A. Assessing the plausibility of

mining lunar titanium. horizon, 27, 28.

7) Lively, M. (2025). Use and Sovereignty in the Outer Space Treaty and a Selective Examination of the US Commercial Space Launch Competitiveness Act. Connecticut Journal of International Law, 40(2), 175-207.

8) Schuld, D. (2025). Crossing Over: Art and Science at Caltech, 1920-2020 ed. by Peter Sachs Collopy and Claudia Bohn-Spector. Technology and Culture, 66(3), 880-882.

9) Leshinsky, R. (2021). Situating real estate law for the new outer-space economy. Journal of Property, Planning and Environmental Law, 13(2), 152-164.

10) 권오병, 《우주 비즈니스》, 청람, 2024.

Part Ⅲ. 이해관계자 다양성과 경영학

8. ESG: 이해관계자 다양성 시대의 ESG 2.0 _한상만

1) 아시아경제신문. (2025). "Production Up 52% After Smart Factory Adoption - Samsung Partnership Model Proves Successful." 아시아경제신문.

2) 삼성전자. (2023). Samsung Electronics Sustainability Report 2023. Samsung Electronics.,

3) 한상만 외. (2023).《이해관계자 중심 경영: 이해관계자 자본주의 시대의 ESG경영》. 박영사.

4) 한상만. (2023). "제4장 이해관계자 자본주의 시대의 ESG경영."《ESG×커뮤니케이션》. 커뮤니케이션북스.

5) Amazon. (2024). 2024 Amazon Sustainability Report. Amazon.com, Inc.,

6) Amazon Web Services. (2020). AWS Economic Impact Study - Virginia. Amazon Web Services.

7) MoIT(Ministry of Industry and Trade) of the Socialist Republic of Vietnam. (2025).

MoIT, Samsung cooperation enhances local suppliers' role in global value chains(23/05/2025).

8) NVIDIA. (2024). 《GTC 2024 - Official Keynote & Sessions Playlist.》 NVIDIA.

9) NVIDIA Newsroom. (2024). "See the Future at GTC 2024: Breakthroughs in Generative AI and Robotics." NVIDIA News Blog. NVIDIA Newsroom.

10) Porter, M. E., & Kramer, M. R. (2011). "Creating Shared Value: How to Reinvent Capitalism and Unleash a Wave of Innovation and Growth." 《Harvard Business Review》, 89(1/2), 62-77. Harvard University Press.

11) Tesla, Inc. (2023). 《Master Plan Part 3: Sustainable Energy for All of Earth.》

9. 글로벌 경제: 세계 경제 질서 변화와 글로벌 기업의 대응 전략 _ 이종민

1) 본 원고는 다음의 학술 논문을 기반으로 작성되었음. Lee, J.M. (2025). Corporate challenges and responses in a bifurcated global economy: Implications for theory and practice. Asian Business & Management. https://doi.org/10.1057/s41291-025-00308-6

2) 김정한. (2024). 브릭스의 확대와 글로벌 사우스. KIF 이슈리포트, 2024-2. 한국금융연구원.

3) 문정빈. (2023). 경제 외적 변수 극복할 '기업 외교' 필요: 진출국 이해관계자들과 유대 강화해야. 〈동아비지니스리뷰〉, 378, 30-38.

4) 이종민. (2025). 단순 해외 생산 넘어 '전략적 현지화' 필수: 현지 R&D·인재 육성을 통해 뿌리내려야. 〈동아비지니스리뷰〉, 417, 36-50.

5) Aiginger, K., & Ketels, C. (2024). Industrial policy reloaded. Journal of Industry, Competition and Trade, 24(1), 1-10.

6) Aiginger, K., & Rodrik, D. (2020). Rebirth of industrial policy and an agenda for the twenty-first century. Journal of Industry, Competition and Trade, 20(2), 189-207.

7) Altman, S. A. (2025). Korea's big world beyond U.S.-China rivalry. Herald Insight Collection. https://biz.heraldcorp.com/article/10488955

8) Altman, S. A., & Bastian, C. R. (2025). DHL global connectedness tracker. DHL

Group.

9) Altman, S. A., Bastian, C. R., & Fattedad, D. (2024). Challenging the deglobalization narrative: Global flows have remained resilient through successive shocks. Journal of International Business Policy, 7(4), 416-439.

10) Bakas, A. (2016). Capitalism and slowbalization: The market, the state and the crowd in the 21st century. Dexter Publishing.

11) Baldwin, R. (2012). Global supply chains: Why they emerged, why they matter, and where they are going. CEPR Discussion Papers, 9013.

12) Beugelsdijk, S., & Luo, Y. (2024). The politicized nature of international business. Journal of International Business Studies, 55(3), 281-284.

13) Boddewyn, J. J. (2016). International business-government relations research 1945-2015: Concepts, typologies, theories and methodologies. Journal of World Business, 51(1), 10-22.

14) Bremmer, I. (2009). State capitalism comes of age: The end of the free market? Foreign Affairs, 88(3), 40-55.

15) Buckley, P. J. (2023). Corporate reactions to the fracturing of the global economy. International Business Review, 32(6), 102014.

16) Buckley, P. J., & Casson, M. (1976). The future of the multinational enterprise. Macmillan.

17) Bull, B., & Banik, D. (2025). The rebirth of the global south: Geopolitics, imageries and developmental realities. Forum for Development Studies, 52(2), 195-214.

18) Caligiuri, P. M., Collings, D. G., De Cieri, H., & Lazarova, M. B. (2024). Global talent management: A critical review and research agenda for the new organizational reality. Annual Review of Organizational Psychology and Organizational Behavior, 11(1), 393-421.

19) Cui, V., Vertinsky, I., Wang, Y., & Zhou, D. (2023). Decoupling in international business: The 'new' vulnerability of globalization and MNEs' response strategies. Journal of International Business Studies, 54(8), 1562-1576.

20) Farrell, H., & Newman, A. (2019). Weaponized interdependence: How global economic networks shape state coercion. International Security, 44(1), 42-79.

21) Henisz, W. J. (2016). The dynamic capability of corporate diplomacy. Global Strategy Journal, 6(3), 183-196.

22) Hillman, A. J., Keim, G. D., & Schuler, D. (2004). Corporate political activity: A review and research agenda. Journal of Management, 30(6), 837-857.

23) Jacques, M. (2009). When China rules the world: The end of the western world and the birth of a new global order. Penguin.

24) Lee, J. M. (2025). Corporate challenges and responses in a bifurcated global economy: Implications for theory and practice. Asian Business & Management, 24, 521-540.

25) Li, J., Shapiro, D., Peng, M. W., & Ufimtseva, A. (2022). Corporate diplomacy in the age of US-China rivalry. Academy of Management Perspectives, 36(4), 1007-1032.

26) Linsi, L., & Gristwood, E. (2024). The myth of deglobalization: Multinational corporations in an era of growing geopolitical rivalries. Politics and Governance, 12, 80-92.

27) Luo, Y., & Tung, R. L. (2025). A multipolar geo-strategy for international business. Journal of International Business Studies, 56, 821-829.

28) Luo, Y., & Van Assche, A. (2023). The rise of techno-geopolitical uncertainty: Implications of the United States CHIPS and Science Act. Journal of International Business Studies, 54, 1423-1440.

29) Mariotti, S. (2025). Firms as political forces for good: Navigating disorder and state interventionism in a multipolar world. Thunderbird International Business Review, 1-14.

30) Mearsheimer, J. J. (2018). The great delusion: Liberal dreams and international realities. Yale University Press.

31) Meyer, K. E., & Li, C. (2022). The MNE and its subsidiaries at times of global disruptions: An international relations perspective. Global Strategy Journal, 12(3), 555-577.

32) Nahapiet, J., & Ghoshal, S. (1998). Social capital, intellectual capital, and the organizational advantage. Academy of Management Review, 23(2), 242-266.

33) Nye, J. S., Jr. (2002). Limits of American power. Political Science Quarterly,

117(4), 545-559.

34) Ramirez, R., Churchhouse, S., Palermo, A., & Hoffmann, J. (2017). Using scenario planning to reshape strategy. MIT Sloan Management Review, 58(4), 1-10.

35) Stiglitz, J. E. (2017). Globalization and its discontents revisited: Anti-globalization in the era of Trump. W. W. Norton & Company.

36) Teece, D. J. (2022). A wider-aperture lens for global strategic management: The multinational enterprise in a bifurcated global economy. Global Strategy Journal, 12(3), 488-519.

37) United Nations. (2022). World population prospects 2022. United Nations.

38) Vertinsky, I., Kuang, Y., Zhou, D., & Cui, V. (2023). The political economy and dynamics of bifurcated world governance and the decoupling of value chains: An alternative perspective. Journal of International Business Studies, 54(7), 1351-1377.

39) Williamson, O. E. (1976). The economics of internal organization: Exit and voice in relation to markets and hierarchies. The American Economic Review, 66(2), 369-377.

40) Witt, M. A., Lewin, A. Y., Li, P. P., & Gaur, A. (2023). Decoupling in international business: Evidence, drivers, impact, and implications for IB research. Journal of World Business, 58(1), 101399.

10. 주주행동주의: 주주행동주의의 부상과 기업의 대응 _천경훈

1) 김건식·노혁준·천경훈, 《회사법(제10판)》, 박영사, 2026.

2) 김건·문성·위춘재·홍기현, "주주행동주의 사례 연구", BFL 제120호(2023).

3) 김동윤, "주주행동 플랫폼을 통한 소액주주 권리행사의 법적 쟁점", 경제법연구 제 24권 제2호 (2025).

4) 배용만·이소영, "HDC현대산업개발 주주제안 사례를 통해 살펴본 권고적 주주제안 관련 쟁점", BFL 제114호 (2022).

5) 송옥렬, "헤지펀드 행동주의에 대한 이론적 검토", BFL 제120호(2023).

6) 천경훈, "2025년 개정상법상 이사 충실의무 조항의 해석론", 상사법연구 제44권 제2
호(2025).

7) 천경훈·황현영, "에스엠 엔터테인먼트 경영권 분쟁의 일지와 쟁점", BFL 제130호
(2025).

8) Bratton W. W. & Wachter M. L. (2010). The case against shareholder
empowerment, University of Pennsylvania Law Review 158, 653-728.

9) Coffee J. C. & Palia D. (2016). The wolf at the door: the impact of hedge fund
activism on corporate governance, Journal of Corporation Law 41(3), 545-606.

10) Kahan M. & Rock E. B. (2007). Hedge funds in corporate governance and
corporate control, University of Pennsylvania Law Review 155, 1021-1093.

11) Katelouzou D. & Puchniak D. W. ed. (2022). Global Shareholder Stewardship,
Cambridge University Press.

| **김형수 교수** |

고객제표 사업단의 사업단장을 맡고 있는 김형수 교수는 한성대학교 산업경영공학부의 교수로 재직하고 있으며, ㈜한국CRM·디지털마케팅협회의 협회장도 함께 역임하고 있다. CRM 전공으로 KAIST 경영공학 박사를 취득하였으며, 50여편의 저명 국제 및 국내 학술지 연구논문과 10여권의 전문서적을 집필하였다. 학술연구 활동 외에도 25년 이상 기업의 CRM과 고객전략 분야의 프로젝트와 자문을 수행해온 김형수 교수는 현재에도 컨설팅, 강연, 사외이사 등의 활동으로 기업 경영에 직접적인 지원활동을 전개하고 있다. 2016년부터 세계 인명사전 《Marquis' Whos' Who》에 4년 연속 등재되었고, 2011년에 글로벌 CRM 전문가 8인 중 한명으로 선정된 바 있으며, 2018년 CRM 부문으로 Albert Nelson 평생공로상을 받은 바 있다. 주요 연구분야는 고객제표, CRM, 고객분석, 멤버십 프로그램 등이다.

양희동 교수

양희동 교수는 이화여자대학교 경영대학 교수로 재직하고 있으며, 한국경영학회 회장을 역임하고 있다. 서울대학교 경영대학 학사, 석사학위를 취득하고, Case Western Reserve 대학에서 경영정보시스템(MIS)전공으로 박사학위를 취득하였다. 80여편의 국제 및 국내 학술지 연구논문을 발표하였으며, 한국경영정보학회 회장과 한국지식경영학회 회장을 역임하였다. 대우증권, 삼성 SDS, University of Massachusetts(Boston) 조교수 경력이 있으며, 사외이사 활동으로 현업에 대한 경험을 이어가고 있다. 주요 연구분야는 AI 조직변화관리, 클라우드 컴퓨팅, 럭셔리 비즈니스 전략, 예술시장 경영 등이다.

정재학 교수

정재학 교수는 서강대학교 경영대학 교수로 재직하고 있으며, 미 코넬대에서 경영학 박사를 취득하였고, 2000년 MSI 선정 전미 최우수 박사 논문상을 수상했다. 한국마케팅학회 학회장, 한국마케팅과학회 학회장을 역임하였고 다양한 학회 활동을 하고 있다. 〈JMR(Journal of Marketing Research)〉, 〈Journal of Business Research〉, 〈Journal of Product Innovation Management〉, 〈Journal of International Advertising〉 등 해외, 국내 저명 학술지에 다수 연구 논문을 게재하였고, 동아비즈니스리뷰 등 산업계 저널에 B2B 마케팅에 관한 글들을 집필 중이다. 산업계와 긴밀한 관계로 공동 연구, 자문등을 해오면서, 기술 혁신에 따른 신시장 수요 예측, 하이테크 마케팅 전략, 빅데이터와 AI를 활용한 다양한 마케팅 분야 프로젝트, 강연, 자문을 수행해 오고 있다. 주요 연구분야는 B2B 마케팅, 하이테크 산업(AI, 빅데이터, 블록체인)에 관한 연구와 강의를 하고 있다.

| **윤석빈 교수** |

윤석빈 교수는 현재 트러스트커넥터 대표이자 서강대학교 AI·SW 대학원 특임교수로 재직 중이다. 블록체인과 인공지능(AI)의 융합, 그리고 웹 3.0 생태계 확장에 주력하는 IT 전문가이다. 주요 저서로는 《AI 네이티브 시대가 온다》가 있으며, 주요 관심 분야는 AI 네이티브 아키텍처, 에이전틱 AI(Agentic AI), Web3.0 등이다. 29년 IT 경력(IBM, Oracle 등) 기반으로 기술이 변화시킬 산업의 미래와 조직의 생존 전략에 대해 활발히 실무 및 강연하고 있다.

| **박진용 교수** |

박진용 교수는 건국대학교 경영대학장 및 경영전문대학원장으로서 유통·마케팅 분야의 연구와 교육을 이끌고 있다. 한국유통학회와 한국중소기업학회 회장을 역임하며 유통산업과 중소기업 생태계 발전을 위한 정책 방향을 제시해 왔고, 산업 구조 변화와 미래 전략을 연계하는 데 핵심적인 역할을 수행해 왔다. 주요 연구 분야는 유통정책, 리테일테크, 스마트 유통 전략이며, 다수의 학술논문과 전문서적을 통해 학계와 산업 현장에 유의미한 시사점을 제공해 왔다. 산업통상자원부 및 중소벤처기업부 장관 표창을 수상했으며, 상전유통학술상을 비롯해 한국경영학회·한국마케팅학회·한국유통학회 최우수논문상을 받았다. 최근에는 로봇·AI·모빌리티 기반의 미래 유통 혁신 패러다임을 연구하고 있다.

| 강형구 교수 |

강형구 교수는 현재 한양대학교 경영대학 파이낸스 경영학과 및 한양대학교 컴퓨테이셔널파이낸스공학과 주임교수이며, 〈Korea Business Review(KBR)〉 편집위원장이다. 2024년 한국재무관리학회 회장을 역임했다. 머신러닝 기반 TechFin 기업(한다파트너스)을 창업하고 엑싯을 한 사업가이기도 하다. 블록체인 융합대학원과 블록체인 연구원(센터장)도 참여하고 있다. 그외에 금융감독원 금융감독위원회 자문위원(총괄분과, 금융IT분과), 디지털자산 거래소 공동협의체(DAXA, Digital Asset eXchange Alliance) 자문위원, 국정기획위원회 경제1분과 자문위원, 민주당 디지털자산TF 자문위원 등에 참여했거나 활동중이다. 서울대 경제학과를 졸업하고 버지니아주립대에서 경제학 박사과정을 수료했으며 듀크대 푸쿠아 경영대학에서 박사 학위를 받았다. 공군장교 근무 후 리먼브러더스 아시아본부 퀀트전략팀, 액센츄어 등에서 재무와 금융에 관한 교육 및 프로젝트를 수행했다. 하버드대 Edmond J. Safra Center for Ethics의 리서치 펠로우를 역임하기도 하였다.

| 권오병 교수 |

경희대 경영대학 빅데이터응용학과 및 경영학과 교수로 재직 중이다. 서울대 경영학과를 졸업하고 KAIST 경영과학과 석사 및 박사학위를 취득하였다. 카네기멜론대학 방문과학자, 전국대학교기획처장협의회 회장, 학무부총장, 한국지능정보시스템학회 회장 등을 역임했으며, 연구 분야는 AI 경영, 우주비즈니스 등이다. '세계 상위 2% 연구자'로도 선정되었다.

| **한상만 교수** |

한상만 교수는 성균관대학교 경영대학 교수로 재직하고 있다. 스탠포드대학교에서 MBA와 통계학 석사를, 콜롬비아대학교에서 경영학 박사 학위를 취득하였다. 성균관대학교에서 경영대학장과 대학원장을 역임했으며, 한국경영학회, 한국마케팅학회, 한국소비자학회, 한국복잡계학회의 회장을 역임했다. 또한 한국씨티은행, 에이블씨엔씨, 태경산업의 사외이사와 동반성장위원회 위원으로 활동하며 학문적 전문성과 실무적 경험을 결합해왔다. 현재는 (주)하나투어 사외이사 겸 ESG위원장으로 활동하고 있다. 〈Journal of Marketing Research〉, 〈Journal of Marketing〉, 〈Journal of Retailing〉, 〈Journal of Business Research〉 등 주요 학술지에 논문을 게재했으며, 저서 및 공저로는 《고전에서 배우는 경영인사이트》(2011), 《경쟁우위 마케팅전략》(2018), 《현대마케팅론》(2019), 《전략적 브랜드관리》(2019), 《이해관계자 중심 경영》(2023), 《ESG×커뮤니케이션》(2023)가 있다.

| **이종민 교수** |

연세대학교 경영대학 국제경영 전공 교수로 재직 중이며, 연세대학교 경영대학에서 학사와 석사를, 영국 레딩대학교(Henley Business School)에서 경영학 박사 학위를 취득하였다. 다국적기업의 국제경영 전략과 글로벌 비즈니스 환경 변화에 따른 기업의 지속가능성을 주요 연구 주제로 삼고 있으며, 여러 저명 국제학술지에서 편집위원 및 논문 심사위원으로 활동 중이다.

최근에는 디지털 전환 및 지정학적 환경이 국제경영 전략에 미치는 영향을 통합적으로 탐구하는 데 관심을 두고 있다.

| 천경훈 교수 |

천경훈 교수는 서울대학교 법학전문대학원에서 상법을 연구하고 가르치고 있다. 서울대학교 법과대학(학사, 석사, 박사)과 미국 듀크대 로스쿨(LL.M.)에서 공부했고, 한국과 미국 뉴욕주의 변호사 자격을 가지고 있다. 사법연수원(제26기)을 수료하고 김·장 법률사무소에서 10년간 변호사로 근무하며 M&A, 공정거래법 등 기업자문 업무를 담당하였다. 2010년 학계로 옮긴 후 기업지배구조, 기업인수합병, 자본시장법 등의 분야에서 국영문으로 60편 이상의 논문을 발표하고 20권 이상의 단행본에 공저자로 참여하는 등 활발한 저술활동을 벌이고 있다. 상법 회사편, 공정거래법 등 다양한 법률의 개정작업에 정부 위원회 위원으로 참여하였고, 한국법학원 법학논문상을 비롯한 여러 논문상을 받았다.

한국경영학회가 선정한
뉴 비즈니스 패러다임

초판 1쇄 2026년 2월 26일

지은이 한국경영학회
펴낸이 허연
편집장 유승현

책임편집 장현송
편집부 정혜재 김민보 고병찬 이예슬 민경연
마케팅 한동우 박소라 김영관
경영지원 김정희 오나리
디자인 엔드디자인

펴낸곳 매경출판㈜
등록 2003년 4월 24일(No. 2 - 3759)
주소 (04557) 서울시 중구 충무로 2(필동1가) 매일경제 별관 2층 매경출판㈜
홈페이지 mkbook.mk.co.kr   **스마트스토어** smartstore.naver.com/mkpublish
페이스북 @maekyungpublishing   **인스타그램** @mkpublishing
전화 02)2000 - 2631(기획편집) 02)2000 - 2645(마케팅) 02)2000 - 2606(구입 문의)
팩스 02)2000 - 2609   **이메일** publish@mkpublish.co.kr
인쇄·제본 ㈜M - print 031)8071 - 0961
ISBN 979-11-6484-849-2 03320

ⓒ 한국경영학회, 2026